Portrait dit « au miel », de Léon Bloy, en 1893 :

LÉON BLOY

ET L'ÉVOLUTION DU CONTE CRUEL :

SES ″ HISTOIRES DÉSOBLIGEANTES ″

RUTH E. HAGER

LÉON BLOY

ET L'ÉVOLUTION DU

CONTE CRUEL : SES " HISTOIRES DÉSOBLIGEANTES "

Préface de Joseph BOLLERY

PARIS

LIBRAIRIE KLINCKSIECK

PRÉFACE

Sans Dieu ! Telle est la formule magique pour la prolifération spontanée, à l'instant même, d'une multitude de monstres dont l'insurpassable horreur tenta le génie des sublimes
imagiers médiévaux des tympans et des chapiteaux de nos
cathédrales. Ils ou elles sont un peu plus de deux douzaines
dans les *Histoires désobligeantes,* ils ont l'air de grouiller par
centaines de milliers, dans ces trente-deux récits, car l'un des
effets de l'art de Léon Bloy est d'agrandir à l'infini et de peu-
pler le moindre tableautin. Ils sont vingt-cinq dans *Le Désespéré,* pour figurer la Presse et le monde littéraire de l'époque.
Ces vingt-cinq fantoches donnent l'illusion d'une société tout
entière.

En guise de dédicace, à l'un de ses amis, l'auteur des *Histoires désobligeantes* écrivait : « Ce qu'il y a de plus désobligeant dans ces histoires, ne serait-ce pas qu'elles furent
écrites avec une sorte de talent et publiées dans un journal
retentissant. Qu'en pensez-vous, ô Crapules ? ».

Ecrites pour le *Gil Blas,* que Léon Bloy considérait comme
un « mauvais lieu », ces histoires plaçaient leur auteur en face
de ces deux terribles nécessités : paraître sacrifier à la mentalité du public habituel du journal, et ne pas trahir sa propre
pensée. Pendant près de deux ans, Léon Bloy réussit à assouplir
son génie aux atroces impératifs de ce lit de Procuste.

Certes, on a pu dire avec raison que toujours Léon Bloy est
véritablement et tout entier dans chacun de ses livres. Mais,
ici, les lois du genre lui imposaient une variété et un style tels

que la difficulté peut paraître insurmontable de découvrir le vrai visage du Pèlerin de l'Absolu sous les masques grimaçants qui lui étaient imposés par son journal alimentaire.

Il semble que ce soit à la suite d'une téméraire gageure que Miss Ruth Hager ait choisi l'étude d'un des livres les plus obscurs de Léon Bloy et celui le moins susceptible de donner une idée de l'auteur. Or, Miss Hager a réussi, non seulement à nous donner une passionnante exégèse des *Histoires désobligeantes,* mais, en partant de ces horrifiques et truculentes fresques de la société contemporaine, à brosser une esquisse de toute l'histoire du conte *cruel* à la fin du XIXe siècle, et à restituer l'un des plus beaux, un des portraits les plus ressemblants, les plus complets de celui qui ne voulut écrire que pour les Trois Personnes de la Sainte-Trinité.

JOSEPH BOLLERY.

AVANT-PROPOS

Sous la direction de M. Pierre Moreau nous avons entrepris d'étudier ce recueil de nouvelles dont la genèse, le sens des symboles, la filiation restaient, jusqu'ici, obscurs. Qu'il nous soit permis de lui exprimer notre profonde reconnaissance. Par ses conseils et par ses critiques il nous a orientée dans les recherches qui nous ont permis de rassembler des éléments très importants. Son intérêt et ses encouragements assidus ont été pour nous un soutien inestimable.

Nos recherches ont également été éminemment facilitées et enrichies par M. Joseph Bollery qui nous a gracieusement donné accès au journal inédit de Léon Bloy et qui nous a fait des suggestions de la plus grande valeur. Qu'il retrouve ici l'expression de toute notre gratitude.

Nous voudrions aussi remercier M. Jehan Kappès-Grangé qui nous a permis d'utiliser les brouillons qu'il possède des *Histoires désobligeantes,* grâce auxquels nous avons pu pénétrer dans le mystère de leur création.

Nous nous devons enfin de nommer notre chère amie Mlle Marie-Thérèse Génin qui a lu notre texte et nous a suggéré d'opportunes corrections. Nous avons profondément ressenti son dévouement.

Tant de fidèle et patient intérêt n'aurait pas encore permis à ce livre de voir le jour, s'il n'avait bénéficié d'une aide de la part de la Caisse Nationale de Lettres. Nous devons, en partie, cette généreuse décision aux conseils de M. Pierre-Georges Castex, Professeur à la Sorbonne, qui a montré une fois de plus la sollicitude qu'il porte aux études universitaires. Je les prie de trouver ici l'expression de ma vive gratitude.

INTRODUCTION

> Les coqs de France n'osent plus
> chanter, et les trois ou quatre der-
> niers aigles qui se sont obstinés à
> vivre pour être les témoins du pro-
> chain déluge ne savent plus où repo-
> ser leurs tristes ailes fatiguées de les
> soutenir au-dessus de ce dépotoir.
>
> Léon Bloy : *Lamentation de l'épée.*

Léon Bloy n'est guère connu comme conteur quoiqu'il ait laissé deux recueils de contes dont chacun renferme quelques modèles du genre, *Sueur de Sang* et les *Histoires désobligeantes.* Les contes des deux recueils, écrits d'abord pour le *Gil Blas,* où ils parurent avant d'être réunis en volume, présentent du Mendiant ingrat, un côté presque totalement ignoré, sinon des spécialistes de la littérature française. C'est plutôt du polémiste, du critique féroce de son époque, qu'on se souvient lorsqu'on prononce le nom de Léon Bloy. Le grand poète mystique, le prophète, l'exégète, l'artiste, le romancier, le conteur sont ou méconnus ou impatiemment rejetés. Pourtant, Léon Bloy est bien autre chose qu'un polémiste exclusivement, et là où il s'est armé de la violence du « redoutable pamphlétaire » ce n'était, disait-il, que « pour protéger le missionnaire » et « pour faire avaler (son) christianisme » (1).

Bien que peu connu, le conteur en Léon Bloy est loin d'être dénué de mérite. Composant ses histoires à une époque où

---

(1) Léon Bloy : *Le Pèlerin de l'Absolu,* le 15 juin 1910, p. 138.

cette forme littéraire connaissait encore une grande popularité, il fait partie d'un groupe de conteurs qui nous ont légué dans leurs œuvres des renseignements du plus haut intérêt sur la psychologie et sur la morale de leurs temps.

Les *Histoires désobligeantes* se rangent parmi les contes cruels ou les contes noirs, chers aux poètes idéalistes et où l'on perçoit, sous le voile d'une ironie défiante, la rancœur, le mépris, la rage du poète contre le siècle. D'une certaine façon, ce genre est un instrument de vengeance, si l'on veut, mais un instrument dont l'usage révèle la douleur, la souffrance du poète incompris ou méconnu d'un monde qui réserve son intérêt à des médiocrités. Il ne faut donc pas s'étonner d'y trouver parfois des plaisanteries d'un goût douteux et même des manifestations d'un mauvais goût avéré par où le poète prend plaisir à déplaire. Car telle est son intention. Choquer son lecteur, bouleverser son esprit, provoquer la révolte de sa conscience, c'est en quoi consiste ici le pouvoir du conteur. Aussi, trouvons-nous toujours, lorsque nous pénétrons le contenu du conte cruel, une critique, un jugement de discrédit, explicite ou implicite, exprimé par l'auteur contre les pratiques de son siècle.

Désobligeantes, les histoires de Léon Bloy le sont dans toute l'acceptation du mot; c'est la note qui s'affirme à une première lecture. Mais pour pénétrer plus avant dans la personnalité spirituelle de l'auteur, laquelle nourrit la pensée des histoires, pour mieux déchiffrer le symbolisme qui en nourrit les thèmes, nous avons trouvé utile, sinon nécessaire, de dépasser les histoires mêmes et de les étudier en face des œuvres plus importantes de Léon Bloy. Ainsi se dégagent les grandes lignes de la pensée de l'auteur qui se retrouve dans les péripéties des intrigues des récits et qui, autrement, serait restée inaperçue, sinon incompréhensible. Sans une certaine connaissance du symbolisme de l'argent dans la pensée de Léon Bloy, par exemple, le lecteur risque d'être assez dérouté par les idées émises dans *la Religion de M. Pleur*, ainsi que par certains passages dans *la Dernière Cuite*. De la même manière, une connaissance de la pensée de Léon Bloy sur la vocation ou sur l'identité personnelle, sur son attitude envers le Bourgeois, le monde moderne, les propriétaires, la solidarité universelle, etc., est indispensable pour pénétrer au-delà du sens général des histoires, seul apparent d'abord au lecteur non initié. Car les *Histoires désobligeantes*, bien qu'écrites hâtivement en manière de gagne-pain quotidien, renferment des intentions, des allusions, des pensées fondamentales dans l'œuvre de l'auteur dont, effectivement, elles constituent les leitmotiv. Ainsi, pour découvrir au lecteur quelques-uns des secrets des histoires, pour les éclairer à la lumière des grandes pensées de Léon Bloy, avons-nous eu recours au *Journal* et à d'autres œuvres de l'auteur, où se trouve pleinement développée la substance de ces pensées.

Bien qu'une étude critique n'exige pas la narration de l'intrigue, nous avons trouvé utile ici, et même indispensable, de donner un résumé de chaque histoire pour aider le lecteur à voir avec nous l'incorporation du symbolisme dans les récits, aussi bien que pour suivre la genèse des intrigues dans la transposition des faits en fiction.

Le genre du conte cruel ne connaît pas d'éclipse totale au XIXe siècle. Au contraire, les goûts d'un public avide d'émotions fortes, continuent à rechercher une délectation morose à la lecture des crimes et des perversions de la nature humaine. Dans un désir d'allègement, nous avons partagé la période en deux parties sans, pourtant, vouloir établir une véritable coupure dans le développement du genre. Si nous avons choisi l'année 1845 comme palier dans notre plan d'ensemble, c'est que l'année 1845 voit paraître la première version française d'un conte d'Edgar Allan Poe dont l'œuvre aura des prolongements dans la littérature noire. A la vérité, ce sera Baudelaire qui révélera le génie de Poe, mais, même avant la première édition en volume de sa traduction des *Histoires extraordinaires*, parue en 1856, les contes de Poe sont déjà connus par des traductions publiées dans différents journaux et revues. Le premier, *le Scarabée d'Or*, publié dans le numéro de novembre de la *Revue Britannique*, date, effectivement, de 1845. Ainsi, sans signification absolue, la date de 1845 marque, néanmoins, l'apparition d'une œuvre dont l'influence augmentera en fonction de sa diffusion.

Si l'impression d'une cruelle désolation se rattache au genre noir, remarquons que tous ses adeptes ne sombrent pas pour autant dans le désespoir, et surtout pas Léon Bloy. Témoin écœuré d'une époque sans foi, il reste, dans sa révolte, le témoin de son Dieu devant les hommes — témoin hanté du désir de restituer à Dieu les âmes d'une génération renégate. Le témoignage accablant, que présentent les *Histoires désobligeantes,* renferme, toutefois, une supplication implicite que l'homme se ressouvienne de son origine et de son destin surnaturels. C'est ici le message essentiel des histoires. « Nous sommes faits cependant pour être des saints (2) », ne se lassait jamais de répéter le Pèlerin de l'Absolu. Et à travers le monde en perdition des récits de ce recueil se fait entendre, insistante, la même plainte gémissante de *la Femme pauvre :* « *Il n'y a qu'une tristesse,* (...), *c'est de* N'Etre Pas Des SAINTS... » (3).

---

(2) *Méditations d'un solitaire en 1916,* p. 201.
(3) *La Femme pauvre,* p. 326.

Chapitre premier

APERÇU DU GENRE « CONTE CRUEL » AU XIXᵉ SIÈCLE

I. - Quelques écrivains du genre avant 1845.

> Pendant une minute le silence fut épouvantable. On laissait passer le cortège des menaces de l'Apocalypse.
>
> Léon Bloy : *Le Prince Noir.*

Les faits sont connus. La Révolution de 1789 avait transformé la société. Autrefois lettré et choisi, le monde des lecteurs devient soudainement plus vaste; il ignore le goût par manque d'éducation ou d'aptitude, et réclame une littérature conforme à ses curiosités et à ses désirs de sensations nouvelles. Libre à l'auteur dorénavant d'exercer son art sans la contrainte des règles et des préjugés. Et pour servir ce public affranchi, indiscipliné, non hiérarchisé, une nouvelle puissance, la presse, se trouve déjà en scène, prête à s'incliner devant les demandes d'un client peu difficile.

C'est ainsi que vers la fin de la Restauration, en 1830, apparaît dans les journaux la floraison d'un genre de récits, dits « contes noirs », qui ne semble intéresser ses lecteurs que par la multiplication des épisodes où prédominent l'horrible et la terreur — genre qui n'aurait pas trouvé ses lettres de créance auprès d'une société raffinée, ordonnée, à l'abri des brutalités et des misères sordides de la vie. Car les « conteurs noirs cherchent avant tout à produire chez leurs lecteurs, par l'atrocité des situations décrites, de brusques et violentes secousses nerveuses » (1), réussissant de cette manière à ébranler les sensibilités les moins délicates. Tel l'auteur de *la Pile de Volta* qui, ayant raconté « une suite d'anecdotes violentes », sur des sujets autrefois innommables (*l'Inceste et le Parricide, l'Enterrement précipité, un Combat de femmes, la Fille publique, la Morgue, le Garçon d'Amphithéâtre*), s'écrie à la fin :

> La vogue n'est-elle pas pour le hideux, pour le repoussant, pour l'énergumène, pour le frénétique, pour l'épileptique, pour les attaques de nerfs, pour la littérature enragée, pour la littérature convulsionnaire, pour la littérature de tétanos et de choléra (2) ?

On dirait une littérature de folie morale, d'imbécillité, de démence, d'autant plus que ces histoires ne relèvent d'aucune inspiration pathétique. Le goût de l'horreur pour l'horreur est évident à chaque page et le lecteur ne peut que se demander quelle a dû être la mentalité d'un public — ou d'un auteur — qui prenait plaisir à des divertissements d'une telle violence et d'une telle grossièreté.

Il n'est peut-être pas excessif de voir dans cet acharnement à se repaître d'une horreur, toujours plus intense, un arrière-goût de sadisme, laissé chez certains esprits par les événements qui secouaient la France depuis 1789. Les images cruelles dont la Révolution et les campagnes napoléoniennes avaient pénétré l'âme française y laissèrent des empreintes si profondes que vingt, et même trente ans plus tard, des imaginations fouettées dès leur jeune âge par les scènes vécues ou par les récits de cette période sanglante, savouraient un sombre plaisir dans un genre littéraire où s'accumulaient l'horrible et la terreur. La scène de guillotine, par exemple, indispensable dans tous les romans et recueils de contes de l'époque, suggère des goûts formés à cette source. Or, une littérature romantique, puisée dans les obscures profondeurs des imaginations ainsi nourries, entretiendra ce goût pour l'horreur et pour le crime.

A la différence de *la Pile de Volta*, la plupart des contes noirs sont teintés d'une ironie nuancée, qui va de la moquerie

---

(1) Pierre-Georges Castex : *Le Conte fantastique en France*, chap. VII, p. 345.
(2) Amédée Pommier : *La Pile de Volta* (1831), p. 249.

amusée à la férocité la plus amère, symptôme d'un désenchantement profond du siècle.

L'Ane mort et la femme guillotinée de Jules Janin, écrit en 1829, est une parodie spirituelle du genre, qui ne manque pas pour autant de scènes si noires que le lecteur oublie vite la première intention de l'auteur. Celui-ci comprend très bien, cependant, ce qu'il faut ajouter à la recette pour faire une sauce assez piquante pour tenter des goûts déjà émoussés.

> Parlez-moi, dit-il, d'une nature bien terrible (...), bien rembrunie, bien sanglante; voilà ce qui est facile à faire, voilà ce qui excite les transports ! Courage donc; le bordeaux ne vous grise plus, avalez-moi ce grand verre d'eau-de-vie, nous en sommes à l'esprit-de-vin; il ne vous manque plus que d'avaler l'éther tout pur; seulement, à force d'excès, prenons garde de donner dans l'opium (3).

Viennent alors des épisodes des plus lugubres, mêlés aux déceptions romantiques infligées à l'auteur par Henriette, « froide et vaine, égoïste et ingrate, et pourtant si jolie » (4), qui terminera ses jours sur l'échafaud.

Malgré les violences et les douleurs exacerbées dont fait étalage ce petit livre de Jules Janin, le talent de l'auteur confère un certain charme que nous ne trouvons guère dans les *Insomnies* de J. Arago et Kermel, publiées à la même époque. Mais nous sommes prévenus, dès les premières pages, de l'authenticité des histoires, aussi bien que de leur horreur :

> Quelques-uns de nos contes sont vrais; d'autres, avec un fait principal exact, se sont enrichis (ou appauvris, si vous voulez) de détails sombres ou riants, fruits de nos *insomnies*...
> Nous aimons mieux la douleur qui tue que celle qui avilit (5).

Il est à remarquer, cependant, que les auteurs des *Insomnies* ne se livrent pas exclusivement à une orgie d'horreurs pour l'horreur. On découvre, de temps en temps, dans leurs contes, un élément de dénonciation, quoique indirecte, des injustices pratiquées par les puissants et les étourdis qu'attestent, par exemple, *Faim, vengeance et justice, Clamart, Voleur*. Petit cri qui se lève, à peine un soupir, une lamentation sans commentaire, au milieu de tragiques excès, mais qui ira grandissant, jusqu'à ce qu'il devienne, plus tard, un leitmotiv du genre cruel.

---

(3) Jules Janin : *L'Ane mort et la femme guillotinée*, p. 22.
(4) *Ibid.*, chapitre VI, p. 63.
(5) J. Arago et Kermel : *Insomnies*, p. iii.

Les faits seuls sont racontés, par exemple, dans *Faim, vengeance et justice,* histoire terrible de l'indifférence du riche envers le pauvre. Georges, ouvrier sans travail, se voit refuser du pain par son employeur et, désespéré de ne pouvoir assurer l'existence de ses deux petits garçons, il s'arrange pour que l'un d'entre eux soit asphyxié par l'oxyde de carbone. Il vend ensuite le cadavre pour acheter du pain. Puis, un jour, pendant l'épidémie de choléra, le taudis de Georges reçoit la visite de la fille de son employeur, Eliza, qui apporte du secours. Georges, atteint et mourant, étreint la jeune fille afin de la contaminer et, accusant le père de celle-ci de son crime, tombe mort. Eliza meurt quelques jours après. La dénonciation de l'injustice est ici sous-entendue, comme dans les autres histoires du recueil, où les faits n'ont pas besoin d'interprétation.

Il faut mentionner ici, parmi les artisans de cette matière sombre, les petits romantiques, Charles Lassailly, Petrus Borel et Xavier Forneret, qui nous ont laissé, chacun, un petit chef-d'œuvre étincelant des plus noirs diamants.

Les Roueries de Trialph, livre publié par Charles Lassailly en 1833, est l'expression d'une frénésie délirante qui étale, avec le cynisme d'un cœur cruellement abusé, une série de meurtres, d'hypocrisies, de brutalités, tant pour étonner, voire scandaliser le lecteur, que pour soulager un idéalisme déçu. Car on ressent chez Trialph — dont le nom « Trielph », en danois, explique-t-il, signifie Gâchis — une sincérité envers lui-même et envers son idéal que ne peuvent cacher entièrement toutes ces colères, ces dédains, ces emportements qui remplissent l'air, du vent de leur rage, d'un bout du livre à l'autre. C'est un véritable cyclone qui hurle — mais Trialph n'est pas plus sérieux quand il déplore l'état de son siècle « que les matérialistes de la Révolution française ont guillotiné. Car la tête de l'humanité, c'est l'idée : Dieu (6) ». L'esprit et le cœur vides, comme plus tard Rolla, Trialph se donnera à tous les plaisirs, se moquant du « néant de la vertu », ne craignant que l'ennui. D'ailleurs, que lui reste-t-il

après la chute de la foi catholique, le dédain des mœurs chevaleresques, l'abjuration du respect pour les rois, l'insignifiance des doctrines philosophiques de l'encyclopédie, l'impuissance des billevesées de la tribune et la nullité des fanfaronnades du théâtre... (7) ?

---

(6) Charles Lassailly : *Les Roueries de Trialph*, p. VIII.
(7) *Ibid.*, p. 281.

Au verso est reproduit un des six cartons de la série « La Peste » — celui dénommé « Enterrements » — œuvres du peintre tchèque Félix JENEWEIN (1857-1905) que Léon Bloy avait mis en évidence à l'entrée de sa maison.

Léon Bloy avait connu les œuvres de JENEWEIN par son ami — et par ailleurs traducteur et propagateur en Tchécoslovaquie — Josef FLORIAN.

L'affinité d'inspiration qui animait les deux esprits — Jenewein et Léon Bloy — est mise en évidence par cette citation du *Journal* de Léon Bloy (« Quatre ans de captivité à Cochons-sur-Marne ») en date du 14 Janvier 1905 :

> « Félix Jenewein a entendu cette rumeur énorme dont fut secouée la terre comme si un Titan l'ayant saisie à deux mains, eût entrepris avec rage de l'arracher de ses gonds, et il a voulu la faire entendre aux autres pour qu'ils en tremblassent à leur tour. Car les peintres ont le pouvoir de faire **entendre** par les yeux ».

Nous devons cette référence à l'obligeant concours d'un « bloyen » de Bordeaux : René LACROIX A L'HENRI qui nous a signalé un important article sur ce sujet, paru dans les « Cahiers Léon Bloy » de 1935, sous la plume de Georges ROUZET, bloyen fervent, décédé le 9 mars 1967.

Et il s'en va dans son drame, tuer la coquette comtesse de
Liadières, Ernest Vaslin son ami, et Nanine, qu'il aimait,
jusqu'à ce qu'il se trouve devant la mer, où il se tuera lui-
même, jetant à Dieu, en qui il ne croit plus, un dernier défi :
« Tentons la Providence ».

Très noirs, certainement, ces épisodes de morts violentes,
de désenchantements, mais relevés, pourtant, de thèmes
sérieux et parfois d'un esprit cocasse d'ironie qui fait sourire,
ainsi la scène où Trialph, ayant tenté, enflammé, séduit Olympe
(Madame de Liadières), au point de la voir succomber, lui crie :

Madame, madame la comtesse, je trouverais plaisant de baiser, avec
votre autorisation, la main loyale que vous avez donnée autrefois à
monsieur le comte, au pied de l'autel : Oui, je jure de rester fidèle pour
la vie à monsieur de Liadières...
Elle me regarda ainsi une lionne en fureur, et fit un bond,
comme pour me déchirer de ses doigts, me dévorer de toutes ses dents.
Immobile et muet, je la glaçai d'un sourire infernal. Je devais être
horriblement beau à me sentir ainsi cette puissance de Méphistophelès,
qui s'est fait démon, à force de génie. Elle se roulait sur le divan, pleurant, tordant ses bras presque nus... (8).

Voici une ironie brutale qui cherche à faire mal, et plus
encore, à démolir ce qu'elle méprise — mais avec un retournement sur elle-même d'une satisfaction où le comique se mêle
au diabolique.

Petrus Borel, romantique de la même souche que Charles
Lassailly, et non moins doué pour tailler dans les pierres
noires, nous a laissé un recueil, dit de « contes immoraux »,
intitulé *Champavert*, publié aussi en 1833. Les huit contes
racontés ici par le soi-disant Lycanthrope, sont remplis de
situations mélodramatiques d'une horreur à rivaliser avec les
plus effrayantes. La *Revue de Paris*, obligée pour des raisons
délicates, de passer sur *Champavert* un jugement convenable,
justifie même le sous-titre, *contes immoraux*, employé, dit-elle,
par ironie,

car ces contes ironisent la société dans ses vices et dans ses crimes, et
il n'y a pas ici plus d'adultère et de sang qu'ailleurs; çà et là, tout au
plus, quelques vérités bonnes à dire et dites avec rudesse, bien saturées
d'amertume et brûlantes comme un fer rouge (9).

––––––––––

(8) *Ibid.*, p. 96.
(9) Aristide Marie : *Petrus Borel : Le Lycanthrope — sa vie, son œuvre,*
p. 96.

Mots qui expriment, sans qu'il soit besoin de commentaire, l'ambiance dans laquelle le Lycanthrope nous plonge. Encore convient-il de noter, cependant, comme pour Charles Lassailly, que Petrus Borel sait lancer, de temps en temps, des traits d'esprit mordant, cruel, qui allègent, tant soit peu, la portée vengeresse de ses paroles. Car Champavert, tout comme Trialph, se vengerait de l'imbécillité d'un monde où le médiocre triomphe — monde fait, essentiellement, des « bourgeois », cette espèce égoïste, matérialiste, sans idéal, qui ne sait plus ce qu'est un poète et qui sera, tout le long du siècle, le bouc-émissaire des artistes.

Dans ce même groupe, il faut faire une place à un autre romantique égaré, Xavier Forneret, connaisseur lui aussi en joaillerie noire. Xavier Forneret, qui signait l' « Homme noir, blanc de visage », est un des talents les plus singuliers de cette période de romantisme en fleur. Auteur d'une vingtaine de livres, dont quelques-uns de la plus grande originalité, il reste, néanmoins, inconnu du grand public. C'est surtout par son admirable *Pièce des pièces — temps perdu*, qu'il rejoint les écrivains des contes cruels. A part le charme d'une fantaisie poétique qui règne dans tout le livre, on y rencontre, en même temps, un goût cultivé pour l'horreur, le mystère, le lugubre. Quoi de plus grotesque, de plus délirant que cette histoire intitulée *Un Œil entre deux yeux*, où l'amant de la belle Espagnole, Blondine, bouleversé par sa mort dans des circonstances terrifiantes, met fin à ses jours en avalant l'œil de verre de son amie ! Et pour ne mentionner que deux titres encore, *A Neuf heures à Paris*, ruisselant de terreur, et *le Diamant de l'herbe*, chef-d'œuvre d'entre les chefs-d'œuvre par sa sensibilité cruelle — c'est le lugubre qui court par tout le livre, enveloppé d'une sensibilité morbide, d'un romantisme forcené, d'une impertinence déconcertante.

De la même lignée d'esprits, adonné à une critique cruelle des dessous de la nature humaine, il faut compter Balzac, avec ses études innombrables de la *Comédie humaine*. Où trouver une histoire plus pessimiste, plus déchirante que celle qui est intitulée *l'Elixir de longue vie*, qui reprend un thème aussi vieux que le monde, thème déjà esquissé au XIIIe siècle dans le fabliau de *la Housse partie* ? Il s'agit toujours de l'impatience d'un fils de se débarrasser de son père pour pouvoir jouir lui-même de la vie, en toute liberté. Mais ici Balzac a introduit certains éléments, d'un cynisme choquant (l'attitude du jeune homme, Don Belvidéro, devant son père mourant, l'effronterie des jeunes filles), d'autres d'un grotesque de cauchemar (l'horreur de la chambre mortuaire, et de l'œil du cadavre paternel, imbibé de quelques gouttes de l'élixir, l'effroi de Don Juan qui l'écrase quand il le voit ressusciter), pour ne rien dire du scandale de la scène des services funèbres. On pense aussi à la cruauté révélée dans *El Verdugo* (1829), *le Chef-d'œuvre inconnu* (1832), *Un Drame au bord de la mer* (1834), auxquels il faut ajouter le recueil de *Contes bruns*, publié en 1832 et dont deux sont de Balzac : *Une Conversation entre onze heures et minuit* et *le Grand d'Espagne*.

Que le conteur « nous (émeuve) sans employer les atrocités si fort à la mode d'aujourd'hui (10) », comme remarque une belle dame dans le premier des deux contes, c'est bien un témoignage sujet à caution. Il a bien sa provision d'horrible comme tout autre. Mais évidemment, c'est surtout par une observation impitoyable des faiblesses humaines que les histoires de Balzac se rattachent au genre cruel. La question qui le passionne, il l'a déjà posée dans ce même recueil : « N'est-ce pas un problème intéressant à résoudre pour l'art en lui-même, que de savoir si la nature textuellement copiée, est belle en elle-même (11) » ? Ce sera l'étude acharnée de toute une vie, qui léguera une documentation assez accusatrice à la postérité.

Un courant d'air glacial émanant de certaines nouvelles de Prosper Mérimée vient rafraîchir l'ardeur du romantisme, alors en pleine efflorescence. Un cynisme détaché, une ironie cruellement discrète rattachent au genre cruel certains de ses contes tels que *Tamango* (1829), *la Partie de tric-trac* (1830), ou encore *la Chambre bleue* (1866), ce dernier écrit, dit-on, à la demande de l'Impératrice Eugénie, pour distraire ses heures d'ennui à Biarritz.

Aucun sentimentalisme dans l'œuvre de Mérimée, aucune implication des émotions de l'auteur. Les situations les plus pathétiques, les plus déchirantes se racontent sur un ton de la plus hautaine objectivité, et le tragique des drames se rehausse précisément de la dureté d'un style qui dépeint sans émotion les faits essentiels. Ce sont bien des contes cruels où la cruauté se paie « ad infinitum ».

Quelle accumulation de brutalités, d'égoïsmes, d'indifférence ne remplit pas les pages noires de *Tamango* ! Quel

---

(10) *Contes bruns...* : Balzac, Philarète Chasles, Charles Rabou.
   Balzac : *Une conversation entre onze heures et minuit*, p. 75.
(11) *Ibid.*, p. 96.

orgueil, quel égoïsme n'entraînent pas le désespoir et la fin tragique du jeune Roger, autrefois si généreux, si insouciant, aimable, de *la Partie de tric-trac !* Et si *la Chambre bleue* s'allège d'un élément comique, le cœur de l'histoire repose sur la détresse cruelle d'un jeune Anglais renié par son oncle très riche. Les détails ironiques de l'intrigue, qui empêcheront les amants de garder un souvenir tendre de la chambre bleue, ne font qu'ajouter à une ambiance de frustration et de tracasserie. C'est bien le genre cruel que nous offre le talent de Prosper Mérimée, écrivain très éloigné, selon toute apparence, de tout mouvement de pitié, de toute affectation d'émotion.

Débutant à cette époque dans la vie littéraire, Gustave Flaubert, pourrait par quelques-uns de ses premiers écrits dans ses *Œuvres de Jeunesse inédites (183...-1838),* faire partie de ce groupe qui mélange l'horreur à la révolte devant un monde de plate imbécillité. Typiquement, *Rage et impuissance* (1836), raconte les terreurs d'un enterré vivant, tandis que *Quidquid volueris, études psychologiques* (1837), nous vaut le jeune mépris de l'auteur pour les mœurs bourgeoises et son observations aiguë de fils de médecin. En toute simplicité, il parle d'un premier personnage :

> Son regard était bleu et humide, dit-il, son teint était pâle, c'était une de ces pauvres jeunes filles qui ont des gastrites de naissance, boivent de l'eau, tapotent sur un piano bruyant la musique de Liszt, aiment la poésie, les tristes rêveries, les amours mélancoliques et ont des maux d'estomac (12).

Cette attitude précoce de dédain pour le bourgeois s'élargira, avec les années, en haine plus précise, celle qui s'étale dans le *Dictionnaire des idées reçues,* commencé dès 1852, où se retrouveront plus âpres, plus cruels, les aphorismes de Flaubert sur la mentalité de l'époque.

On pourrait encore, par certains éléments d'une cruauté calculée, rattacher à ce genre quelques-uns des contes d'Alfred de Musset, dont le charme poétique est souvent transpercé par des dards acerbes — ainsi *l'Histoire d'un merle blanc* (1842), satire poignante en dépit de toute sa gaieté, d'une société dans laquelle le poète n'a pas sa place. Mais l'air que chante Alfred de Musset, dans toute son œuvre, est toujours le même —, c'est

---

(12) Gustave Flaubert : *Œuvres de Jeunesse, inédites (183...-1838), Quidquid volueris,* p. 206.

le mal qui règne dans le monde et qui blesse les sensibilités du
poète épris d'une vie plus parfaite.

Il est indiscutable que le genre littéraire du conte jouit
d'une popularité inconnue avant 1830. Il suffit de jeter un coup
d'œil sur les publications de l'époque pour se rendre compte
d'un foisonnement incroyable de contes de toutes sortes. Sans
doute peut-on chercher les raisons de cette floraison dans
l'atmosphère troublée d'incertitudes et de désordres croissants
à cette époque. C'est que le public cherche un dérivatif aux
soucis multiformes qui l'écrasent — instabilité dans la politique, ébranlement de l'influence de l'Eglise en France, matérialisme grandissant, agitation ouvrière, bouleversement des
valeurs qu'on avait toujours connues et plus ou moins hono-
rées. Pour faire face à une réalité aussi noire, le conte possède
un secret, le conte qui n'ennuie pas par sa longueur, qui
ramasse en quelques mots un pouvoir d'évasion offrant presque
autant d'euphorie qu'une pipe d'opium. C'est le conte qui règne
sur la mode littéraire, qu'il soit noir, fantastique, romantique,
réaliste —, et qui gardera encore toute sa séduction jusqu'à la
fin du XIXe siècle.

II. - Quelques écrivains du genre après 1845.

> ...Comment le pont du Carrousel put-il garder la constance de sa neutralité, lorsqu'il entendit les cris déchirants que semblait pousser le sac !
>
> Le Comte de Lautréamont : *Les Chants de Maldoror*. (Chant sixième).

L'ère de diffusion de la parole par la presse, en passe de devenir une des plus grandes puissances mondiales jamais connues, est déjà ouverte en France. Les journaux qui, vers 1840, cessent d'être politiques, s'occuperont dorénavant de plaire à un public plus vaste, moins raffiné, lui servant, à côté des informations, le mets alléchant du roman feuilleton, lequel, très souple, se fait à l'esprit du jour. Or, le goût de l'horreur et du mystère existe toujours, semble-t-il, dans la masse. Ce goût, nourri et exploité jusqu'ici par la littérature romantique, cherche maintenant un aliment plus corsé, souvent dans les récits des crimes débités par les journaux, tels que la *Gazette des Tribunaux* ou les *Causes célèbres*, lus abondamment par le public d'alors, ou encore, dans les romans-feuilletons qui, suivant la mode, regorgent de crimes.

Telle est l'ambiance dans laquelle sont accueillis en France, vers 1845, les premiers contes de l'écrivain américain, Edgar Allan Poe. En 1856 paraissent en volume les *Histoires extraordinaires* de Poe, traduites de l'anglais par Baudelaire et suivies, en 1857, par sa traduction des *Nouvelles histoires extraordinaires*. L'influence de cet esprit adonné, à la fois, à l'analyse la plus minutieusement logique et à la confection des mystères les plus hallucinants, sera assez profonde sur les écrivains de la deuxième moitié du siècle en France. Ce que Poe apporte de neuf au genre du conte, c'est précisément une lucidité de mathématicien devant les complications d'une intrigue à disséquer, — lucidité qui comprend, dès les premiers mots de l'histoire, par quels chemins il faut passer pour aboutir au résultat voulu. Une précision scientifique règne dans sa création d'intrigues d'une terreur obsédante, produits d'une imagination féconde, disciplinée par une intelligence supérieure.

Tout aussi intéressant pour le développement du conte noir sont certains thèmes amplifiés chez Poe, — le satanisme, dans *le Démon de la perversité;* les mascarades, dans *le Masque de la mort rouge* et dans *Hop-Frog;* la névrose, affliction moderne, dans *le Cœur révélateur* et dans *l'Homme des Foules;* les manies, dans *le Système du Docteur Goudron;* les théories de l'identité, dans *Morella;* thèmes qui se retrouveront plus tard dans les œuvres d'autres conteurs du genre. Bien entendu, les histoires de Poe ne manquent pas de situations d'épouvante, d'images d'horreur, et de cette satire cruelle qui raille le bourgeois, le progrès, les mœurs littéraires du temps. Passé maître dans l'art de mélanger tous les éléments nécessaires à la fabrication des contes d'une cruauté étudiée, doué en outre de toute la sensibilité de l'artiste, il insuffle à son œuvre une aspiration inquiète vers le monde invisible, aspiration qui cherche souvent à déchirer le voile des ténèbres, pour voir les « réalités » de l'au-delà, — don du poète, qui caractérise aussi les vrais conteurs.

Dans l'ordre chronologique, il faut mentionner ici quelques contes d'Erckmann et Chatrian qui participent, malgré leur ambiance fantastique, du genre réaliste. Dans le recueil des *Contes et Romans populaires* (1867), le « démon de la perversité » travaille déjà Heinrich, *le Tisserand de Steinbach,* poussé malgré lui à commettre un crime. La force du mal, si elle n'est pas nommée, n'est pas inconnue. Dans une autre collection, intitulée *Contes des bords du Rhin* (1867), se trouve une histoire où l'humour cruel est porté à son paroxysme — *Mon illustre ami Selsam.* Il s'agit d'un médecin illuminé qui, pour guérir une bonne dame de l' « affadissement du système nerveux », fait jouer devant sa porte, sur des instruments anciens, un air des Hottentots, puis, annonce tranquillement, dans un jargon pseudo-scientifique, qu'elle est morte — mais morte guérie ! Ailleurs, dans *le Cabbaliste Hans Weinland,* un professeur de métaphysique, repoussé par les écoles de Paris, s'en va au bord du Gange, pour rapporter le choléra bleu et en semer une épidémie à Paris. *L'Œil invisible* ou *L'Auberge des trois pendus* met en scène Flédermausse, sorcière possédée de pouvoirs diaboliques, qui repaît son cœur malfaisant des souffrances de ses victimes, le tout dans un esprit de calcul le plus noir. Enfin, notons cette histoire hallucinante de la *Voleuse d'enfants,* qui, aidée par sa mère, fait de la charcuterie savoureuse de leur chair qu'elle s'en va vendre au marché.

Un humour bien cruel ressort de ces récits, habilement construits par Erckmann et Chatrian pour émouvoir leurs lecteurs, — humour allégé, cependant, d'un sentiment du surnaturel, qui perce parfois pour expliquer l'excès du mal dans le monde. « On a beau dire que tout marche bien d'après les ordres du Seigneur Dieu, s'écrie le juge Ulmett, dans *Blanc et Noir,* « je crois, moi, que l'esprit des ténèbres se mêle de nos affaires beaucoup plus qu'il ne faudrait » (13). Mais il reste un humour extérieur, néanmoins, un humour d'observation, de constatation. Les auteurs ne font rien pour analyser les impulsions de leurs personnages, pour fouiller le fond des cœurs d'où surgissent ces élans vers le mal.

Conteur cruel d'une autre manière, Charles Baudelaire par ses *Petits poèmes en prose,* publiés en 1869, après sa mort, révèle son désenchantement profond de la vie et des hommes. Doué, comme tous les grands poètes, d'une clairvoyance qui souffre au spectacle de l'abjection d'un destin absurde, il dénonce le mal, tout en peignant de petits tableaux d'une âpre ironie. Tel *l'Etranger* qui, à l'instar de son ancêtre Trialph, « désaime » tout, sauf les nuages qui font rêver; tel *Un Plaisant,* la fatuité incarnée qui, tiré à quatre épingles, un jour de nouvel an, salue dans la boue et la neige, un âne qui passe, et qui représente pour l'auteur tout l'esprit de la France; ou encore *le Fou et la Vénus,* pathétique commentaire sur le destin de bien des hommes. La cruauté infligée au *Mauvais Vitrier* reflète la croyance profonde de Baudelaire aux « Démons malicieux qui se glissent en nous et nous font accomplir, à notre insu, leurs plus absurdes volontés » (14). On sursaute au récit de *la Corde,* commentaire d'une triste imbécillité sur l'abrutissement provoqué par la misère et l'énorme stupidité d'un monde fanatique dans sa médiocrité. C'est le mal que le poète voit partout, qu'il respire, qu'il exhale pour le dénoncer. Ce

---

(13) Erckmann et Chatrian : *Contes des bords du Rhin : Blanc et Noir,* p. 47.
(14) Charles Baudelaire : *Petits poèmes en prose : Le Mauvais Vitrier,* IX, p. 21.

qui a plu, précisément, à Baudelaire dans l'œuvre de Poe,
c'était la place que celui-ci donnait à la méchanceté naturelle
de l'homme, et c'est en toute sympathie qu'il cite, dans ses
Notes nouvelles sur Edgar Poe, ces quelques phrases de l'auteur
américain :

Il y a dans l'homme, dit-il, (Poe), une force mystérieuse dont la
philosophie moderne ne veut pas tenir compte; et cependant, sans cette
force innomée, sans ce penchant primordial, une foule d'actions humaines
resteront inexpliquées, inexplicables. Ces actions n'ont d'attrait que
parce que elles sont mauvaises, dangereuses; elles possèdent l'attirance
du gouffre (...). Cette force primitive, irrésistible est la Perversité
naturelle, qui fait que l'homme est sans cesse et à la fois homicide et
suicide, assassin et bourreau; — car, ajoute-t-il, avec une subtilité remarquablement satanique, l'impossibilité de trouver un motif raisonnable
suffisant pour certaines actions mauvaises et périlleuses pourrait nous
conduire à les considérer comme le résultat des suggestions du Diable,
si l'expérience et l'histoire ne nous enseignaient pas que Dieu tire
souvent l'établissement de l'ordre et le châtiment des coquins; — après
s'être servi des mêmes coquins comme de complices ! tel est le mot
qui se glisse, je l'avoue, dans mon esprit comme un sous-entendu aussi
perfide qu'inévitable (15).

Cependant, à l'encontre de Poe, Baudelaire proclame que
le Diable existe et essaie de dénoncer son pouvoir sur l'esprit
de l'homme, convaincu que sa plus belle ruse est de nous persuader qu'il n'existe pas. Plus spirituel, il voit l'homme exilé
dans l'imperfection de sa nature très faible, dans un monde
déchu depuis le péché originel, — d'où ses cris de révolte, ses
impatiences à l'égard de Dieu, son dégoût du siècle perdu dans
le matérialisme, dans le progrès illimité, dans le néant. A travers la cruauté de ses *Petits poèmes en prose*, c'est le cri d'une
âme désespérée qui nous perce le cœur. Ce n'est plus simplement la formule de l' « art pour l'art » renfermée dans une
prose perfectionnée, mais un avertissement angoissé du poète-
clairvoyant qui veut montrer aux aveugles l'horreur de leur
avilissement.

En filiation directe de l'esprit des *Fleurs du Mal, les Chants
de Maldoror*, publiés en 1868 par le Comte de Lautréamont, de
son vrai nom Isidore Ducasse, sont d'un humour prodigieusement féroce. L'angoisse de l'auteur devant le rôle de l'homme
dans le monde, devant son impossibilité de s'identifier sur la
terre, devant la hideur de la vie et sa méchanceté, s'exprime

---

(15) *Nouvelles histoires extraordinaires par Edgar Poe* : traduites par
Charles Baudelaire. *Notes nouvelles sur E. P.*, par C. B., p. IX.

en cris exaspérés contre le ciel et contre l'enfer, en blasphèmes
d'un tel paroxysme que les « sataniques litanies des *Fleurs du
Mal* prennent subitement, par comparaison, comme un certain
air d'anodine bondieuserie (16) ». C'est l'homme en lutte
contre son créateur, — l'homme qui souffre, humilié de ses
limitations et qui refuse son destin, — en lutte aussi contre
l'homme à qui il voue une guerre éternelle. Les Chants
abondent en images somptueuses, visions d'un cerveau en
proie aux effets morbides d'un désespoir infini. L'horreur, la
haine, le sarcasme brûlant, rien ne manque à l'amertume douloureuse qui imprègne la pensée de l'homme « aux lèvres de
bronze ». Les plaisanteries même, qui tournent en dérisions
ironiques, sont mortellement tristes. C'est une rage désespérée
qui déchire l'âme de Lautréamont — rage d'un homme déçu,
poussé à bout — hurlée dans une langue plus noire que le noir.

> J'ai chanté le mal, écrit le jeune Lautréamont, comme ont fait
> Mickiewicz, Byron, Milton, Southey, A. de Musset, Baudelaire, etc. Natu-
> rellement, j'ai un peu exagéré le diapason pour faire nouveau dans le
> sens de cette littérature sublime qui ne chante le désespoir que pour
> opprimer le lecteur et lui faire désirer le bien comme remède (17).

Au-delà du caractère divertissant de ses nouvelles qui fait
du Comte Arthur de Gobineau un conteur par excellence, la
cruauté qui en ressort lui donne le droit d'entrée dans le cercle
des auteurs de contes noirs. Dans une édition récente (18), les
trois histoires qui constituaient les *Souvenirs de voyage* (1872),
ont été rejointes par trois autres, composées à des dates anté-
rieures, mais qui n'avaient pas paru en volume du vivant de
leur auteur. La première, *Adélaïde*, met en scène deux femmes
du beau monde, mère et fille, de mœurs déplorables et de
volontés inflexibles qui ne souffrent aucune contrariété. La
lutte entre Adélaïde et sa mère pour l'affection du jeune Frédéric Rathbanner, jaloux, sans caractère, fait de leur maison
un enfer, bien que les apparences soient toujours gardées, car
la bonne compagnie protège les siens. Les deux tigresses,
ancêtres des *Diaboliques* de Barbey d'Aurevilly, « à force de
lutter ensemble et de se retrouver également inépuisables en
ressources, en haine, en courage (19) », finissent par s'estimer,
à leur manière, et par se trouver unies dans l'intensité de leur

(16) Léon Bloy : *Le Désespéré*, p. 28.
(17) *Lettres d'Isidore Ducasse. Œuvres Complètes.* Lettre à Verbroeckho-
ven, le 23 octobre 1869, p. 398.
(18) Arthur de Gobineau : *Nouvelles*. Paris, Jean-Jacques Pauvert, 1956.
(19) *Ibid., Adélaïde*, p. 35.

mépris pour l'homme qu'elles torturent. C'est un genre de « bonheur dans le crime » qui sert de motif à toute l'histoire.

Mentionnons rapidement la cruelle histoire de la jeunesse chétive de la contrefaite *Mademoiselle Irnois*, fille unique d'un bourgeois richissime, laquelle mène une vie isolée, végétative, sans compréhension. Petit être inconscient, faible, sans esprit, sans désir, elle est la proie de la convoitise de sa fortune, de la bêtise de sa famille bourgeoise qui n'ose risquer la perte de ses biens par un refus du mariage proposé par Napoléon, en guise de récompense à un bienfaiteur ambitieux. Ou encore, en dépit du dénouement heureux, quelles mœurs cruelles n'évoquent pas les pages du *Mouchoir rouge*, (*Cephalie*), où le terrible Comte Jérôme Lanza, Vénitien puissant, s'approprie les cœurs qu'il désire et se débarasse à son gré des rivaux qui se présentent !

Une certaine délectation à pénétrer, en observateur supérieur, les dessous de la société, voire de la nature humaine, un don de peindre en images puissantes les spectacles, parfois invraisemblables, que la vie a placés sous ses yeux, un style tantôt romanesque, tantôt une analyse de justesse élégante, font du Comte de Gobineau un proche parent du « Connétable des lettres ». Tous deux hommes du monde, connaissant les usages de la société cultivée, ils excellent à découvrir les secrets tragiques que recèlent les façades des vies qu'ils observent.

Dans la même intention que le jeune Lautréamont, « pour opprimer le lecteur et lui faire désirer le bien comme remède », Barbey d'Aurevilly publie, en 1874, ses *Diaboliques*, recueil d'histoires presque démentes dans leur description des mœurs perverties de l'époque. Dans la préface à la première édition des *Diaboliques*, leur auteur explique :

> Elles ont pourtant été écrites par un moraliste chrétien, mais qui se pique d'observation vraie, quoique très hardie, et qui croit — c'est sa poétique à lui — que les peintres puissants peuvent tout peindre et que leur peinture est toujours assez *morale* quand elle est *tragique* et qu'elle donne l'horreur des choses qu'elle retrace (20).

Depuis *le Bonheur dans le crime*, où un homme et une femme, beaux, cultivés, charmants, ayant tué tous les deux l'épouse de l'amant, se marient et vivent heureux pendant des

_____

(20) Barbey d'Aurevilly : les *Diaboliques*. Préface à la première édition, p. 19.

années, jusqu'à la *Vengeance d'une femme,* où un libertin mondain suit, dans un bouge obscur, une courtisane d'une distinction exceptionnelle qui, pour se venger de son mari, « le plus grand seigneur des Espagnes », s'abandonne à un métier infâme pour déshonorer ainsi son nom — tous ces contes exhalent un poison noir. Les six « diaboliques » sont des possédées de Satan, dont la présence en ce monde n'est que trop évidente pour Barbey d'Aurevilly. Cette puissance irrésistible qui s'empare du libre arbitre et le pousse au mal, nommée souvent, en jargon moderne, « névrose », a déjà fait son apparition chez d'autres conteurs d'humour noir. Mais ici elle atteint des proportions monstrueuses, agissant par hypnose sur la victime qui, entièrement consciente de sa perdition éternelle, ne peut, néanmoins, se détourner de l'appât du mal. Le mystère des mobiles d'actions aussi abominables que celles que nous avons sous les yeux reste, pourtant, attirant, qu'il participe aux explications naturelles ou surnaturelles. Amers, outranciers, épouvantables, ces récits sont parmi les plus noirs qu'auteur ait jamais conçus — terribles accusations d'une société sans Dieu !

L'horreur du mal, sentiment oublié par les hommes, inspire le cœur indigné d'Ernest Hello à pousser des cris de désespoir devant l'indifférence de ses contemporains. Dans ses *Contes extraordinaires,* (1879), représentations cruelles de l'esprit du monde moderne, il condamne leur amour du péché en face du sérieux de la vie.

Autre contempteur de monde moderne, Villiers de l'Isle-Adam verse son énorme mépris d'aristocrate sur la médiocrité du bourgeois et du savant, grands ennemis du Vrai, du Beau, de l'Idéal. Les *Contes cruels,* (1883), les *Histoires insolites,* (1888), les *Nouveaux contes cruels,* (1888), sont autant de colères provoquées par la vue d'un siècle pratique, positif, pénétré du culte de l'argent, de l'industrialisme, des lumières scientifiques, de tout ce qui s'oppose pour le poète à la réalité absolue. Le personnage de Tribulat Bonhomet renferme les qualités du bourgeois suffisant que déteste Villiers d'une haine implacable, — Bonhomet, le « Tueur de Cygnes », enfoncé irrémédiablement dans ses platitudes, dans ses expériences scientifiques, dans tout le galimatias prétentieux de ses observations. Mais c'est à toute la société bourgeoise que Villiers s'en prend dans ses contes, depuis les « respectables » *Demoiselles de Bienfilatre* aux *Plagiaires de la Foudre,* perroquets fanatiques, simulacres républicains qui, en imitant la foudre, au nom de la Liberté, de l'Egalité et de la Fraternité, rendent inhabitable une île lointaine, — parodie des bienfaits de la démocratie en France. Tout aussi bien que Poe, qu'il admire beaucoup, Villiers sait manier la terreur pour faire frissonner le lecteur, que ce soit un conte tel que la *Torture par l'espérance*, où un pauvre rabbin, emprisonné par l'Inquisition, est leurré par de faux espoirs de délivrance tandis que, cruellement, les inquisiteurs le surveillent en secret; ou que ce soit un conte tel que les *Phantasmes de M. Redoux* qui passe la nuit au Musée Tussaud, la tête sur la guillotine de Louis XVI, prise entre deux croissants de fer, qu'il n'ose pas toucher de peur de faire descendre le couteau, lequel, apprend-il, le matin, avait été enlevé deux jours auparavant. Ici, le lecteur est dupe de ses émotions, mais l'histoire n'en est pas moins effrayante.

Autrement cruelles sont les histoires telles que *l'Etonnant couple Moutonnet*, dans *Chez les Passants*, (1890), où un mari qui n'aimait pas sa femme, n'ayant pas réussi à la faire guillotiner en 1793, finit ses jours en sa compagnie, quoique, à son insu, elle ait appris sa démarche, ni l'un ni l'autre n'échangeant jamais parole à ce sujet, — un couple « idéal »; ou encore, l'histoire de *l'Inquiéteur*, jeune homme envoyé par les Pompes Funèbres assister aux funérailles de belles dames, pour exciter la jalousie des veufs inconsolables et ainsi empêcher qu'ils s'abandonnent trop au désespoir.

La plupart des contes de Villiers se détachent, ainsi, sur un fond de cruauté savante, relevée d'une ironie acérée, arme d'un cœur éperdu d'idéal et qui vise à sortir les indifférents de leur torpeur.

Avec Guy de Maupassant le conte entre dans le domaine de la réalité immédiate, de l'expérience, de l'observation, s'éloignant de tout mysticisme, de toute croyance au surnaturel. La vision du monde pour ce conteur est d'un pessimisme sans espoir. Partout il ne voit que l'ennui de vivre, le mensonge, l'illusion, le néant de tout. Et comme son maître Flaubert, il abhorre le bourgeois, symbole de la sottise du monde moderne. On n'a que l'embarras du choix dans les contes de Maupassant, l'un plus cruel que l'autre, fiel de l'amertume de l'auteur désenchanté. *Boule de Suif*, (1880), souligne brutalement l'hypocrisie des mœurs des bourgeois et des nobliaux qui, ayant ignoblement usé ici de la bonté de cœur de cette femme galante, la couvrent de leur mépris, une fois sortis de leurs difficultés, grâce à sa générosité. *L'Aveugle*, (1882), maltraité jusqu'à la mort par sa famille qui s'empare de son héritage; *la Reine*

Hortense, (1883), petite vieille fille agonisante, entourée de parents venus partager l'héritage, gens sans tendresse ni intérêt pour elle, qui mangent, bavardent, s'amusent jusqu'à ce qu'elle meure, et dont l'attitude se résume dans les mots de l'un d'entre eux : « Ça a été moins long que je n'aurais cru (21) » ; *Clochette*, (1886), belle jeune fille qui, sur le point d'être découverte en compagnie de Grabu, pour sauver la carrière de celui-ci, saute par une lucarne, s'estropiant ainsi et gâchant sa vie; *Le Rosier de Mme Husson*, (1887), où les villageois se moquent de la pureté de mœurs d'un jeune garçon, l'obligent à s'enfuir à Paris, d'où il revient ivre, souillé et finit alcoolique, — ces échantillons de contes cruels, si bien traités par Maupassant, avec un réalisme parfaitement objectif, sont des images de la laideur morale et physique d'un siècle sans âme. On chercherait en vain la moindre tentation d'expliquer la présence du mal qui règne dans le monde, pas plus qu'une lueur d'espoir d'y trouver un remède. Dieu est bien mort, pour l'auteur aussi bien que pour ses personnages, ses contemporains, et le Diable n'existe pas. Ce sont tout simplement des contes logiques, des constatations de faits, construits, certainement, avec un art consommé, mais qui laissent au cœur un vide immense. On a l'impression que c'est plutôt la création de l'œuvre d'art qui prime chez Maupassant qui, tout en y exprimant son dégoût de l'époque, reste loin des cris angoissés d'un Baudelaire ou d'un Villiers dont les œuvres montreraient, à travers leur art, les blessures d'une âme à vif qui cherche le chemin du surnaturel et qui garde l'espoir d'une autre vie plus parfaite.

Moins connus, mais certainement cruels, les *Contes moqueurs* de Charles Buet, (1885), méritent une place parmi les autres récits de caractère sombre. *Le Chapelet d'Etienne*, dédié à Léon Bloy, s'inspire, évidemment, d'une connaissance assez profonde du « Pèlerin du Saint Tombeau ». Tout jeune, naïf, affamé d'idéal et de gloire, Etienne arrive à Paris où il mène une vie de misère, entouré des haines et des vices de la ville. Lui, pourtant, reste bon au milieu des tentations de toutes sortes, et puis, un jour, leurré par une jolie blonde, il monte chez elle, — mais le dénouement sera des plus inattendus. La fille, voyant autour du cou d'Etienne son chapelet, demande d'en baiser la médaille. Quand Etienne finalement la lui offre, elle s'en empare pour l'embrasser longuement, à genoux, les

---

(21) Guy de Maupassant : *Contes et Nouvelles*, vol. II, *la Reine Hortense*, p. 836.

yeux fermés, la figure transformée. Etienne se lève, s'habille,
pose une pièce de dix francs sur la table et s'enfuit. Cruel dans
ses données, le conte laisse entrevoir le fond désespéré des vies
perdues. Parmi la quinzaine d'histoires qui composent le
recueil, certaines se terminent d'une manière bien plus violente, et d'autres ne manquent pas d'une ironie assez fine.

En fait de contes cruels, il faudrait chercher loin avant
d'en trouver un recueil marqué d'un humour plus noir que
celui *Des Couples,* par Maurice Leblanc, (1890). Une lettre à
l'adresse de l'auteur, datée du 24 novembre 1892, nous apprend
que Léon Bloy a lu ce livre « avec la plus grande satisfaction »,
— ce qui en dit long — et que, selon ses propres termes,

les époux Dumouchel m'ont visité comme des fantômes que n'avait pas
prévus mon mépris, mon dégoût du monde, et ils m'ont saturé, jusqu'au
fond, de la plus bienfaisante horreur (22).

Le recueil contient en tout sept histoires qui mettent en
scène des couples différents afin d'approfondir les sentiments
qui les unissent. Résumons l'histoire qui a tant plu à Léon Bloy:
les Epoux Dumouchel sont un couple de tout petits bourgeois
qui végètent depuis quinze ans dans une vie de la plus plate
banalité, — tous les jours les mêmes gestes, les mêmes habitudes, les mêmes manies, aux mêmes heures, de la même façon.
Enfin, l'imprévu arrive, la petite Céline naît, ce qui dérange,
de fond en comble, tout l'échafaudage de cette vie réglée sur la
médiocrité. Obligés de faire des économies pour les frais d'une
nourrice, etc..., les Dumouchel suppriment les réceptions qui
étaient leur joie, mangent moins bien, renvoient la nourrice,
puis la bonne, et, finalement, à cause de tant de sacrifices pour
l'enfant qu'ils n'aiment pas, ils s'enfoncent dans une aigreur
insupportable. Leur ménage, grâce à Céline, devient un enfer.
Elle est un porte-malheur qu'ils détestent chaque jour davantage. Or, il arrive qu'un soir ils entendent un gémissement dans
sa chambre. Tous les deux montent vite et voient dans le berceau Mousseline, la chatte, qui dort sur la poitrine de l'enfant.
Encore un soupir étouffé et ils partent, sur la pointe des pieds,
pour attendre en bas que tout soit fini. Leur jeu de cartes ne les
empêche pas d'entendre le dernier râle de Céline, — mais ils
ne bougent pas. Ils la laissent mourir.

Plus encore que la perversion des vertus d'économie et
d'ordre, ce qui nous effraie dans cette histoire, c'est l'égoïsme

---

(22) A. Peské et P. Marty : *Les Terribles,* p. 17.

monstrueux d'un couple qui ne vit que pour son propre plaisir, qui ne veut pas que le mécanisme de sa petite vie bourgeoise soit dérangé — égoïsme qui atteste un refus total du sens chrétien de la vie.

Tous les contes du recueil sont imprégnés de la même noirceur, depuis *la Fortune de M. Fouque,* laquelle dépend de l'infidélité de sa femme, acceptée sans vergogne, jusqu'au dernier, intitulé *le Devoir,* dénégation complète du bonheur dans la vertu. Le livre est une véritable mise en accusation de toute cette façade d'hypocrisie bourgeoise qui recouvre, d'un air de respectabilité, des déchéances et des crimes qui feraient tomber les archanges des cieux.

Les histoires d'Alphonse Allais, racontées sur un ton de pince-sans-rire, s'apparentent, malgré leur humour constant, aux contes infiniment plus sombres dont le triste cortège vient de passer sous nos yeux. C'est le charme d'une ironie légère qui atténue ici un esprit d'analyse cruel, à la poursuite inlassable des bêtises du petit bourgeois, — les mensonges, les calomnies, les trahisons, les fraudes, l'hypocrisie, la science, — et Francisque Sarcey. D'une manière calculée, cynique, impitoyable, il pénètre les faiblesses de ses contemporains pour en faire des caricatures d'un humour, malgré tout, bien noir. Alphonse Allais faisait un conte par semaine au *Chat Noir,* deux au *Journal,* d'autres encore au *Tintamarre* et au *Sourire,* dont il fut le rédacteur en chef. Le recueil intitulé *A se tordre,* (1891), réunit un bon nombre de ses contes et plus tard *Littoralement,* (1952), réunit ses contes inédits du *Chat Noir.*

Pour clore cette présentation de contes cruels, on ne peut mieux faire que de s'introduire dans le monde horrible des *Histoires de masques,* (1900), par Jean Lorrain, (Paul Duval), — sorte de retour au monde de Poe, hanté par la présence d'un au-delà mystérieux, épouvantable, qui environne, effectivement, notre réalité. Car Lorrain veut nous persuader que la folie, la fantaisie, ne sont pas mortes, même aujourd'hui dans un monde de science positive, que

nous marchons en pleine vie moderne, au milieu de damnés, spectres à la tête humaine et autres épouvantements, que nous frôlons tous les jours des goules et des vampires (23).

Les masques nous cachent une réalité bien plus affreuse que celle qui est visible, et la question d'identité surgit de nou-

_____

(23) Jean Lorrain : *Histoires de masques, Lanterne magique,* p. 53.

veau, — nous ne savons jamais à qui nous avons affaire. Le thème est ancien, nous l'avons retrouvé déjà chez Jules Janin (24), chez Poe (25), chez Maupassant (26); seulement, ici c'est tout un livre qui nous suggère les mille formes variées que peut prendre le masque, symbole du mensonge, du mystère, — depuis ce visage horrible rencontré dans un bal du quartier Latin, et qu'un convive voulait arracher, ne sachant pas que c'était un vrai visage, jusqu'au *Récit d'un buveur d'éther*, dans lequel un jeune homme, au bal masqué, a soulevé brusquement la cagoule d'un masque, pour y trouver le vide. La robe, le camail étaient vides aussi, ces êtres qui vivaient n'étaient qu'ombre et néant, comme lui-même, qui, se mirant dans une glace, ne voyait rien sous son masque de toile argentée. Mais c'était un buveur d'éther qui rêvait. *L'Homme au bracelet* nous montre, à une fenêtre, un bras blanc, orné d'un bracelet, qui, leurrant les hommes, les invite à monter dans une chambre, — pour y trouver un homme qui les dévalise; *Madame Dumersan — Une Femme*, belle Espagnole, assiste à trois messes dans la matinée, entend les vêpres aux Camaldules et le salut chez les Dames Bleues, et va, le même soir, au bal, outrageusement décolletée.

Ce sont des récits saisissants, sans aucune analyse du mal qui les remplit, images d'un monde de faux semblants, travesti de tous les arts, pour tromper à ses fins les crédules.

S'il y a des différences à souligner entre les contes cruels de la première partie du siècle et ceux qui ont suivi, elles sont à chercher dans les techniques d'analyses psychologiques mises à la portée des conteurs par le développement de la science et introduites dans le conte par Edgar Allan Poe; ensuite, dans une conscience agréable, même recherchée, des états morbides qu'on prend plaisir à fouiller, comme chez Baudelaire ou chez Lautréamont; et finalement, dans une manière plus objective, plus réaliste à noter, à analyser les aberrations de la nature humaine, comme chez Maupassant. On pourrait ajouter aussi chez certains conteurs, comme Poe, comme Baudelaire, comme Villiers, un désir sincère de lever le voile de notre vie terrestre, de pénétrer cet au-delà où tous les mystères seront percés et les injustices dénoncées.

---

(24) Jules Janin : *L'Ane mort et la femme guillotinée*, chap. VIII, *Traité de la laideur morale.*
(25) Edgar Allan Poe : *Contes extraordinaires, Le Masque de la mort rouge; Hop-Frog; la Barrique d'Amontillado.*
(26) Guy de Maupassant : *Contes et Nouvelles, Le Masque; Moiron.*

Si les thèmes des contes des deux périodes se ressemblent plutôt, c'est que la race humaine change peu dans son essence. Les mêmes mobiles, les mêmes tares reparaissent d'un siècle à l'autre, les mêmes tentations, les mêmes faiblesses se perpétuent avec la vie. Un certain romanesque flamboyant caractérise les premiers contes, et réapparaît plus tard, il est vrai, dans certains autres, mais les thèmes se répètent, identiques sous leurs déguisements modernes. C'est toujours « l'ineffable ordure des hypocrisies, des reniements, des lâchetés et des sacrilèges (27) ». L'âge d'or et de l'égalité semble favoriser l'éclosion de ces fleurs des ténèbres que ne ralentit pas l'entrée en scène du petit bourgeois. C'est lui qui reste le but des critiques acerbes, des vociférations, des condamnations sans appel de ces conteurs impitoyables.

« Le poète est le plus sublime des persécuteurs, le plus impatient des persécuteurs (28) » a dit Léon Bloy. Et n'est-ce pas là précisément le caractère de la plupart des conteurs cruels ? Persécuteurs par amour qui, exaspérés par leur horreur du mal, par leur haine de la médiocrité du monde moderne, ont édifié, comme témoin de leur colère, cette histoire du Péché.

---

(27) Léon Bloy : *Propos d'un entrepreneur de démolitions*, p. XI.
(28) *Ibid.*

Chapitre II

L'ARRIÈRE-PLAN
DES « HISTOIRES DÉSOBLIGEANTES »

I. - La Formation de Léon Bloy.

> ... Moi, comme les chiens, j'éprouve le besoin de l'infini... Je ne puis, je ne puis contenter ce besoin ! je suis le fils de l'homme et de la femme d'après ce qu'on me dit... Je croyais être davantage.
>
> Comte de Lautréamont : *Les Chants de Maldoror* (Chant premier).

Léon-Marie-Henry Bloy naquit à Périgueux, le 11 juillet 1846, le deuxième de sept frères. Son père, sévèrement attaché à la discipline, Voltairien, admirateur zélé des principes républicains, fut conducteur des Ponts et Chaussées à Périgueux; sa mère, femme très chrétienne, d'ascendance espagnole, fut pour son fils la consolation et l'appui de ses jeunes années. Ayant traversé toute la vie dans une « brume de larmes », comme il le dira plus tard, se refusant aux jeux ordinaires des jeunes garçons, goûtant déjà la solitude, grondé souvent, Léon Bloy n'eut jamais de son adolescence que des souvenirs bien tristes.

Ses premières études terminées chez les Frères des écoles chrétiennes, Léon Bloy entra au Lycée Impérial de Périgueux, mais un tempérament orageux et peu sociable mit fin à ses cours en quatrième. Ensuite, ce furent des études décousues de musique, de dessin et de lectures, faites à la maison et au bureau de son père. Le jeune garçon, né poète, se sentit attiré vers une carrière d'artiste et, en 1864, nanti de la permission paternelle, il arriva à Paris pour se faire, comme il le croyait, un nom.

Ici ses journées se passèrent dans les bureaux de la Compagnie des Chemins de Fer d'Orléans, où son père avait pu le faire engager en qualité de commis architecte. Ses soirées étaient réservées aux classes de dessin, d'abord à l'Ecole de Dessin, plus tard chez M. Pils, à l'Ecole des Beaux-Arts. C'était là un programme bien chargé pour un débutant dans la vie mouvementée de la capitale, mais Léon Bloy pouvait écrire à ses parents, à cette époque :

> Enfin, je travaille avec ardeur et je fais de sérieux progrès. Paris dont je redoutais l'influence est loin de m'étourdir et ne me séduit en aucune façon (1).

La persévérance dans cette voie ne devait pas être longue pour un jeune homme dont l'âme et le cœur aspiraient avec impatience à la Beauté, à la Vérité, à la Gloire. Saisi tout d'un coup d'une fringale insatiable de toutes les lectures négligées pendant sa première jeunesse, il se gava d'une quantité énorme de livres pour rattraper le temps perdu.

> Seul, presque sans effort, il apprit en deux ans ce que le despotisme abêtissant de tous les pions de la terre n'auraient pu lui enseigner en un demi-siècle. Il se trouva soudainement rempli des lettres anciennes et commença de rêver un avenir littéraire (2).

C'est bien de lui-même que parla Léon Bloy en attribuant ainsi à Caïn Marchenoir les mêmes mouvements qui traversèrent sa vie.

Entre-temps, souvent seul, solitaire, pauvre, couvant une révolte longtemps contenue contre les injustices du monde, le jeune homme abandonna ses pratiques religieuses, se laissant gagner par un esprit activement athée et socialiste, et dont il dira plus tard :

> J'étais le stupide perchoir du démon que tout socialiste porte en soi, et si la Commune avait pu venir deux ans plus tôt, j'aurais certainement fusillé quelques prêtres et incendié quelques maisons, sans aucune méchanceté d'ailleurs (3).

_____

(1) *Lettre de Léon Bloy à ses parents,* le 19 juin 1864, citée par Joseph Bollery, dans *Léon Bloy, Essai de Biographie,* vol. I, p. 70.
(2) Léon Bloy : *Le Désespéré,* p. 31.
(3) *Lettre de Léon Bloy à Dom Guéranger,* août 1874, citée par Joseph Bollery, dans *Léon Bloy : Essai de Biographie,* vol. I, p. 75.

C'est à cette époque que Léon Bloy quitta la Compagnie des Chemins de Fer d'Orléans, sa nature d'artiste n'en pouvant plus d'une vie de bureau réglée par l'horloge; il se jette ainsi dans une période de misère, d'aventures banales et de lamentables souffrances. Une rencontre heureuse se préparait, cependant, qui devait adoucir un peu l'amertume de ces jours. En 1868, Léon Bloy fit la connaissance de Barbey d'Aurevilly lequel, par ses conseils et par son esprit de catholique militant (bien que non pratiquant, il faut l'avouer), put diriger les lectures du jeune homme et le ramener au bercail. Il s'ensuit, alors, un retour à la foi pour le jeune Périgourdin, à une foi qui allait grandissant, s'approfondissant au long de sa vie pour devenir une source magnifique de force pour lui-même et de lumière pour les autres.

Engagé comme franc-tireur sous Cathelineau pendant la Guerre franco-prussienne, Léon Bloy retourna ensuite à Périgueux chez ses parents, mais la vie provinciale l'étouffait et il retrouva bientôt Paris. Ici l'attendait cette même vie de misère, de déboires, de souffrances cruelles qu'il avait connue autrefois, soulagée, pourtant, par une spiritualité intense et une période avide de lectures. Enfin, Léon Bloy réussit à placer quelques articles et travailla quelque temps à *l'Univers* de Louis Veuillot. Comme tous les jeunes écrivains de ce temps, il fréquenta les cafés littéraires et quelques salons bienveillants, faisant ainsi la connaissance d'autres aspirants à la gloire — Villiers de l'Isle-Adam, Richepin, Coppée, Verlaine, Bourget, Catulle Mendès, etc., sans trouver parmi eux, cependant, la compréhension ou l'encouragement dont il avait besoin.

Mais l'événement qui devait avoir la plus grande répercussion dans la vie de Léon Bloy, ce fut la rencontre, en 1877, avec Anne-Marie Roulé, cette illuminée qui sera la Véronique Cheminot du *Désespéré*, et à qui il lia sa destinée pendant cinq ans. Tout cet épisode véridique est raconté, d'ailleurs, dans ce premier roman de Léon Bloy, où les faits ne sont transposés que dans leurs détails.

Une amitié autrement féconde de cette période fut celle de l'Abbé Tardif de Moidrey, homme remarquable, qui initia ce chevalier errant du christianisme aux mystères de l'exégèse des Ecritures et l'amena pour la première fois à la Salette. Le message de Notre-Dame de la Salette devint, par la suite, pour Léon Bloy une flamme lumineuse au centre de sa vie, d'où rayonna une inspiration inépuisable.

Malgré la détresse épouvantable de la vie, Léon Bloy put écrire, pendant cette période, *la Chevalière de la Mort,* petit livre sur Marie-Antoinette, qui ne fut pas publié, d'ailleurs, avant 1891. Un autre livre, *le Révélateur du Globe* (Christophe Colomb), fut entrepris aussi à cette époque — premier livre de Léon Bloy qui parut en 1884 avec une préface magnifique de Barbey d'Aurevilly.

Sur ces entrefaites, Léon Bloy fut engagé par le *Chat Noir* en 1882, pour rendre des forces à ce jeune chétif, et, si possible, le guérir d'une anémie menaçante. Il y publia un certain nombre d'articles assez bruyants, réunis plus tard dans ses *Propos d'un entrepreneur de démolitions* (1884). En février 1884, il fut accueilli par Francis Magnard au *Figaro.* Il y donna plusieurs articles écrits au vitriol qui provoquèrent des palpitations dangereuses chez ce Parisien roué, qui se sentit dans l'obligation de congédier un médecin dont les méthodes de diagnostic étaient si brutalement radicales.

Une certaine légende était alors en train de se créer autour du nom de Léon Bloy — cet homme du Moyen Age, au cœur brûlant d'amour pour Dieu et ses saints, criant son dégoût d'un monde médiocre, témoin du Beau éternel « en lettres de larmes et de feu », qui possédait tous les dons nécessaires pour acquérir le renom, les richesses, la gloire, mais refusa pour cela de « devenir le serviteur de *l'esprit moderne,* c'est-à-dire le serviteur du Démon » (4). Que penser d'un tel anachronisme vivant, qui ne composa avec personne ni rien ? « Bloy le Noir », « Bloy le Diable », « le Fossoyeur », « le Mendiant ingrat », « l'Inquisiteur » — autant d'épithètes pour justifier son insuccès et faire de lui « l'homme impossible dont il convenait de s'éloigner » (5).

La foudre tomba sur Léon Bloy en mars 1885, après la publication du premier numéro de son violent pamphlet hebdomadaire intitulé *le Pal,* quand il se vit fermer les portes du journalisme par Mermeix, directeur de *la France,* lequel, dans un article écumant de rage, demanda à tous ses confrères le silence le plus absolu pour ce nouveau « Jérémie ». La conspiration du silence n'a jamais été un mythe comme certains auraient voulu le faire croire et Léon Bloy en fut marqué pour toute sa vie.

----

(4) *Inédits de Léon Bloy* : Présentation de Joseph Bollery, Comte Carton de Wiart, Georges Rouzet. Article de Joseph Bollery, p. 42.
(5) Joseph Bollery : *Léon Bloy : Essai de Biographie,* vol. I, p. 361.

En 1887, malgré une existence profondément misérable, vivant d'expédients, découragé, à bout de forces, Léon Bloy put faire paraître *le Désespéré*, autobiographie romancée. Or, ce fut l'occasion d'une reprise de la conspiration du silence et le livre n'eut aucun succès. En décembre 1888, grâce à un mot de Huysmans, Léon Bloy fit son entrée au *Gil Blas* où, pendant les deux mois de sa collaboration, il donna des articles hebdomadaires, toujours de la même verve impétueuse et splendide et dont bon nombre furent réunis plus tard dans *Belluaires et Porchers*.

C'est enfin l'année 1890 qui apporta dans la vie de Léon Bloy la grâce tant désirée d'un bonheur stable, son mariage avec Jeanne Molbech, jeune femme cultivée, fille d'un poète et savant danois. De ce mariage naquirent quatre enfants dont deux moururent en bas âge dans des circonstances tragiques, un des épisodes étant incorporé plus tard, avec tout le pathétique de son drame, dans *la Femme pauvre*.

Un voyage au Danemark, des projets de conférences, un procès retentissant avec Joséphin Péladan, précédèrent la publication du journal de Léon Bloy, dont la rédaction du premier volume, *le Mendiant ingrat*, débuta en 1892. La même année parut *le Salut par les Juifs*, le seul de ses livres, disait Léon Bloy, qu'il oserait présenter à Dieu. D'une nouvelle collaboration au *Gil Blas* il résulta, plus tard, deux volumes de contes : *Sueur de Sang* (1893), contes militaires inspirés par la Guerre franco-prussienne, et les *Histoires désobligeantes* (1894), série de contes noirs, inspirés des turpitudes de la vie contemporaine.

C'est ainsi que parurent assez régulièrement les volumes nombreux qui constituent l'œuvre énorme de Léon Bloy, une quarantaine de livres en tout, chacun engendré dans une misère effroyable, saturé d'une angoisse et d'une douleur qui faisaient crier à leur auteur :

Ah ! les heureux de la vie, qui jouissent en paix d'un beau livre, ne songeant pas assez aux souffrances quelquefois sans nom ni mesure, qu'un pauvre artiste sans salaire a pu endurer pour leur verser cette ivresse... (6).

Cependant, l'arbre si torturé porta des fruits d'une magnificence royale — des conversions, des retours à la foi perdue ou abandonnée, des consolations, des encouragements, et pour luimême des amitiés précieuses. Car ces âmes qui venaient vers

(6) Léon Bloy : *Le Désespéré*, p. 260.

Léon Bloy, attirées par la nourriture substantielle de ses livres, devinrent souvent les fidèles amis de la solitude du « Pèlerin de l'Absolu ». Les dernières années de sa vie furent consolées par la présence d'une véritable élite, parmi lesquels il comptait les Maritain, les van der Meer, Georges Rouault, Pierre Termier, René Martineau, Jean de La Laurencie, Ricardo Viñes et bien d'autres.

Toujours au travail, Léon Bloy écrivit jusqu'aux derniers jours de sa vie. Ces jours furent profondément attristés par la Guerre de 1914-1918 laquelle fut pour lui le prodrome des événements apocalyptiques qu'il n'avait jamais cessé de prédire à un monde indifférent et hostile.

Ce visionnaire-prophète, chrétien des premiers siècles de l'Eglise, tombé dans les jours d'un siècle païen, sans foi, véritable Chevalier de Notre-Dame et Pèlerin du Saint-Tombeau, s'est éteint le 3 novembre 1917, à Bourg-la-Reine, dans la soixante-douzième année de sa vie. Catholique intransigeant, affamé de l'amour de Dieu et de sa justice, désirant éperdument la sainteté pour lui-même et pour les autres, Léon Bloy avait traversé la vie en criant son désespoir à un monde oublieux de l'unique chose nécessaire. Que ses cris n'aient pas toujours été vains, nous l'avons déjà vu, et tout porte à croire que la grâce mystérieuse de Dieu travaillera longtemps encore par les paroles de Léon Bloy et fera germer une moisson splendide pour le Royaume des Bienheureux.

II. - Léon Bloy au « Gil Blas »

> Ah ! mes amis quel public ! le
> public de partout, le public bête,
> lâche et grossier qui n'a que des
> yeux et un estomac, mais qui n'a ni
> cœur, ni une cervelle, ni même des
> muscles pour châtier les ignobles
> histrions qui déshonorent devant lui
> la Ressemblance de Dieu.
>
> Léon BLOY : *Propos d'un entrepre-
> neur de démolitions.*

Parmi les phénomènes qui se produisirent en France vers 1880, l'un des plus prodigieux fut l'extension de la Presse, deve-nue déjà une sorte de pieuvre dont les tentacules puissants envahissaient tous les domaines de la vie. Une multitude de journaux, de revues, de feuilles de toutes sortes, même des plus scabreuses, pleuvaient alors sur la France, inspirés en grande partie par le mouvement naturaliste en littérature qui éma-nait des innovations du Groupe de Médan. Les « tranches de vie », les récits documentés, le roman expérimental, excitèrent les appétits, de plus en plus aiguisés, des lecteurs gourmands d'histoires corsées et de contes équivoques.

Parmi tous ces journaux qui foisonnaient alors, le *Gil Blas* fut, de beaucoup, l'un des plus piquants, connu partout pour son esprit et pour un certain ton littéraire. Auguste Dumont, journaliste qui de typographe devint administrateur du *Figaro*, fonda le *Gil Blas* en 1879.

Très avisé, très malin (...) la frénésie de la bataille littéraire autour du naturalisme, le goût du public pour les choses très osées et même tout à fait crues, sous prétexte de vérisme intégral, lui ont donné l'idée de créer une feuille où la littérature aura une large place et où l'on manifestera une belle audace en toute matière (7).

---

(7) Jules Bertaut : *L'Opinion et les Mœurs — la troisième République à nos jours*, p. 139.

Auguste Dumont essaya donc d'attacher au *Gil Blas* des écrivains de valeur, parmi lesquels se trouvèrent Théodore de Banville, Henry Fouquier, Jean Richepin, Armand Silvestre, etc., dont les chroniques, les récits et les fantaisies donnèrent au journal un cachet très original.

On pourrait s'étonner que Léon Bloy, cet écrivain d'une virulence chrétienne, dont les livres avaient déjà heurté les sensibilités d'un monde médiocre et suffisant, ait cherché à s'exprimer à travers un journal d'esprit boulevardier tel que le *Gil Blas*. Il faut se rappeler, cependant, que toutes les voies du journalisme lui étaient fermées depuis le premier numéro du *Pal*, paru en 1885, et que plus récemment la publication du *Désespéré*, en 1887, n'avait rien fait pour alléger la consigne de la conspiration du silence. De plus, sa vie quotidienne était d'une misère effroyable, Léon Bloy ne vivant que d'expédients, au jour le jour, comptant sur une générosité sporadique, de quelques amis ou de quelques rares admirateurs. L'occasion de se faire lire, grâce au *Gil Blas*, se présenta à point, on le comprend, et le Désespéré n'osa guère la refuser.

Ce fut par l'amitié bienveillante de Camille Lemonnier, journaliste belge, et de J.-K. Huysmans que Léon Bloy fut invité à collaborer au *Gil Blas*, lequel, vers la fin de 1888, recherchait de jeunes écrivains prometteurs pour donner un peu de vie à sa rédaction.

Selon Georges Rouzet, Léon Bloy dut faire la connaissance de Camille Lemonnier chez Barbey d'Aurevilly, à qui ce romancier avait dédié son célèbre *Mâle*. Une sympathie réciproque les lia d'amitié tout de suite. Ainsi, quand Huysmans, invité par Camille Lemonnier à collaborer au *Gil Blas*, consentit, à condition que Léon Bloy fût accepté aussi, l'ami belge dut intervenir en sa faveur, car bientôt il fut avisé d'un rendez-vous pour arranger l'affaire.

Introduit au *Gil Blas*, le démolisseur publia chaque semaine une chronique retentissante sur ses contemporains littéraires ou sur des personnalités en vue, tels que Péladan, Daudet, les Goncourt, la Duchesse de Galliera, etc. — chroniques qui furent réunies plus tard dans le volume, *Belluaires et Porchers*.

Huysmans, qui avait d'autres ressources, renonça très vite à écrire pour le *Gil Blas*, refusant tout élagage de sa prose destiné à ménager les sensibilités des lecteurs. Il écrivit, d'ailleurs, une lettre intéressante à son ami belge, Jules Destrée, laquelle, citée par Joseph Bollery dans sa biographie de Léon Bloy, éclaire bien les procédés du *Gil Blas* :

...Vous me parlez du *Gil Blas*. Quel mauvais lieu. Ces gens ont engagé, en somme, Bloy, espérant du scandale et moi, souhaitant des « cochoncetés ».

Ce sur quoi, je leur ai fourré une pièce quasi-pieuse. Il serait trop long de vous raconter les bêtises de ce monde-là et comment cet article est resté deux mois sur le marbre sans passer.

Ce qui est certain, c'est que je n'ai pas envie de les inonder de ma prose (8).

Le séjour de Léon Bloy lui-même, au milieu de cette « armée de cannibales » (9), ne dura que deux mois. Les émotions suscitées par les articles réussirent, finalement, à déclencher une cabale qui le chassa de son coin au *Gil Blas;* le 11 février 1889, il était remercié. Ces deux mois, pourtant, lui avaient fourni l'occasion d'aiguiser encore sa plume aux dépens des avilissements et des flagorneries du monde moderne. En même temps, le nom de Léon Bloy s'était réaffirmé comme symbole d'une puissance verbale extraordinaire et d'une intention inébranlable de combattre de toute son âme pour la vérité.

Quelques années plus tard le *Gil Blas* dut rechercher encore la collaboration de l' « entrepreneur de démolitions ». En 1892 Fernand Xau fonda le *Journal,* écumant la crème du journalisme pour faire de son journal débutant un concurrent sérieux. Le *Gil Blas,* qui se défiait du nouveau-venu, se mit à la recherche de plumes bien trempées pour défendre ses positions contre les menaces de l'intrus. Ainsi, en septembre 1892, Léon Bloy, qui avait appris le désir du *Gil Blas* de le reprendre, se présenta au bureau de la rédaction où il fut très bien reçu par Jules Guérin, le rédacteur en chef, et engagé immédiatement. Sa première contribution fut une série d'articles critiques, toujours dans le ton d'un éreintement forcené, l'article initial du 29 septembre s'intitulant *le Chien et le flacon,* d'après Baudelaire, dont Bloy prit ici la défense contre Dumont; ensuite, *la Fin d'une charmante promenade,* le 8 octobre, pour la mort de Renan; *le Fourmillement de l'abîme,* le 15 octobre, pour défendre la cause de Christophe Colomb, bafoué encore par un journaliste; *l'Eunuque,* le 21 octobre, sur Bourget, qui annonçait un nouveau livre, *Terre promise,* etc.

Cependant, Léon Bloy comprit bientôt qu'il ne pouvait continuer indéfiniment ce genre de critique violent, à la manière du *Pal,* « sous la tutelle d'une feuille dépendante de

---

(8) Joseph Bollery : *Léon Bloy : Essai de biographie,* vol. I, p. 302.
(9) Léon Bloy : *Lettres aux Montchal :* lettre à Mme Isabelle Debran, le 22 septembre 1888, p. 440.

multiples contingences, incompatibles avec son Absolu » (10).
Se souvenant d'avoir raconté une fois, avec succès, des souvenirs de la guerre de 1870, et encouragé par l'enthousiasme de
Georges d'Esparbès, un confrère-ami, il donna au *Gil Blas*, du
12 novembre 1892 au 15 juillet 1893, une série de trente contes
qui furent réunis plus tard sous le titre de *Sueur de Sang*.

Que Léon Bloy n'ait pas eu d'illusions au sujet de sa collaboration au *Gil Blas*, qu'il n'ait éprouvé aucune fierté d'appar-
tenir à sa rédaction, nous le savons par son journal auquel,
maintes fois, il confia les lamentations de son âme cruellement
tiraillée. Lors de la publication de son premier conte militaire,
nous lisons dans le *Mendiant ingrat*, à la date du 11 novembre
1892 :

> Publication de l'*Abyssinien*, premier de mes contes militaires.
> Essai concluant. Je lâcherai donc mes contemporains littéraires —
> provisoirement — pour manger un peu de Prussien. Ça me changera
> et je deviendrai peut-être durable au *Gil*.
> Une écurie où on aurait des repas réguliers. Paradis d'une rosse
> dédaignée par l'équarrisseur. Tel est mon partage (11).

Et encore, le 7 mars 1893 :

> ...Retour de la tristesse qui me martyrise habituellement, surtout
> lorsqu'il me faut écrire pour le *Gil Blas*, dont je suis si peu sûr et
> auquel je suis si honteux d'appartenir. Quelle dure et abjecte capti-
> vité !... (12).

Et enfin, le 14 mars 1893 :

> « J'espère être bientôt délivré de cette infamante collaboration au
> *Gil Blas* » (13).

La situation de Léon Bloy au *Gil Blas* ne fut jamais conso-
lidée par un contrat, et, de plus, il n'y avait pas d'amitié excessive entre le Mendiant ingrat et le rédacteur en chef, Jules Guérin, qui s'arrangeait pour égarer ses manuscrits et les faire
passer à des dates irrégulières. Mais pour Léon Bloy c'était
le pain quotidien assuré pour lui et pour sa famille. On conçoit
qu'en présence de ses responsabilités, il ait hésité à claquer les
portes.

Ainsi, la collaboration de Léon Bloy au *Gil Blas* continuait,
et le 22 juillet 1893, parut le premier d'une nouvelle série de

---

(10) Joseph Bollery : *Léon Bloy : Essai de biographie*, vol. III, p. 56.
(11) Léon Bloy : *Le Mendiant ingrat*, le 11 novembre 1892, p. 62.
(12) *Ibid.*, le 7 mars 1893, p. 75.
(13) *Ibid.*, le 14 mars 1893, p. 76.

contes intitulée : *Histoires désobligeantes*. Ce sont, cette fois, des études cruelles de l'avilissement, de la bassesse du siècle qui a renié ses origines spirituelles.

Paraissant tous les vendredis, les *Histoires désobligeantes* représentaient toujours pour Léon Bloy la même corvée répugnante que tout autre travail au *Gil Blas*. Nous relevons dans le journal du Mendiant ingrat, le 27 juillet 1893 :

> On me dit que ma nouvelle série de contes a du succès. Il est curieux, vraiment, que je suis toujours condamné à des tours de force qui ne sont pas de mon goût, dont je me juge incapable et qui, néanmoins, réussissent. Avec *Sueur de Sang* je ne me croyais pas conteur (14).

Quoique le sujet de quelques-unes de ces histoires fût suggéré par des amis de Léon Bloy, la plupart découlent directement de sa vie intime, de ses expériences, de ses observations, de ses lectures. Le poète n'a pas à chercher loin, car les malheurs et les crimes abondent dans la vie quotidienne, plus noirs souvent que les drames imaginés. Le monde fuligineux des *Histoires désobligeantes* est peuplé de visions effroyables, de laideurs odieuses, de caricatures misérables contemplées par le poète angoissé devant le spectacle contemporain. Mais l'intention de Léon Bloy ne fut jamais simplement de divertir. N'avait-il pas écrit à un jeune ami :

> J'ai l'air de parler à la foule pour l'amuser. En réalité je parle à quelques âmes d'exception qui discernent ma pensée et l'aperçoivent sous son voile... (15).

Il faut comprendre que les *Histoires désobligeantes* sont plutôt des allégories, d'une horreur infernale, certainement, mais jamais de simples polissonneries pour chatouiller les imaginations des abonnés du *Gil Blas*. Léon Bloy dépeint ici l'histoire lamentable de l'état des âmes en France à cette époque, les « dessous de l'aristocratie bourgeoise » (16).

Le second séjour de Léon Bloy au *Gil Blas* dura dix-huit mois, son départ survenant à la suite des machinations d'un drame inouï. Le 4 avril 1894, au moment d'une vague d'anarchie en pleine activité à Paris, une bombe fut jetée qui blessa le journaliste Laurent Tailhade, en train de dîner chez Foyot.

---

(14) *Id.*, le 27 juillet 1893, p. 86.
(15) *Id.*, le 16 février 1894, p. 104.
(16) Léon Bloy : dédicace des *Histoires désobligeantes* pour Jean de la Laurencie, *Au Seuil de l'apocalypse*, le 3 juin 1914, p. 145.

Certains hommes de lettres maltraités par lui, exprimèrent leur joie à cette occasion et Léon Bloy, allumé par les protestations de son ami Henry de Groux, décida de faire une chronique pour défendre ou pour venger Tailhade. Le 12 avril parut dans le *Gil Blas* son article intitulé *l'Hallali du poète*, et, en épigraphe : « Oh ! les cochons ! les cochons ! les cochons ! ». Sa véhémence porta loin et Léon Bloy fut prévenu, le lendemain, par un télégramme de Jules Guérin, rédacteur en chef du *Gil Blas*, que le collaborateur de *l'Echo de Paris*, Edmond Lepelletier, lui adressait des témoins. Ce dernier était « suffisamment désigné par le titre de son article : *Une Bombe intelligente*, un des plus ignobles qui eussent été écrits contre Tailhade » (17). Bref, Léon Bloy, dont tout le monde dans le journalisme et dans les lettres connaissait depuis plus de dix ans les raisons de condamner le duel, refusa de se battre. Selon les rites du journalisme, lui dit-on, ce refus exigeait que son rédacteur en chef se batte à sa place, ce qui favorisa la manigance d'une indignation générale et l'expulsion de Léon Bloy de la maison. Ainsi, la générosité du Mendiant ingrat à se précipiter à la défense d'un confrère, accablé et désarmé, lui coûta sa situation et le pain de sa famille.

Amuser les gens qui passent, leur plaire aujourd'hui et recommencer le lendemain, écrit Léon Bloy, un peu après son départ du *Gil Blas*, n'était jamais mon fait.
Cette noble devise de la maison, cette capote du lieu ne s'ajustait pas à mes entournures. Je ne pouvais amuser que des gens qui ne passaient pas, et encore, c'était toujours la veille seulement que j'eusse pu leur être agréable. La veille de l'An Mille, par exemple... (18).

C'est sur ce fond de désolation et de dégoût pour ses liens avec un journal tel que le *Gil Blas*, forme moderne du Diable, que furent écrites les trente-neuf *Histoires désobligeantes* de Léon Bloy. Tournons maintenant notre attention vers ces histoires mêmes pour explorer un peu leur climat et apercevoir sous leurs voiles la pensée de l'auteur.

_____

(17) Joseph Bollery : *Léon Bloy : Essai de biographie*, vol. III, p. 111, note 2.
(18) Léon Bloy : *Léon Bloy devant les cochons*, p. 28.

III. - Quelques mots liminaires
sur les « Histoires désobligeantes »

> ...Mon plus beau rêve, désormais,
> c'est que vous *apparaissiez* manifes-
> tement abominables, car vous ne pou-
> vez pas, en conscience, l'être davan-
> tage.
>
> Léon BLOY : *Le Désespéré.*

Léon Bloy possédait un incontestable génie pour les titres. Les *Histoires désobligeantes,* voilà encore une de ces trouvailles, un titre bien justifié par l'unité qu'il donne à une œuvre diverse et qui frappe, en même temps, par son originalité. Avouons, cependant, que le titre doit quelque chose de son inspiration à un volume très goûté par notre auteur, c'est-à-dire aux *Histoires insolites* de Villiers de L'Isle-Adam. Ce sont bien des histoires désobligeantes, qui chagrinent, voire déplaisent, de la première à la dernière page. L'art de déplaire ne fut pas étranger à Léon Bloy qui déplora bien des fois que son éloquence n'égalât pas l'indignation de ses pensées — cette indignation de l'amour, ressentie profondément par un homme qui ne voulait qu'arracher les âmes précieuses à la « putréfaction universelle » où il les voyait s'engloutir.

Car ces histoires si atroces dans leur satire, si violentes dans leur accusation ont porté certains à y voir le côté fâcheux de l'œuvre de Léon Bloy, qu'il vaut mieux ne pas lire. Ici, il faut se rappeler encore l'importance de la perspective spirituelle chaque fois que l'on considère l'œuvre de Léon Bloy. Ce qu'on entend, ce sont toujours les cris désespérés d'un chrétien très sérieux, vivant comme il peut « dans un monde ignoblement futile et contingent avec une famine enragée des réalités *absolues* » (19). Le peuple de Dieu, égaré dans les

---

(19) Léon Bloy : *Belluaires et Porchers,* p. xiv.

déserts immondes de la vie contemporaine a oublié, voire
repoussé son héritage royal que ce prophète, éperdu d'amour
pour son Dieu, désire si ardemment lui rappeler par tous les
moyens en son pouvoir. C'est par « indignation et par amour »
dit-il, qu'il extirpe leurs turpitudes, et, continue-t-il, « mes
cris, je les pousse dans mon désespoir morne, sur mon Idéal
saccagé » (20).

Que Léon Bloy ait désiré faire scandale et attirer par ce
moyen l'attention sur les vérités spirituelles n'est peut-être pas
entièrement à condamner. Pour que l'idée frappe, étonne, il
faut parfois qu'elle soit choquante, extraordinaire — pour convaincre le lecteur, pour l'impressionner à travers les épaisses
écailles dont son âme est aujourd'hui cuirassée. On peut même
se demander si cette volonté intempestive, truculente chez
Léon Bloy, de déchirer les voiles de l'hypocrisie, de proclamer
la vérité « par-dessus les toits », ne provient pas en partie
d'une influence de Joseph de Maistre sur sa jeune pensée.
Joseph de Maistre, n'avait-il pas écrit :

> Ce qu'on croit vrai, il faut le dire hardiment; je voudrais, m'en
> coutât-il grand'chose, découvrir une vérité faite pour choquer tout le
> genre humain; je la lui dirais à brûle-pourpoint (21).

Mais même avant de connaître Joseph de Maistre, il paraît
que le jeune Léon Bloy avait une prédilection pour les paroles
tumultueuses, pour le mouvement cyclonique d'un style
emporté, fougueux. C'est M. Pierre Arrou qui a signalé à Louis
Lefebvre (22) sa possession d'une copie, faite de la main de
Léon Bloy, d'un long pamphlet incendiaire intitulé *Propos de
Labienus*, écrit par un certain Rougeard. Que le copiste fût
suffisamment impressionné pour vouloir transcrire les propos,
datés de 1865, quand il n'avait que dix-neuf ans, cela indique-
rait déjà un attrait prononcé vers le pamphlet et vers le style
outré, violent. Quoiqu'il en soit, on ne peut que reconnaître
dans les écrits du Désespéré un profond désir d'émouvoir,
d'étonner, de scandaliser.

Ce recours au scandale serait, pour certains, une manière
d'adoucir le remède, d'attirer des âmes à considérer les
bassesses de leur vie et par là, de les ramener à réfléchir sur
les vérités spirituelles.

---

(20) *Ibid.*, p. xvi.
(21) Joseph de Maistre : *Les Soirées de Saint-Pétersbourg*, vol. I, p. 162.
(22) Louis Lefebvre : *Léon Bloy*, p. 24.

N'oublie jamais, Jacques, écrivit Léon Bloy à son filleul, Jacques Maritain, que ma mission est de manger et de boire avec les publicains et que j'écris surtout pour la canaille... (23).

Comme Barbey d'Aurevilly, comme Lautréamont, comme Baudelaire, Léon Bloy, par le scandale du mal, par une peinture de son obsédante horreur, mettra toute la puissance de son art à transformer les désirs des âmes, à les tourner vers d'autres aspirations plus nobles. Ce qu'il dit de son ami, Barbey d'Aurevilly, peut aussi bien se dire de lui :

Il voit mieux qu'aucune autre chose l'âme humaine dans les avanies et les retroussements de sa Chute. C'est un maître imagier de la Désobéissance et il fait beaucoup penser à ces grands sculpteurs inconnus, du Moyen-Age, qui mentionnaient innocemment toutes les hontes des réprouvés sur les murs de leurs cathédrales (24).

L'intention de Léon Bloy dans la recherche du scandale, à part une certaine satisfaction personnelle à fustiger les coupables, visait surtout à obtenir un effet sur le lecteur, sur son âme endormie par les ruses d'une civilisation démoniaque; il savait que la conscience du mal avait disparu d'un monde hypnotisé par les théories du déterminisme et du progrès illimité. S'il faut attribuer une signification aux violences, aux massacres de Léon Bloy, rappelons-nous, encore une fois, son installation dans l'Absolu d'où il voit dans son cœur tourmenté, l'énormité de l'outrage que la société contemporaine fait à son Dieu et à elle-même. Léon Bloy n'écrivait que pour Dieu. Dire la vérité était pour lui un strict devoir, la vérité quelle qu'elle fût et quels qu'en pussent être les dangers. Le scandale de la vérité était pour lui incompréhensible, un signe de plus de la déchéance du monde moderne.

Les *Histoires désobligeantes* nous introduisent dans un monde insolite mais bien réel, revêtu d'un symbolisme sous lequel il faut voir l'épouvante et la détresse de l'auteur. A la surface, ce sont des peintures des contemporains dans leurs relations banales et hypocrites de tous les jours. Mais l'intention de l'auteur va plus loin : elle pénètre en profondeur pour découvrir les relations de la société moderne avec les forces du bien et du mal, avec les anges et les démons, car, au fond,

(23) Léon Bloy : *Lettres à ses filleuls* : lettre à Jacques Maritain, le 15 mai 1911, p. 111.
(24) Léon Bloy : *Belluaires et Porchers : Un Brelan d'excommuniés, L'Enfant terrible*, p. 132.

4

tout ce qui importe pour Léon Bloy, ce sont les âmes et leur relation avec l'Absolu, c'est-à-dire avec Dieu.

Le déploiement de ces visions affreuses de l'âme contemporaine, aussi scandaleux qu'il soit, ne signifie point pour autant que Léon Bloy s'efforce de prendre le ton du *Gil Blas.* On peut y voir, à la rigueur, un effort pour équilibrer les goûts douteux de la maison avec la résolution de l'auteur de dire la vérité à son époque, mais c'est la proclamation de la vérité qui prime tout chez Léon Bloy. Cette stupéfiante série de contes constitue plutôt un résumé de « l'histoire horrible de nos mœurs », vue par les yeux du poète-clairvoyant à qui n'échappe pas le symbolisme qui règne sur cette vie terrestre.

Une lettre écrite par Léon Bloy nous éclaire sur ce point :

Vous me dites que vous ne voyez que ma « main » dans quelques-uns de mes contes, et que, dans les autres, vous voyez « mon cœur ». Vous me lisez donc mal, cher ami. Je mets mon cœur dans tout ce que j'écris. Mais j'écris pour un journal frivole où je ne peux pas toujours m'exprimer ouvertement. Je suis, au contraire, forcé de m'envelopper.

Relisez, par exemple, *la Taie d'argent* ou *Une Recrue,* et, avec un peu d'attention, vous y trouverez du pain pour vous. Je mets quelque chose de mon fonds dans chacun de ces récits, qui sont assez souvent, croyez-le, des allégories... (25).

Ainsi est-il indiscutable que les *Histoires désobligeantes* possèdent une signification plus profonde que ce sens général, scandaleux, si on veut, qui seul frappe le lecteur non averti. Pour qui connaît Léon Bloy, une œuvre purement scandaleuse, frivole, sans conscience, est une impossibilité.

...J'écris — à quel prix ! — pour dire quelque chose, dit-il encore. J'écris pour le petit nombre de ceux qui m'aiment, ou qui disent m'aimer, et je veux que ce ne soit pas en vain (26).

Que les *Histoires désobligeantes* n'aient pas de « clef », nous le savons par Léon Bloy lui-même.

Plusieurs, il est vrai, sont des récits exacts, mais sans allusion à aucune personnalité fameuse, dit-il. Presque toujours il s'agit de petits bourgeois dont j'ai fait ce que j'ai voulu. Mais en général, je veux dire la vérité à mon temps d'une manière plus ou moins enveloppée. Telle de ces allégories, *Tout ce que tu voudras,* ou *la Fin de Don Juan,* par exemple, se rapporte à l'histoire horrible de nos mœurs, et d'autres, *la Taie d'argent, On n'est pas parfait,* etc., sont un raccourci de notre histoire intellectuelle (27).

---

(25) Léon Bloy : *Le Mendiant ingrat,* le 16 février 1894, p. 104.
(26) *Id.,* le 6 novembre 1893, p. 95.
(27) Léon Bloy : *Mon Journal,* le 11 septembre 1898, p. 285.

Comme les contes militaires, Léon Bloy fit paraître en volume les *Histoires désobligeantes,* dont la première édition date du 4 décembre 1894, chez Dentu. L'édition fut tirée à mille exemplaires, dont douze exemplaires sur papier de Hollande et deux sur papier du Japon. Quatre exemplaires sur Hollande et les deux exemplaires sur Japon étaient réservés à l'auteur. Des trente-neuf histoires écrites, trente-huit parurent au *Gil Blas,* la dernière, intitulée *le Mariage de Sylvestre,* ayant été rendue à Léon Bloy au moment de l'affaire Lepelletier, quoiqu'il l'eût livrée, comme d'habitude, une semaine en avance. L'édition originale du recueil comprit trente-deux histoires, chacune avec dédicace. Une deuxième édition des *Histoires désobligeantes,* parue chez Crès en 1914, supprima les dédicaces, comme toutes les éditions ultérieures; elle comprit trente histoires et une préface écrite pour cette occasion par Léon Bloy. Le recueil, depuis l'édition originale, porte la dédicace suivante :

A Mon Cher Ami

EUGÈNE BORREL.

En souvenir pieux de Notre-Dame d'Ephèse qui nous met si loin des ordures contemporaines.

L. B.

Lorsque la maison Crès disparut, les exemplaires qui restaient de leur édition à couverture blanche furent acquis par le Mercure de France qui les fit revêtir, en 1933, d'une couverture jaune à son nom. En 1947 les *Histoires désobligeantes* parurent aux Editions du Rocher, de Monaco.

A titre de curiosité, il est intéressant de relever dans le journal intime de Léon Bloy, la notice qu'il écrivit le 28 novembre 1894, sur les *Histoires désobligeantes* qui devaient paraître le 4 décembre :

On se souvient du dernier livre de Léon Bloy, *Sueur de Sang,* publié l'année dernière par la maison Dentu. Le succès non-interrompu de ces épisodes farouches de la guerre franco-allemande, semble devoir être surpassé.

Dans les *Histoires désobligeantes* qui viennent de paraître, le redoutable écrivain, si souvent comparé à Juvénal, dont il a la force et l'inflexible nature, déroule sous forme de contes, le tableau de certains dessous effrayants qu'il lui fut donné de surprendre. La variété de cette série de 32 petits romans est d'ailleurs stupéfiante. Ceux qui ne connaissent Léon Bloy que par ses violences légendaires s'étonneront à coup sûr de rencontrer çà et là des pages de la suavité la plus pénétrante qui les remueront délicieusement. C'est ce mélange incroyable de tendresse et d'amertume qui a rendu si célèbre l'auteur du *Désespéré* et de *Sueur de Sang.*

Il ne reste à dire que, sans avoir épuisé les secrets des *Histoires désobligeantes*, l'étude que nous en avons faite nous a permis de pénétrer plus avant dans ce monde complexe et dépravé de fin de siècle pour y découvrir des intentions et des allusions de l'auteur restées insoupçonnées. D'après ces quelques remarques, on comprend que l'œuvre de Léon Bloy, pour être appréciée, demande un regard qui part des sommets de l'Absolu et qui, en même temps, plonge dans les abîmes des profondeurs. Les apparences — Léon Bloy ne cesse jamais de nous en aviser —, sont trompeuses, même ici.

CHAPITRE III

LA GENÈSE
DES « HISTOIRES DÉSOBLIGEANTES »

I. - L'Esprit de l'époque.

> Quelques formules sentimentales
> donnent encore l'illusion de la vie,
> mais on est mort, en réalité, vrai-
> ment mort.
>
> Léon BLOY : *Le Désespéré.*

Le XIXᵉ siècle offrait les promesses d'un âge d'or. Une liberté entière de la pensée, de l'imagination, de la parole, le culte du moi romantique, dans l'éclat de leur épanouissement avaient marqué les années de la première moitié du siècle. Les vingt dernières années de cette période, sous la domination intellectuelle de Taine, de Renan et de Littré devaient voir des transformations autrement révolutionnaires dans la culture française. Une foi inébranlable dans la science engendra des espoirs illimités dans un bonheur universel, tangible et durable, tandis que le réalisme en littérature aboutissait au naturalisme et à cette espèce de déploiement de grossièretés, dites « tranches de vie », cultivées dans le roman expérimental par Emile Zola.

Avant tout, c'est l'époque du déterminisme, doctrine selon laquelle tout est enchaîné par les causes et les effets et, en conséquence, prévisible, les événements du monde aussi bien que l'évolution de nos pensées. L'homme, puisqu'il fait partie de cette nature déterminée, n'échappe pas aux lois qui la gouvernent si implacablement, — il est le produit de sa race, de son temps et de son milieu. Le libre arbitre, la responsabilité, la catégorie morale, par conséquent, n'existent plus, comme le proclament les mots, souvent cités, de Taine : « ... le vice et la vertu sont des produits comme le vitriol et le sucre ».

C'est l'époque du rationalisme, car tout est sujet à l'emprise de la raison, tout est explicable et connaissable. Il n'y a plus rien qui soit mystérieux, — Marcelin Berthelot va jusqu'à affirmer dans la préface à ses *Origines de l'alchimie* (1885) : « Le monde moderne est sans mystère ».

Ainsi privée de toute signification spirituelle, la vie sombre dans un pessimisme découragé, impuissante à faire face toute seule à des forces écrasantes. Car le « positivisme de Taine et l'idéalisme de Renan, par la négation d'un Dieu personnel et transcendant, par l'universelle et souveraine compétence attribuée à la raison, tarissaient toutes les sources de la religion. L'objet de l'adoration s'évanouissait, et avec lui la révélation, le dogme, le miracle : la foi en face de la science, seule légitime, ne pouvait plus subsister » (1).

Pendant les vingt-cinq années qu'embrasse la période, 1870-1895, les transformations, tant spirituelles que scientifiques et matérielles, seront considérables.

Sur le plan des progrès matériels, entre 1873 et 1878, sous la présidence du Maréchal de Mac-Mahon, la ville de Paris fut agrandie et transformée par la percée de voies nouvelles. L'Opéra avait été inauguré le 5 janvier 1875 et en 1878 une grande Exposition marquait le relèvement de la nation. Quelques grands magasins avaient déjà été créés.

C'est l'époque où le sport, (le tennis, le golf, le rugby), commence à rivaliser avec la bicyclette dans les goûts des Parisiens. Le téléphone, cet appareil étrange, qui faisait peur à beaucoup, fit son apparition en France dès 1878, Graham Bell venant des Etats-Unis pour faire les honneurs de son invention. Les grandes voies ferrées se construisaient à travers la France et dès 1886 les réseaux interurbains furent mis en service à Paris. Peu à peu les distances se réduisent et les temps diminuent.

La mécanisation de la vie se poursuivit avec l'introduction, en 1886, de la machine à écrire; le photographe amateur, véritable sorcier, existait déjà, en 1890, et la Presse, géante toute

---

(1) Georges Fonsegrive : *L'Evolution des idées dans la France contemporaine — de Taine à Péguy*, p. 33.

puissante, qui modelait à son gré l'opinion publique, fit et défit les fortunes et les gloires.

Sur le plan des connaissances scientifiques, des découvertes sont faites dans tous les domaines, la physique, la chimie, la médecine. L'Institut Pasteur fut inauguré en 1888 et Charcot travaillait à la Salpêtrière pour démonter le mécanisme de la pensée, de la sensation et de la volonté.

Les changements s'étendirent également aux mœurs où l'on vit se développer une scandaleuse licence. Enfin, la loi sur le divorce fut votée en 1884 et, en 1887, furent construits le premier four crématoire et le columbarium au Père Lachaise.

Mais toutes les grandes découvertes, tous les progrès matériels, toute l'industrialisation du pays, l'accumulation des richesses, l'étalage des connaissances dissimulaient mal un scandale permanent au sein de la société française. Car la misère était grande et grande aussi l'indifférence aveugle, endurcie des possédants. Une certaine fraction embourgeoisée du clergé, devenue, à un moment, leur complice, avait perdu la confiance du peuple qui ne voyait plus en elle qu'un adversaire. Ces mêmes possédants, déjà déchristianisés depuis longtemps, se servirent de la religion pour endormir le prolétariat. Politiciens et tribuns s'avisent alors d'aller au peuple, de lui faire des promesses de soulagement à ses maux, — mais toujours pour un avenir indéterminé. La France, déchirée ainsi par les haines et les égoïsmes, se débattant entre les promesses de ses intellectuels et de ses dirigeants, s'en alla dans la nuit sans foi, le clergé de l'époque prenant alors péniblement conscience du renouvellement si nécessaire.

La société en fermentation, tourmentée par les rivalités acharnées des classes, vit surgir alors le spectre redouté de l'anarchie. Tout un groupe de socialistes, où se comptaient des hommes aigris par les événements de 1870-1871, et beaucoup d'amnistiés du décret de juin 1880, poursuivaient leur apostolat révolutionnaire à Paris, tandis que certains journaux avancés, (l'Intransigeant, le Cri du Peuple, l'Egalité), par leurs articles libertaires, excitaient et entretenaient les espoirs des déshérités contre l'exploitation des puissants. La classe ouvrière était l'objet d'un vaste effort en vue de la soulever et de l'organiser. Bientôt le mouvement anarchiste, ayant passé du domaine des idées à celui des actes, libéra sa fureur dans une série d'attentats à la bombe, tels que la bombe de Ravachol, celle de Vaillant, lancée au Palais-Bourbon le 9 décembre 1893, celle d'Emile

Henry au Café Terminus; il y avait des explosions dans la rue Saint-Jacques et, en 1894, l'assassinat du Président Carnot par l'anarchiste italien Caserio. Le 4 avril 1894, une bombe fit sauter la devanture du restaurant Foyot, blessant l'écrivain Laurent Tailhade, celui-là même qui s'était écrié, le soir de l'attentat au Palais-Bourbon : « Qu'importe l'acte si le geste est beau ! » Il existait, en effet, parmi les intellectuels, une espèce de snobisme de l'anarchie que l'on expliquait par l'amour de la liberté. Mais cette bombe devait avoir des répercussions tragiques dans la vie de Léon Bloy.

L'ère de l'anarchie dure quatre ans environ, de 1890 à 1894, — période de violences, d'émotion, d'agitation, d'inquiétude, où l'idéalisme de certains hommes cherche à alléger la grande misère d'un peuple, victime des puissances égoïstes, rapaces, impitoyables. Au nom de la justice et de l'humanité, ces hommes, navrés par le spectacle du monde contemporain, se rallient souvent, en toute bonne foi, aux méthodes criminelles des anarchistes, dans l'espoir d'améliorer la condition ouvrière.

Ce fut dans ce monde de dégradation sociale, où s'annonçait le règne du matérialisme, où l'argent, le progrès, la mécanisation de la vie s'installaient en maîtres, que vint Léon Bloy, en mai 1873, chercher le « Dieu de pitié dans ses créatures inattentives » (2).

Si l'on est parfois tenté de condamner comme excessifs les éreintements du Pèlerin de l'Absolu, ses transports de colère devant la corruption de la société moderne, rappelons-nous la médiocrité de cette époque sans foi, sans héroïsme. N'oublions pas non plus que Léon Bloy aussi avait reçu sa formation avant la redécouverte de la philosophie de Saint-Thomas d'Aquin, avant le renouveau eucharistique et liturgique et avant le mouvement de l'action morale. Il ne savait que trop bien l'insuffisance lamentable de la formation du siècle des lumières et ses résultats funestes pour l'individu et pour la société. Mais son instruction ne différa pas sur ce point de celle de la plupart des jeunes gens de l'époque. L'esprit de libre pensée, d'athéisme, héritage des Encyclopédistes et de la Révolution, avait fait son œuvre et portait ses fruits à travers le XIXe siècle et au-delà. A partir de 1850 on peut constater que cet esprit sera encore renforcé par les théories du positivisme et du déterminisme qui domineront la pensée et la recherche du jour. L'étude des phénomènes, des faits, la science expérimentale ne

---

(2) Léon Bloy : *Le Mendiant ingrat*, le 12 septembre 1894, p. 138.

laisseront plus de place pour le spirituel, relégué au domaine
de la superstition. Léon Bloy lui-même, attristé au spectacle
des ruines spirituelles, ne peut se retenir de déplorer que
l' « éducation morale de l'enfance et de la jeunesse est propre-
ment un assassinat par l'intoxication des plus épouvantables
dissolvants » (3). Et Jacques Maritain, arraché par Léon Bloy
à un athéisme désespéré, exprimera, quelques années plus tard,
des sentiments du même ordre lorsqu'il avoue que

d'une manière ou d'une autre notre instruction à tous a été manquée,
et nous avons joué avec ce qui n'était pas pour jouer ni pour rire. La
piété de l'enfance ne peut durer si l'homme ne la nourrit de science et
de prière (4).

Dans les ténèbres de l'époque, cependant, se voient, ici et
là, des esprits qui luttent pour que la lumière ne s'éteigne pas
entièrement, — et parmi eux celui, magnifique, de Léon Bloy.
Témoin profondément écœuré de l'extension du libéralisme
philosophique, du scientisme, du modernisme, des progrès
désastreux du matérialisme moderne, de tout ce qui éloigne
les créatures de la reconnaissance de leur Dieu, Léon Bloy
déplora, sans relâche, que le sens du surnaturel ait été perdu
— ce qui représentait pour lui la grande tragédie du siècle.

La raison moderne répugne au Surnaturel, dit-il. Tout le monde
sait cela, et les Saints avec leur envol perpétuel au-dessus du temps,
offrent peu de prise à nos enthousiasmes de fantassins... (5).

Le sentiment de la transcendance chez Léon Bloy, — la
Souffrance, l'Humanité, la Passion, la Croix, — fit que son
œuvre fut incomprise, puisque pour la comprendre il aurait
fallu la présence de certaines valeurs qui devenaient de plus
en plus rares. Léon Bloy n'apparaissait que comme un phénomène littéraire au milieu de son temps paganisé. Certes, il ne
se lassait pas de crier, d'annoncer des catastrophes imminentes
et méritées, d'indiquer de sa voix ferme et infatigable le seul
remède qui pouvait guérir, — personne ne l'écoutait, pas même
les prêtres qui trouvaient ses paroles exagérées.

Tel fut donc l'esprit du monde que Léon Bloy anathéma-
tisait et tel est l'esprit du monde dans lequel nous sommes
introduits par les *Histoires désobligeantes*, — monde vain,

---

(3) Léon Bloy : *La Chevalière de la Mort*, p. 35.
(4) *Vigile — Cahier IV* (1930) : Charles du Bos : *Du Spirituel dans l'ordre
littéraire* (II), p. 202.
(5) Léon Bloy : *La Chevalière de la Mort*, p. 20.

monstrueusement égoïste, voué à ses plaisirs, à son argent, à la proclamation de sa suffisance, monde d'un matérialisme absolu et total d'où est banni toute pensée de Dieu, tout souvenir de l'âme immortelle.

C'est ce monde-ci que Léon Bloy ne cessa toute sa vie de fustiger, sa passion d'Absolu ne lui permettant pas une tolérance confortable devant la dégradation de son siècle. Il ne pouvait non plus se retirer dans le silence supérieur des bien-pensants. Comme le Seigneur, qu'il servait, dans toute la mesure de ses forces, il vint, lui aussi, jeter le feu sur la terre dans l'espoir qu'elle s'embraserait.

II. - Quelques sources et leurs alentours.

> Regardez autour de vous sur les
> montagnes lointaines, sur tous les
> balcons de l'horizon, ces têtes pani-
> ques, ces millions de faces d'horreur
> et de la douleur, aussitôt qu'il est
> parlé de la Chute et du Paradis per-
> du. C'est le témoignage universel de
> la conscience des hommes, le témoi-
> gnage le plus profond, le plus invin-
> cible.
>
> Léon BLOY : *Lettre à Raïssa Maritain.*

Ajouté à nos lectures sur Léon Bloy, un examen d'intérêt capital de son journal inédit (6) et des brouillons originaux (7) de quelques-unes des *Histoires désobligeantes* nous permet d'établir certains faits, jusqu'à présent insoupçonnés sur la genèse de nombreuses histoires de ce recueil.

La Tisane, première de la série, parut dans le *Gil Blas*, le 22 juillet 1893. L'histoire dans l'édition originale fut dédiée à Henry de Groux, peintre belge, ami de Léon Bloy pendant plusieurs années et sur qui, plus tard, elle devait avoir des effets néfastes. Sans doute, Léon Bloy s'est-il inspiré ici d'un fait divers, car les récits de poisons administrés, à doses variées, dans le café ou dans les mets ordinaires, ne sont pas inconnus dans la *Gazette des Tribunaux* et d'autres journaux de cette époque.

Le brouillon, qui commence par la phrase, « Jacques Le Mesle se jugea simplement ignoble », nous donne le nom de famille du héros, mais Léon Bloy a rayé ce nom pour l'appeler simplement Jacques. Le premier titre de l'histoire avait été *Jacques :* il fut rayé pour faire place à *la Tisane.*

---

(6) En la possession de M. Joseph Bollery.
(7) Chez M. Kappès-Grangé.

La première phrase se poursuit par un texte qui ne comporte que des ratures se rapportant à des modifications de style sans changement important. Notons seulement que ces modifications tendent toujours vers des expressions plus violentes, plus spectaculaires, par exemple : « l'auditeur épouvanté » devient « l'auditeur broyé d'épouvante », ou encore, « la femme... se releva du prie-Dieu et disparut » est rayé pour devenir : « la femme... se releva et s'éloigna sans bruit », ce qui donne finalement : « la femme... se releva du prie-Dieu et, silencieusement, disparut dans le taillis des ténèbres ». Le travail de l'auteur, évidemment, est d'élaborer la donnée originale, l'idée simple, pour la rendre plus forte, plus suggestive et surtout plus poétique.

L'histoire continue et nous lisons dans le brouillon :

Il avait [parfaite (*rayé*)] très bien reconnu la voix d'une dame qu'il rencontrait [parfois (*rayé*)] souvent chez sa mère.

Toute la phrase est raturée ensuite pour être remplacée par :

Il avait parfaitement reconnu la voix de sa mère !

Modification radicale, avec laquelle le brouillon s'arrête, car l'auteur a trouvé l'élément tragique de son histoire. Ce sera le seul exemple, pourtant, d'un changement essentiel dans l'idée même de l'auteur pour le développement de son histoire.

Quelques années plus tard en 1900, au moment du retour des Bloy du Danemark, M. et Mme de Groux les invitèrent à loger chez eux, 91, Boulevard de Port-Royal, le temps de trouver un appartement. Quatre jours passèrent agréablement, quand, tout d'un coup, Henry de Groux fit partir sa femme et ses enfants à la campagne et le soir, ne rentra pas lui-même. Une amie qui vivait chez les Bloy, Mlle Dohm, ayant aperçu de Groux du balcon, Léon Bloy descend dans la rue pour le ramener, mais dix minutes plus tard il revient seul, disant : « De Groux est fou ! ... " Je ne vous connais pas, me disait-il. Vous êtes un démon, votre femme est un démon, etc. Ne me touchez pas ! " » (8). Et les Bloy, ne sachant que faire, refirent leurs bagages, réveillèrent leurs petites filles et quittèrent, le soir même, la maison pour chercher des chambres dans un petit hôtel du quartier.

---

(8) Joseph Bollery : *Léon Bloy : Essai de biographie*, vol. III, p. 313.

Emile Baumann, dans la biographie de son beau-père, Henry de Groux (9), essaie d'éclairer un peu cet épisode mystérieux. Il paraît que de Groux, obsédé par l'histoire de *la Tisane* dans laquelle une mère empoisonne son fils, et se rappelant, en même temps, que Madame Bloy avait dit à Madame de Groux qu'elle avait besoin de beaucoup souffrir, s'imagina que les Bloy avaient l'intention d'empoisonner leur fille Elisabeth, qui était, d'ailleurs, leur filleule. Histoire extravagante, certainement, mais il faut se rappeler aussi l'état de déséquilibre dans laquelle l'affaire Dreyfus avait mis de Groux qui voyait dans tous les antidreyfusards des assassins. Léon Bloy, ni pour ni contre Dreyfus, avait dénoncé l'emballement de Henry de Groux pour Zola au moment de sa défense : *J'accuse.*

Dix-neuf mois plus tard, de Groux, plus raisonnable, écrivit une lettre destinée à Léon Bloy, dans laquelle il disait :

A l'heure actuelle, je suis bien forcé d'avouer que le doute le plus cruel entre dans mon âme et que je vous crois innocent des crimes que je croyais devoir vous imputer (10).

Malheureusement, la lettre ne fut jamais envoyée et les deux amis restèrent séparés pendant de longues années.

Il n'est pas sans intérêt, peut-être, de faire remarquer que *la Tisane* a paru dans *Mystère-Magazine* en février 1956. Evidemment, l'intensité des émotions qui y sont soulevées, leur caractère explosif, alliée à une certaine éloquence mesurée de l'auteur captent encore l'intérêt et l'admiration du lecteur moderne.

Le Vieux de la Maison, histoire qui se place au temps de la Commune, est dédiée à Charles Cain, le graveur du portrait, dit « au miel », de Léon Bloy d'après une photographie par Mathieu. Rappelons, d'après la biographie du Mendiant ingrat, que la

mention " Portrait au miel " qui figure sur le titre de *Sueur de Sang* n'est pas, comme on pourrait le croire, une facétieuse antithèse de Léon Bloy, destinée à opposer la douceur du cliché de Mathieu à celui, bien connu, de la légendaire violence du modèle. Le procédé de reproduction employé par Cain nécessitait réellement l'usage du miel. Cependant, on ne saurait affirmer que le " redoutable pamphlétaire " n'éprouva pas un malin plaisir à préciser la représentation mellifue de l'auteur en tête d'une œuvre puissamment creusée à l'eau-forte (11).

---

(9) Emile Baumann : *La Vie terrible d'Henry de Groux,* Paris, Editions Bernard Grasset, 1936.
(10) *Ibid.,* p. 161.
(11) Joseph Bollery : *Léon Bloy : Essai de biographie,* vol. III, p. 90.

Le thème du *Vieux de la maison* aurait été raconté à Léon
Bloy par son ami Gustave de Malherbe, un employé de la Maison d'éditions Quantin, 7, rue Saint-Benoît, où le Mendiant
ingrat espérait publier *la Femme pauvre*. Entre parenthèses,
remarquons que Léon Bloy, lui-même artiste, a dessiné une
vignette distinctive pour cette maison connue sous la rubrique :
« Librairie Moderne », — dessin où on voit les lettres LM
entrelacées dans un carré, la croix de Malte dessinée à chaque
coin, et le tout entouré des mots : « Spiritus vult ubi spirat ».
Le premier volume qui parut avec la vignette fut les *Histoires
insolites* de Villiers de l'Isle-Adam qui faisait partie du groupe
d'amis, Léon Bloy, Gustave de Malherbe, Huysmans, Gustave
Guiches, Lucien Descaves, etc.

Il est vrai que presque tous les personnages de Léon Bloy
eurent une existence réelle et que beaucoup d'entre eux sont
des pastiches, des transpositions des qualités et des caractères
de plusieurs personnes connues de l'auteur. On a voulu que
Madame Alexandre, née Léontine Bouton, la protagoniste du
Vieux de la Maison, fût encore une représentation de Madame
Poulot, de *la Femme pauvre*, dont le prototype serait la concu-
bine du Hollandais qui habitait à côté de Léon Bloy à Fonte-
nay-aux Roses.

C'est peut-être solliciter un peu les textes que d'y voir une
ressemblance si exacte, puisque les seuls traits communs entre
les deux « dames » sont leur métier et une certaine vulgarité
de caractère qui l'accompagne. Il est, cependant, probable que
Papa Ferdinand, le père de Léontine, est calqué sur un personnage du *Sublime* de Denis Poulot, et son usage du nom
Eugène Transpire pour désigner l'auteur des *Mystères de Paris*
et du *Juif errant*, relève directement de ce livre, à la page 61.
Nous trouvons, d'ailleurs, au deuxième feuillet du brouillon,
tout en haut, ces mots notés par Léon Bloy : « Eugène Transpire (Sue) », suivis des deux expressions argotiques, dont la
première paraît dans *le Vieux de la Maison* aussi : « Plus un
radis dans la profonde et rien dans le battant », laquelle se
retrouve dans *le Sublime*, à la page 76, sous la forme : « plus
un radis à la piaule et rien dans le battant », dont la signification donnée par Denis Poulot serait : « plus rien à la maison
et rien dans l'estomac ». La deuxième expression relevée sur
le brouillon : « un coup de sirop » se retrouve aussi dans *le
Sublime*, à la page 71 : « attraper un coup de sirop », dont le
sens serait de « se soûler ».

Au premier feuillet du brouillon, on lit quelques phrases du *Vieux de la Maison* qui n'ont pas été conservées dans le texte définitif, mais qui ne changent rien à la physionomie générale du conte. Après un blanc, Léon Bloy a jeté sur le papier l'alinéa final, à peu près tel qu'il se trouve dans la rédaction définitive :

Aujourd'hui, Madame Alexandre est retirée des affaires et n'habite plus le quartier de la Bourse dont elle fut, pendant si longtemps, la gloire. Elle a trente mille francs de rentes, pèse quatre cents kilos, dont elle ne rate pas un (ce dernier membre rayé) et lit avec émotion les livres de Paul Bourget.

On comprend bien ce mot final d'ironie vengeresse !

Au-dessous on trouve cette phrase, consignée par Léon Bloy : « Ci-gît un tel. Mort à 22 ans. Il gagnait déjà 1.800 fr. ». Ne pourrait-on pas penser, en lisant ces mots, qu'il voulait prendre note de l'idée, peut-être pour un autre conte ?

Deux numéros de *la Plume,* ceux du 1er janvier et du 1er février 1892, renferment le début d'une histoire intitulée par Léon Bloy : *Le Secret de M. Pérégrin Germinal,* sous la rubrique : *Contes pour les Morts.* Cette histoire, jamais terminée, fournit textuellement le début de *la Religion de M. Pleur* et une partie de *La plus belle trouvaille de Caïn.*

Le deuxième feuillet du brouillon commence par la phrase qui transforme *le Secret de M. Pérégrin Germinal* en *la Religion de M. Pleur :*

On me dispensera, je veux l'espérer, de divulguer (ce dernier mot devient : *faire connaître*) les raisons d'ordre exceptionnel qui déterminèrent un commerce d'amitié entre moi et ce personnage sympathique.

Que Léon Bloy se vît lui-même dans « ce personnage sympathique », nous pourrions le supposer avec le Docteur Fauquet, des *Cahiers Léon Bloy,* d'après une lettre que le Mendiant ingrat écrivit le 23 mai 1886, à son amie suisse, Adèle Montchal, et dans laquelle il dit :

..Je vous assure, ma chère Adèle, que je ressemble étonnamment à un avare. On pourrait facilement s'y tromper. Je pense continuellement à l'argent. C'est une obsession sans relâche. S'il m'en arrivait d'énormes quantités, la ressemblance serait parfaite et sauterait aux yeux, car je continuerais vraisemblablement à vivre comme un pauvre. Songez à tous les amis littéraires ou non-littéraires que j'aurais à délivrer, au nombre fabuleux de neveux et de nièces qu'il me faudrait pourvoir. Je

me livrerais sans vergogne au népotisme le plus éhonté. Je me baignerais
sordidement dans l'infamie des plus réprouvables dilapidations.

Tels sont mes rêves, mes coupables rêves, qui m'attireraient sans
aucun doute le mépris de tous les gens raisonnables, si je n'avais la
prudence de les cacher avec le plus grand soin (12).

Léon Bloy se servira de ces mêmes idées, sept ans plus
tard, pour peindre le caractère de M. Pleur qui, tout en songeant constamment à l'argent, en donnant au monde, par ses
privations sordides, l'impression d'un avare, n'est rien de
moins qu'un saint qui donne tout son bien aux pauvres.

Pour que son histoire parût dans le *Gil Blas* sans troubler
le calme relatif de ses relations avec la maison, Léon Bloy dut
remanier une phrase sur le Bourgeois, comme nous l'appre-
nons dans son journal, à la date du 27 juillet 1893 :

Il y a dans le nouveau conte porté ce soir au *Gil Blas*, une phrase,
d'ailleurs bien faite, sur le Bourgeois. On me fait savoir que l'administrateur Desfossés, le millionnaire gâteux, déjà mentionné, pourrait s'en
indigner comme d'une injure personnelle. Je rature donc. Mais quelle
puante sottise (13) !

La phrase en question, dans sa forme originale, se retrouve
dans *le Secret de M. Pérégrin Germinal*, première partie : « Son
fumier ne lui conférait la bienvenue dans aucun abîme. Il ne
réalisait, en somme, que le Bourgeois intégral, essentiel, accompli et définitivement révolu... » (14); laquelle devient dans le
texte définitif :

Son ordure ne lui conférait la bienvenue dans aucun abîme. Il ne
réalisait, *en apparence* du moins, que le BOURGEOIS, le Médiocre, le
« Tueur de Cygnes », comme disait Villiers, accompli et définitivement
révolu... (15).

La substitution des mots « en apparence » pour « en
somme » est fort pertinente puisque l'histoire se déroule autour
du mystère de l'identité de M. Pleur, en apparence un mendiant

(12) Léon Bloy : *Lettres aux Montchal* : lettre à Adèle, le 23 mai 1886,
p. 180.
(13) Léon Bloy : *Le Mendiant ingrat*, le 27 juillet 1893, p. 86.
(14) Léon Bloy : *Le Secret de M. Pérégrin Germinal*, la *Plume*, le 1er janvier 1892, p. 2.
(15) Léon Bloy : *Les Histoires désobligeantes*, la *Religion de M. Pleur*,
p. 31.

effroyable, voire, un avare, mais qui dispose d'une fortune colossale.

A titre de curiosité, nous remarquerons en passant, que Raoul Ponchon, journaliste aux vers innombrables, composa pour *le Journal* du 20 décembre 1909, sous la rubrique, *Gazette rimée*, un poème intitulé : *Le Verre d'eau-de-vie*, manifestement inspiré du personnage de M. Pleur, et qu'on retrouve à la fin de ce travail.

La plus belle trouvaille de Caïn, intitulée primitivement, *La plus belle trouvaille de Marchenoir*, parut dans le *Gil Blas*, le 13 octobre 1893, avec la dédicace, « A l'ami qui viendra sans être attendu », et fut tirée de la deuxième partie du *Secret de M. Pérégrin Germinal*, dans *la Plume* du 1ᵉʳ février 1892. Léon Bloy s'est dépouillé pour ce chapitre d'un épisode de *la Femme pauvre*, abandonnée pendant dix-sept mois, puis complétée par des tragédies qui menaçaient encore la vie de l'auteur, avant d'être publiée en 1897. Le Mendiant ingrat confia même à son journal intime que la composition des *Histoires désobligeantes* était pour lui une discipline en vue de continuer *la Femme pauvre*, qu'il voulut toujours terminer. La scène qui se retrouve ici nous montre Pélopidas Gacougnolle (*sic*) en train de se vanter d'avoir connu Caïn Marchenoir tout jeune, lequel est, bien entendu, Léon Bloy lui-même à dix-huit ans. A son ami René Martineau, Léon Bloy écrira un jour que la « *Trouvaille de Caïn* a ceci de curieux que c'est un coup d'œil sur ma vie d'adolescent. Il y est parlé (...) du " portrait à l'huile de requin ", lequel existe véritablement chez moi à Lagny où il vous sera loisible de l'admirer » (16).

Les allusions à la misère « grandiose » de ce personnage, à son « noviciat dans les odyssées de la famine », à ses « haillons », à ses « hardes en copeaux », à ses bottines qui « auraient fait juger séculières les sandales des anachorètes les plus déchaussés », se rapportent, certainement, aux années de détresse connues par Léon Bloy à Paris, entre 1866 et 1870.

L'épisode sinistre qui termine l'histoire, la découverte de la tête coupée de sa propriétaire dans un « carton bureaucratique » aurait pu s'inspirer d'un fait divers, ce genre de surprise n'étant pas inconnu à l'époque. La *Gazette des Tribunaux* du 27 mars 1890 raconte, par exemple, la découverte dans un colis

---

(16) *Les Amitiés*, février 1932. René Martineau : *Notes inédites de Léon Bloy*, p. 171.

à la Gare Saint-Lazare, d'une tête de femme, décapitée dix-huit mois auparavant. C'était une vengeance rêvée à l'égard de toutes les propriétaires, un secteur de petits bourgeois particulièrement diffamé par les poètes de ce temps.

Le Parloir des Tarentules est dédié à Paul Napoléon Roinard qui écrivit dans les *Essais d'Art libre,* en avril 1894, l'article intitulé *Exécution improbable,* pour défendre Léon Bloy et rendre publiques ses réponses et ses lettres au *Gil Blas,* au moment de l'affaire Lepelletier, car ce journal gardait un silence sépulchral à ce sujet.

Cette histoire met en scène un poète excentrique, même fou, Damascène Chabrol, lequel, dit Léon Bloy dans son journal intime, pourrait bien être François Villemin (*sic*), le poète. Sans doute, Léon Bloy faisait-il erreur sur le prénom du poète, — le confondant, peut-être, avec le plus célèbre Abel-François Villemain, — et voulait-il parler d'Eugène Villemin, qu'il avait rencontré chez Barbey d'Aurevilly. Il est peu probable que le professeur de littérature à la Sorbonne, Abel-François Villemain, membre de l'Académie française, fût reçu chez Barbey d'Aurevilly puisqu'il avait été férocement caricaturé par celui-ci en 1864, dans *les Quarante Médaillons de l'Académie.* Le poète nommé Eugène Villemin, cependant, avait collaboré au *Parnasse contemporain* de 1866, y insérant un poème intitulé *Le Drame de Rachel.* Dans *le Parloir des Tarentules,* Léon Bloy attribue à Damascène Chabrol une tragédie intitulée *La Fille de Jephté.* L'analogie du titre biblique est à remarquer, quoique le poème d'Eugène Villemin se rapporte à la tragédienne Rachel et non à l'épouse de Jacob. Mais la pièce justificative à l'appui de notre identification du poète sera la série des portraits des trente-sept poètes, collaborateurs de la première série du *Parnasse contemporain,* publiée par Barbey d'Aurevilly dans *le Nain Jaune* d'octobre-novembre 1866, et intitulée : *Les trente-sept médaillonnets du Parnasse contemporain.* Tous sont traités sans ménagement sauf Eugène Villemin qui, par comparaison, est trouvé digne des réserves du critique qui le félicite

d'être le seul du moins parmi ces Parnassiens, sans conviction et sans croyance, qui ait dans ses vers une élévation de fierté et une indignation de mépris vraiment dignes d'un homme, fait pour mieux que pour imiter (17).

---

(17) *Le Nain Jaune,* le 10 novembre 1866. J. Barbey d'Aurevilly : *Les trente-sept médaillonnets du Parnasse contemporain,* p. 2.

Il paraît très plausible, d'après ces indications, qu'il s'agit d'Eugène Villemin que Léon Bloy a rencontré chez son vieil ami et dont il a fait Damascène Chabrol.

Au troisième feuillet du brouillon paraissent quelques phrases de début de l'histoire, sans changement notable avec le texte définitif, sauf que l'auteur place la rencontre avec le poète chez Barbey d'Aurevilly en 1868, alors que, dans le volume, elle est située en 1869.

La mort de Villiers de l'Isle-Adam en 1889 fut pour Léon Bloy un grand chagrin, car les deux hommes avaient été liés d'une amitié sans bornes et d'une profonde admiration réciproque. Empêché par Huysmans de voir le malade et le mourant, Léon Bloy ressentit d'autant plus la douleur de sa perte qu'une brouille, survenue entre lui et Villiers, ne put être dissipée dans une dernière étreinte. L'histoire de la mort de Villiers, de son mariage « in extremis », de ses manuscrits légués à Huysmans et à Mallarmé et qui sombrèrent dans l'oubli, tout cela fut connu et réveilla la colère du « Justicier obéissant ». En l'honneur de son ami, il restait à faire alors un panégyrique, et aussi désobligeant que possible pour le « pontife » de la rue de Sèvres. Le *Projet d'oraison funèbre*, paru dans le *Gil Blas* le 25 août 1893, fut reproduit en partie dans une plaquette, *la Résurrection de Villiers de l'Isle-Adam*, publiée en 1906, pour l'inauguration (qui n'a jamais eu lieu) d'une statue de Villiers sculptée par Frédéric Brou.

Ajoutons que l'inimitié qui couvait entre Léon Bloy et J.-K. Huysmans à partir de la mort de leur ami commun, fut attisée en 1890 par le refus inexpliqué de Huysmans d'être témoin au mariage du Désespéré. Après la publication, en 1891, de l'article de Léon Bloy intitulé *l'Incarnation de l'adverbe* — article féroce sur *Là-bas* —, la rupture fut consommée.

A la lumière de ces faits, on comprend mieux la désignation de

« l'ami de la dernière heure », romancier saumâtre et vulpin, qui avait besoin de cette réclame, et qui confisqua son agonie, lui faisant la mort plus amère.

Au moment d'écrire le *Projet d'oraison funèbre*, Léon Bloy note dans son journal intime : « Reçu le beau portrait de Villiers, de Georges Landry. Travail exceptionnellement facile jusqu'à 6 h. 30, inspiré par la photo de Villiers... ». Le souvenir de l'ami des années désespérées restait toujours vivant au cœur du Pèlerin du Saint Tombeau.

Le titre primitif des *Captifs de Longjumeau* semble avoir été *Les Fourmie,* écrit ainsi en haut du premier feuillet du brouillon, et suivi de la phrase, qui ne paraît pas, d'ailleurs, dans l'histoire : « Quand disparurent les Fourmie, la physionomie du quartier sembla modifiée. Tout le monde les connaissait ». Evidemment, au moment de jeter ces mots sur le papier, les idées que l'auteur se faisait de son histoire n'étaient pas encore arrêtées, car plus loin, au quatrième feuillet, on lit le titre définitif avec le début du conte, à peu près semblable à la rédaction finale.

Les « captifs » qui manquaient tous les trains et toutes les voitures publiques, furent calqués, sans aucun doute, sur les caractères de Henry de Groux et de sa femme. Les distractions de Henry de Groux ne furent que trop bien connues de Léon Bloy qui en avait souffert pendant toute leur amitié. De la part de Henry de Groux, ce furent toujours des rendez-vous manqués, des excuses d'oubli, des confusions, des manquements de parole. Dans une lettre de Henry de Groux à Léon Bloy, datée du 16 avril 1893, nous lisons : « ... Je vis souvent dans une telle ignorance du calendrier, que j'ai laissé passer la *Saint Léon* sans venir vous fêter... » (18).

On pourrait pardonner à l'artiste d'oublier une fête, mais la vérité est que le pauvre Henry de Groux savait rarement l'heure ou le jour.

Une autre lettre écrite à Léon Bloy le 31 août 1893, nous apprend les sentiments de Henry de Groux à la lecture des *Captifs de Longjumeau :*

> Je viens de lire *les Captifs de Longjumeau.* Ma sympathie exceptionnelle pour ce couple prédestiné ne vous étonnera pas. J'ai lu leur étrange histoire avec une inquiétude bien naturelle. Certains passages, heureusement, m'ont empêché d'y reconnaître mon portrait malgré la ressemblance évidente et l'analogie relative du cas. Par exemple : " Allégés par la prévoyance de leurs auteurs de tous les soucis d'argent qui peuvent empoisonner la vie conjugale, amplement pourvus au contraire de tout ce qui est nécessaire pour agrémenter un genre d'union conjugale légitime sans doute, etc... ". Je vous assure que cela change énormément la physionomie des personnages et ne rend d'ailleurs leur toute imaginaire situation que plus pathétique et plus frappante (19).

---

(18) *Correspondance Léon Bloy et Henry de Groux,* p. 62.
(19) *Id.,* p. 89.

L'auteur a suffisamment entouré ses personnages de détails accessoires pour que son modèle, y cherchant l'absolution de ses fautes, se voie exonéré à force de désirer l'être. La ressemblance par analogie entre les de Groux et les Fourmie reste, pourtant, trop extraordinaire pour que l'on puisse nier que Léon Bloy ait trouvé en eux l'inspiration de son histoire.

Une Idée médiocre a pour point de départ un épisode plus orageux, vécu par l'auteur, qui se venge ici de l'étourderie de quatre jeunes amis. A la date du 16 juillet 1892, on lit dans le journal de Léon Bloy : « Un inconnu m'envoie vingt francs par la poste accompagnés d'une lettre explicative des plus touchantes. Si je dédiais *le Salut par les Juifs* à cet inconnu ! » (20). C'est M. Joseph Bollery qui nous éclaire sur l'identité de cet « inconnu » et sur l'histoire de « ses » relations avec l'auteur.

En réalité, il s'agissait d'un groupe composé de trois frères : Louis, François, Auguste Barbée et de leur ami, Albert de Rouget. Après l'apparition du *Salut par les Juifs,* qui leur est dédié anonymement, ils se firent connaître de l'auteur chez qui ils fréquentèrent assidûment jusqu'à ce qu'une burlesque histoire de jeune fille (Jeanne Barbée, sœur des trois frères et fiancée de Rouget), prétendument « détournée de ses devoirs » par Léon Bloy, amenât la rupture de cette amitié. La jeune fille qui, souvent, accompagnait le quatuor, témoin de leur grande affection pour l'écrivain, et très expansive, se jetait au cou de celui-ci avec toute la spontanéité de ses seize ans. Mme Bloy, témoin de ces effusions, les jugea excessives, d'autant plus que Jeanne Barbée paraissait plus que son âge, et elle crut bon de la rappeler à un peu plus de discrétion par une lettre qu'elle confia à de Rouget, qui la remit aux frères de la destinataire. Ceux-ci l'ouvrirent et en tirèrent des conclusions aussi exagérées que saugrenues (21).

Les inséparables, ayant appris le contenu de la lettre, jamais parvenue à sa destinataire, envoyèrent à Léon Bloy l'expression de leur indignation multipliée par quatre et la menace de venir l'attendre au *Gil Blas* pour faire une scène. Enfin, Léon Bloy consent à un rendez-vous, si les quatre veulent bien lui offrir, en « gentlemen », leurs excuses, ce qui ne leur convient pas. Ils tiennent à se justifier. Le 6 mai 1893, à neuf heures du soir, Léon Bloy, en sortant du *Gil Blas* en compagnie de sa femme et de Henry de Groux, rencontre dans la rue deux des frères, Louis et Auguste — François n'était pas venu —,

_____

(20) *Le Mendiant ingrat* : le 16 juillet 1892, p. 48.
(21) *Le Mendiant ingrat*, note de M. Joseph Bollery pour le 16 juillet 1892, p. 411.

avec Albert de Rouget. L'incident est ainsi raconté dans son journal inédit :

> Rouget parle seul pour les autres. Il paraît avoir bu pour se donner de l'aplomb. On me promet des excuses et je consens à jurer solennellement que je n'ai pas cru Mlle Barbée amoureuse de moi. Le grotesque déborde. Mais il devient difficile de se débarrasser de ces imbéciles qui ne comprennent absolument rien. A la fin, je leur dis, et même je leur jure, avec peu de solennité, que j'ignore totalement les sentiments de cette jeune fille, mais « si elle était amoureuse de moi, ajoutai-je. cela lui ferait le plus grand honneur ». Vive approbation de ma femme et de de Groux. Ce coup les assomme (22).

On imagine bien l'indignation de Léon Bloy dans une affaire aussi ridicule et on comprend mieux, avisé de ces faits, le sens de cette histoire « très arrangée » mais terrible. Notons, enfin, la dédicace d'*Une Idée médiocre* dans le *Gil Blas*, laquelle ne manque pas de piquant : « A Mademoiselle Jeanne Barbée, hommage de la compassion la plus respectueuse ».

Toujours dans le sillage de cet épisode, parut dans *le Mercure de France* de juin 1893, un article de Léon Bloy sur un livre d'un M. Louis Denise, article intitulé : *D'un lapidé à un lapidaire* et qui porta la dédicace énigmatique : « A François B. le *seul* qui n'ait pas exigé de serment sur la place de l'Opéra ». Evidemment, il n'y avait que l'intéressé qui pouvait comprendre le sens de cette devinette qui évoquait le serment exigé de Léon Bloy par les trois compères du groupe.

De retour en France en 1892, après son premier voyage au Danemark, Léon Bloy découvrit que la tombe de Barbey d'Aurevilly était toujours privée de croix, responsabilité qui incombait à Mlle Louise Read, l'amie des dernières années du « Connétable des lettres » et héritière principale de ses biens. On comprend difficilement que celle qui, bien qu'athée, avait reçu les derniers vœux de son ami, ait négligé un devoir aussi légitime; mais les faits ont montré qu'elle avait fait preuve de négligence ou agi en connaissance de cause. Exaspéré, enfin, de ne pas obtenir satisfaction ni même une réponse de Mlle Read, à qui il avait signalé son oubli, Léon Bloy rendit publique l'omission, en insérant dans le « Saint-Graal » une question liminaire, à savoir :

---

(22) Joseph Bollery : *Léon Bloy : Essai de Biographie*, vol. III, p. 88.

Cimetière Montparnasse. — Pourquoi a-t-on refusé une croix à la tombe d'un des plus grands écrivains catholiques de tous les temps : Jules Barbey d'Aurevilly ?
Le Saint-Graal (23).

Après plusieurs escarmouches acrimonieuses, au cours desquelles Léon Bloy perdit l'amitié de Georges Landry, influencé par les instances de Mlle Read, une rupture se produisait entre Léon Bloy et cette dernière, bien qu'une croix eût été finalement posée sur la tombe de Barbey d'Aurevilly.

C'est ainsi que, rempli d'amertume par cette affaire, Léon Bloy imagina l'histoire bien désobligeante des *Deux Fantômes,* dont l'un, Miss Pénélope Elfrida Magpie, « pourrait bien être Mlle Read » dit le journal inédit de l'auteur.

Il se trouve, d'ailleurs, dans l'histoire, bien des indications sur son identité, éclairées par le Docteur André-Marie Fauquet dans les *Cahiers Léon Bloy.* Nous lisons, par exemple :

> Miss Pénélope vivait exclusivement pour assurer le bonheur d'autrui. Cette Ecossaise (24) informée de l'inexistence de Dieu (25), adorait avec une égale ferveur tous les habitants de la planète... On la trouvait à la même heure, au chevet d'un agonisant (26), à la réception d'un immortel (27), dans l'escalier d'un éditeur ou d'un journaliste (28), dans le salon de quelque juive (29), à l'ouverture d'un testament (30) ou derrière le cercueil d'un mort (31).

Quant à l'autre « fantôme », Mlle Cléopâtre du Tesson des Mirabelles de Saint-Pothin-sur-le-Gland, elle pourrait être, sans trop exagérer, un composé de Gyp, comtesse de Martel de Janville née Sibylle de Riqueti de Mirabeau (32) et du modèle qui servira de prototype pour Mlle Séchoir de *la Femme pauvre,* une Danoise, directrice d'une pension à Paris, où descendait Mme Bloy avant son mariage et dont elle avait dû parler à son mari.

---

(23) Léon Bloy : *Le Mendiant ingrat,* le 8 mars 1892, p. 21.
(24) Mlle Read était d'origine écossaise.
(25) Elle était athée.
(26) Barbey d'Aurevilly.
(27) François Coppée.
(28) Pour Barbey d'Aurevilly.
(29) Mme Charles Hayem.
(30) De Barbey d'Aurevilly.
(31) Barbey d'Aurevilly.
(32) Léon Bloy : *Le Pal. Les Argousins de la pensée,* p. 47.

Le brouillon des *Histoires désobligeantes* ne contient qu'une phrase, au dixième feuillet, concernant la malpropreté des deux « fantômes », quelques mots notés par l'auteur dans un moment d'inspiration, sans doute.

Les indices sont moins nombreux pour le *Terrible Châtiment d'un dentiste,* dont les données auraient pu provenir d'un fait divers. C'est l'histoire d'un dentiste qui a étranglé un marchand de parapluies, parce que celui-ci était fiancé à une jeune fille qu'il voulait épouser. Une fois marié avec elle, son crime le poursuit pour le punir de la manière la plus effrayante.

L'épisode de la photographie du fiancé, détruite par le dentiste pour chasser le souvenir de la pensée de sa femme, nous rappelle, par ses termes, que Léon Bloy, comme la plupart de ses contemporains, a donné un peu dans l'occultisme, bien qu'il en détestât les adeptes. Il avait connu le « sar » Péladan; Villiers de L'Isle-Adam, genre d'illuminé, avait été son ami; Huysmans, qui s'est exposé à tous les dangers des « sciences » noires, avait été, à une époque, un confrère intime. Ayant vécu dans l'ambiance des milieux littéraires qui trempaient leurs curiosités dans l'expérience d'un genre de savoir suspect, Léon Bloy aussi subit l'influence de son temps et se laissa attirer par le mystère et le merveilleux — attraction qui ne lui était que trop naturelle par son ascendance espagnole.

Jusqu'où allaient les connaissances occultes de Léon Bloy ? Il serait difficile de le préciser. Des allusions aux significations des nombres, à l'influence occulte du prénom, à l'importance des rêves, etc., se retrouvent, de temps en temps, éparpillées dans son œuvre. Ainsi, quand il parle, dans le *Terrible châtiment d'un dentiste,* de la photographie détruite, « l'image hostile qui n'existait auparavant sur le papier que comme le reflet visible d'un des fragments de l'indiscernable Cliché photographique dont l'univers est enveloppé » (33), il nous introduit dans ce monde d'arcanes connu seulement des initiés. Curieusement, cette même idée se retrouve dans *l'Exégèse des lieux communs :*

J'ai compris plus tard que cette malade, plus lucide que les clairvoyants, avait VU réellement le passé de ces serviteurs du Démon

---

(33) Léon Bloy : *Les Histoires désobligeantes. Terrible châtiment d'un dentiste,* p. 87.

dans l'incommensurable cliché photographique dont l'univers est enveloppé (34).

Il faut dire, cependant, qu'en catholique rigoureusement obéissant, Léon Bloy ne se serait jamais permis une adhésion aux croyances occultes malgré son penchant pour le mystère. C'est ici qu'il faut distinguer en Léon Bloy ce qui est vraiment spirituel de ce qui n'est qu'une hypothèse à la recherche du merveilleux.

Au sixième feuillet du brouillon paraissent le titre de cette histoire et tout le premier paragraphe du texte définitif sans variantes notables.

Les sources du *Réveil d'Alain Chartier*, dédié à Rachilde, restent inconnues. Le titre du récit, pourtant, nous permet de faire des rapprochements entre le point culminant du conte et une légende que l'auteur n'aurait guère pu ignorer. Il s'agit du véritable Alain Chartier (1385-1433), écrivain politique et poète distingué, appelé le « père de l'éloquence française » et dont le *Bréviaire des nobles* constitua le cérémonial des jeunes pages à la cour à son époque. Qui ne connaît l'histoire, malheureusement apocryphe, du baiser fameux que Marguerite d'Ecosse aurait posé sur la « précieuse bouche de laquelle sont issus tant de bons mots et vertueuses paroles » ! Si l'histoire, racontée pour la première fois par Guillaume Bouchet dans ses *Annales d'Aquitaine* (1524), reste tout à fait mythique, elle n'en est pas moins intéressante comme preuve de l'estime accordée à l'homme dit le plus laid de son temps.

La légende du baiser, brodée par l'imagination du conteur, devient ici une histoire d'amour illicite, compliquée par un billet doux égaré. C'est à Florimond Duputois, héros dont la physionomie d'une laideur exorbitante ressemblerait à celle de son prototype du xve siècle, que revient le baiser éternel « de vie et de mort » de l'infidèle Mme Rolande. Quelques fragments de phrases de l'histoire se retrouvent au cinquième feuillet du brouillon sans variantes notables avec le texte imprimé, sinon que le jeune Duputois se nomme primitivement Renard.

Quel rigorisme de vérité a voulu que l'épilogue du *Réveil d'Alain Chartier* ressemble tellement à celui de *Madame Bovary* par son mot final de mépris pour les honneurs du bour-

_____

(34) Léon Bloy : *Exégèse des lieux communs*, première série. *La Crème des honnêtes gens*, LI, p. 83.

geois ? Mettons-les à côté l'un de l'autre pour mieux admirer leur dédain :

> Depuis la mort de Bovary, trois médecins se sont succédé à Yonville sans pouvoir y réussir, tant M. Homais les a tout de suite battus en brèche. Il fait une clientèle d'enfer; l'autorité le ménage et l'opinion publique le protège.
>
> Il vient de recevoir la croix d'honneur (35).

> Cette insignifiante aventure est arrivée en 187.... Florimond Duputois, de plus en plus protégé, continue ses chants au ministère. On assure qu'il sera promu chevalier le 14 juillet prochain (36).

Peut-être ne devrait-on y voir qu'une raillerie provoquée par un même désenchantement qu'inspirent à nos deux auteurs les faiblesses du monde bourgeois.

Nous savons par maints détails que *le Frôleur compatissant* est un ami de jeunesse de Léon Bloy, connu à Paris en 1864, un certain Georges Landry, comptable chez M. Hayem, chemisier rue du Sentier. Très liés, tous les deux, ils donnèrent, chacun, à leur amitié, ce qu'ils purent, mais incontestablement, Léon Bloy donnait plus qu'il ne recevait du jeune homme de bonne volonté, mais d'une nature médiocre et pusillanime. C'est par Léon Bloy que Georges Landry connut Barbey d'Aurevilly qui utilisa les deux jeunes gens comme correcteurs d'épreuves. Ensuite, toujours grâce au Mendiant ingrat, Georges Landry connut d'autres hommes de lettres de renom; Villiers de l'Isle-Adam, Coppée, Richepin, Rollinat, Banville, Péladan et Huysmans. Et, ce qui est plus important, Léon Bloy essayait d'inonder l'âme de son ami de toute la beauté et de la splendeur de la Foi, le portant sur ses épaules, pour ainsi dire, pendant quelques trente ans, dans l'espoir de l'arracher au « Démon de la Sottise ». En retour, il ne reçut même pas le peu d'admiration et de réconfort dont il avait tant besoin, à une époque où tout ce qu'il rencontra, ce fut l'hostilité et l'indifférence.

Au moment de la rupture entre Léon Bloy et Huysmans, le pauvre Landry, hésitant comme d'habitude, subit des influences, entendit des critiques défavorables à son ami et, impuissant à juger par lui-même, lâcha celui qui avait tant fait pour cultiver le maigre sol de son esprit. Léon Bloy ne put

---

(35) Gustave Flaubert : *Madame Bovary*, Paris, Bibliothèque Charpentier, 1931, p. 386.
(36) Léon Bloy : *Les Histoires désobligeantes. Le Réveil d'Alain Chartier*, p. 96.

s'interdire un mouvement de colère et d'indignation à la vue
de Landry sans forces, influençable, doux pour tout le monde,
qui renonça en toute tranquillité à l'amitié de celui à qui il
devait tout — ses connaissances littéraires, sa réputation de
bibliophile et de critique (qu'il n'était pas) et le peu de foi
que retenait encore son âme.

A ce manque de fidélité, Léon Bloy répondit en écrivant
le Frôleur compatissant, moins dans un esprit de vengeance,
croyons-nous, que tenté par une forme littéraire où il se sentit
en pleine possession de son sujet, sans se demander si les flèches
acérées de sa plume ne pénétreraient pas le cœur débile de
son ami.

Il n'est que juste d'ajouter ici les paroles de M. René Martineau qui a connu ces deux hommes :

Lecteurs de ce conte splendide et au premier abord cruel, vous
saurez que Landry fut un bon homme, généreux, sentimental et serviable,
et qu'il mourut pauvre. Mais n'oubliez pas qu'il s'agit d'une œuvre d'imagination aux broderies permises, que la victime du pamphlétaire ne
pouvait être devinée que par un très petit nombre d'initiés, qu'elle est
physiquement et moralement caricaturée. Et dites-vous, enfin, qu'à
considérer ces pages dans le temps, en situant l'auteur et son sujet selon
le degré et la posture que leur assignera l'avenir, elles sont criantes de
vérité (37).

Le brouillon ne nous offre aucun renseignement supplé-
mentaire, ne donnant que le premier jet de quelques fragments
au septième feuillet, sans changement essentiel avec le texte
définitif. Puis, à la fin, ajouté au crayon, on lit cette phrase :
« ne se mettait jamais en colère vers la fin que lorsqu'on atta-
quait Mlle Read, c'est-à-dire lorsqu'il sentait son remords »,
allusion à l'histoire de la croix sur la tombe de Barbey d'Aurevilly, au cours de laquelle Georges Landry avait pris le parti
de Mlle Read contre Léon Bloy. Au verso du septième feuillet,
et en sens inverse du recto, se trouve une continuation du
brouillon du *Frôleur compatissant* mais sans changement
important.

Au huitième feuillet du brouillon, recto et verso, se trouvent quelques phrases, sans variantes notables, du premier
jet du *Passé du monsieur,* histoire « trop arrivée », selon
l'auteur, et dont le fond tragique nous est révélé par des lettres
de Léon Bloy dans son journal inédit.

---

(37) René Martineau : *Autour de Léon Bloy,* p. 40.

Il est exact que Narcisse Lépinoche, protagoniste de l'histoire, est Victor Lalotte, né à Bourges en 1840, un de ces amis pour lesquels Léon Bloy offrit, pendant des années, ses prières et ses afflictions. En 1858, il se trouve déjà à Paris comme employé de la Compagnie des Chemins de Fer du Nord où, probablement par son entremise, Léon Bloy fut agréé stagiaire dans les mêmes bureaux en 1877.

Des années plus tard, le 26 mai 1892, on relève dans le journal du Mendiant ingrat :

> Le plus ancien de mes amis, Victor L..., celui de tous que j'aurais cru le plus ferme, m'a laissé fort tranquillement insulter, ce matin, jour de l'Ascension, par sa chienne de femme, une basse bourgeoise issue de domestiques, devant laquelle il tremble. La drôlesse, que je veux croire aussi fidèle à son mari qu'à son extraction et qui m'abhorre instinctivement, jouissait de ma détresse connue, triomphait *dans l'antichambre* de ma ruine supposée. J'aurais pu écraser d'un mot cette punaise. Le souvenir d'une longue amitié m'a retenu.
> — Si je crève, ai-je dit au pleutre, en le quittant pour toujours, tu l'apprendras peut-être par les journaux (38).

Sans doute la rupture de cette amitié, fut-elle la cause déterminante de la composition du *Passé du monsieur*, une histoire destinée à désobliger le plus possible Victor Lalotte, et en même temps, à prouver encore une fois l'indifférence des petits bourgeois à leur salut éternel.

Léon Bloy connaissait depuis quinze ans la malheureuse héroïne de l'histoire, Justine Delobel, dont il parle dans une lettre écrite au cousin de celle-ci pour l'intéresser aux circonstances tragiques vécues par la famille. La lettre, datée du 31 janvier 1880, nous révèle que M. César Delobel, père de Justine, avait perdu tout son bien en spéculations malheureuses, et que Justine, incapable d'accepter la misère, espéra réparer la fortune par de nouvelles spéculations plus malheureuses encore. Elle y perdit non plus son argent, mais l'argent qui lui avait été confié par plusieurs personnes « en diverses circonstances et à divers titres ». En outre, il s'agissait, seize ou dix-sept ans auparavant, d'un mariage pour Justine, mariage qui aurait été conclu probablement, sans une circonstance déconcertante : M. Lalotte, le père du jeune homme que Justine voulait épouser, avait disparu mystérieusement depuis une vingtaine d'années, sans laisser de traces. Le père de Jus-

---

(38) Léon Bloy : *Le Mendiant ingrat*, le 26 mai 1892, p. 31.

tine, alarmé de cette disparition et ayant appris « d'abominables imputations gratuites que ne justifiait pas l'ombre d'une
preuve », décida de rompre toute relation avec la famille
Lalotte. Néanmoins, Justine, « qui ne pouvait pas régler son
cœur sur la volonté de son père », continuait à voir, en compagnie de sa mère, Victor et Mme Lalotte, malgré les vives remon-
trances de celle-ci. « RIEN ne put les empêcher de revenir
presque tous les jours pendant des années ». Le jeune homme,
« objet de cette poursuite véritablement inouïe, essaya lui-
même de s'y opposer. Tout fut inutile ». Cet état de choses
dura pendant dix ans, au cours desquels Justine finit par
« triompher de toutes les résistances de la famille dans laquelle elle avait résolu de se faire accepter ».

La mort de M. Delobel ne détermina pas le mariage si ardemment
attendu et poursuivi, parce que, déjà, les embarras financiers de Justine
étaient affreux et qu'il eut fallu *rendre des comptes* absolument impos-
sibles. Voici ce qui s'était passé. Mme Lalotte possédait quelques titres
sur diverses compagnies de chemin de fer. Ces titres s'élevaient ensemble
à un capital de 12.000 francs. Justine, établie à force de persévérance
dans l'intimité de cette maison et désormais investie de la plus parfaite
confiance, persuada à Mme Lalotte de convertir en rentes sur l'Etat toutes
ces valeurs éparpillées et se chargea à titre d'amie de cette facile opération. Elle devait rapporter le nouveau titre le lendemain, ou du moins
quelques jours après. *Jamais,* ce titre, ou ces titres n'ont reparu et
l'argent qu'ils représentaient a été englouti dans je ne sais quelle déplo-
rable spéculation. Mme Lalotte, vous le devinez, a réclamé son bien.
Elle l'a réclamé peut-être cinq cent fois en dix ans, et Justine qui
d'ailleurs lui en servait fort exactement la rente a toujours trouvé le
moyen de lui donner le change en lui laissant croire que ses titres
étaient en lieu sûr.

Mme Lalotte se trouva, bien entendu, complètement ruinée. Pour les autres dettes de Justine, ce furent des emprunts
consentis et risqués, mais le souci du jeune Pèlerin de l'Absolu
ne s'arrêtait pas aux biens terrestres. Il continue :

Ce n'est plus seulement l'honneur de cette pauvre fille qui est en
question. Elle a été rendre ses comptes à son Juge et tout ce qu'on peut
faire pour elle aujourd'hui, c'est de prier si on est chrétien et si on
a du cœur. C'est l'honneur de toute la famille qui est directement intéressé à cette restitution.

Et plus loin :

... je vous écris avec l'assurance que le langage de la justice ne vous
laissera pas indifférent et que vous mettrez infiniment au-dessus des
calculs d'argent l'intérêt de l'honneur et du repos éternel de cette pauvre
âme que vous avez aimée et qui compte peut-être sur vous.

On devine, sans peine, la réponse qui fut donnée et qui, d'ailleurs, est reproduite dans l'histoire.

Il paraît que, selon une anecdote racontée par Léon Bloy à René Martineau et citée dans les *Cahiers Léon Bloy* par le Docteur André-Marie Fauquet, la vérité du *Passé du monsieur* frappa si juste que, le lendemain de sa publication dans le *Gil Blas*, c'est-à-dire le 21 octobre 1893, l'auteur reçut, par la poste, en lettres d'imprimerie découpées et assemblées, ce simple mot :

COCHON

L'expéditrice était... Mme Victor Lalotte.

Cette histoire dont nous venons de découvrir les dessous tragiques, parut dans le *Gil Blas* le 20 octobre 1893, intitulée, comme nous l'avons vu, *le Passé du monsieur*. Le 3 décembre de la même année, l'histoire parut dans le *Patriote* de Bruxelles, mais avec un changement de titre, devenu *le Passé de la vieille fille*. Le journal de Léon Bloy, à la date du 18 décembre 1893, reproduit une lettre assez longue, adressée à Eugène Demolder, avocat belge, constatant le délit et demandant que la lettre soit publiée dans un périodique de Bruxelles — ce qui fut fait par *l'Art moderne* de Bruxelles, le 18 février 1894. Nous ne relevons que quelques mots de la lettre de Léon Bloy :

> Ce conte *véridique* a été publié, le 20 octobre, par le *Gil Blas*, signé, en effet, de mon nom, sous la rubrique déjà fort connue : *Histoires désobligeantes*. Mais, avec ce titre : *le Passé du monsieur*, — titre voulu par moi, exclusivement et absolument (39).

L'insistance de Léon Bloy sur le titre original est assez importante puisqu'elle suggère que son intention était bien de désobliger le prototype vivant, mais certainement pas de diffamer la mémoire d'une lamentable jeune femme qu'il avait connue et entourée d'affection dans sa jeunesse.

Une année plus tard, une page du journal inédit de Léon Bloy démontre sa sollicitude (bien que d'une manière qu'on pourrait trouver aujourd'hui un peu amusante), pour le grand respect dû aux âmes des morts. Rassurons-nous : l'intention

---

(39) Léon Bloy : *Le Mendiant ingrat*, le 18 décembre 1893, p. 98.

de Léon Bloy fut des plus sincères et des plus sérieuses, en écrivant cette note sous forme d'une lettre d'une illettrée :

26 septembre 1894 — Sainte Justine. Messe à 8 h. et communion pour Justine Delobelle (*sic*). Le souvenir de cette pauvre créature m'attendrit.

Lettre à Lalotte (anonyme).

Monsieur Victor Lalotte, 57, Bd Montparnasse, Paris.

Monsieur, — j'ai été au cimetière Montparnasse aujourd'hui pour la fête de la pauvre Mademoiselle Justine Delobelle.

Comme je sai qu'elle vous aimait beaucoup et qu'elle vous aurait pour sur donné une croix pour votre tombe je prend la liberté de vous informé qu'il n'y a pas de croix sur sa pauvre tombe.

Comme je sai que vous avés bon cœur, je suis sure que vous aurés la charité de lui faire mettre une croix.

Une pauvre vieille femme qui prira pour vous.

Ajoutés après, ces mots : « C'est Marie qui l'a copiée », Marie étant la sœur de Jeanne Bloy.

On doute fort que Victor Lalotte n'ait pas reconnu là-dedans la main de son ancien ami. On doute aussi qu'il ait ressenti le moindre attendrissement à ce rappel d'un épisode tragique qu'il aurait peut-être pu empêcher s'il avait été plus énergique au bon moment.

En manière de digression, mentionnons ici que ces premières *Histoires désobligeantes* furent écrites à Antony où Léon Bloy habitait avec sa famille à cette époque. Parfois, assis dans une petite cabane de bois dans son jardin à converser avec Mme Bloy, il trouvait tout d'un coup la fin de son conte, et vite, il rentrait dans la maison pour terminer l'histoire commencée. Ou encore, il lui arrivait de prendre le train pour remettre son manuscrit à la rédaction du *Gil Blas*, sans avoir trouvé le « mot de la fin ». Comme nous le raconte Pierre Arrou, il ne s'inquiétait pas. Son imagination doucement sollicitée par le cahotement monotone du wagon, trouvait toujours le dénouement satisfaisant et, au sortir de la gare, il entrait dans un café pour mettre la dernière main à son histoire.

Le 19 octobre 1893, les Bloy quittèrent Antony pour se ré-installer à Paris où fut écrite la suite des *Histoires désobligeantes*.

Avec *Tout ce que tu voudras !...* et *Jocaste sur le trottoir* nous abordons le thème des mœurs perverties, l'inceste — thème qui, évidemment, était déjà connu depuis longtemps et qui fut repris par les écrivains de l'époque, souvent pour s'attirer de l'attention par le scandale.

Dans le recueil de *la Pile de Volta* par Amédée Pommier, qui date de 1831, il se trouve deux contes à ce sujet, l'un intitulé *l'Inceste et le parricide*, et l'autre, *la Fille publique* qui fait penser au conte de Léon Bloy, *Tout ce que tu voudras !...* Les sujets sont identiques. En quelques mots, l'histoire d'Amédée Pommier nous présente une fillette qui disparaît un jour avec sa bonne. Les années passent. Son jeune frère, devenu libertin, tombe chez sa sœur dans un mauvais lieu pour découvrir, finalement, son identité, trahie par ce qu'elle dit de son passé. La fin du conte ressemble aussi à celle de *Tout ce que tu voudras !...*, puisque l'aventure produit dans le jeune homme un bouleversement si profond qu'il change totalement de genre de vie, renonçant aux courses, aux plaisirs, etc., comme le héros de Léon Bloy qui, après son expérience, devient frère convers au monastère de la Grande-Chartreuse. Nous ignorons, cependant, si Léon Bloy connaissait la *Fille publique* d'Amédée Pommier, dont l'intrigue ressemble tant à son histoire.

Le recueil d'*Insomnies*, par Arago et Kermel, contient aussi un conte de ce genre, intitulé *Père et Amant*, où le père, amoureux de sa fille, n'est pas, cependant, son vrai père, quoiqu'il ignore ce fait avant l'éclaircissement de l'amant de la mère défunte. Ayant eu des relations coupables avec sa fille, le père est convoqué aux Assises où la cause fait scandale. Arrive alors, au dernier moment, Edouard, l'amant, pour défendre le « père » qui, acquitté, s'en va avec Edouard pour régler leurs comptes. Tous deux trouvent la mort dans un duel.

Plus choquant, certes, par l'attitude désinvolte de son auteur, *M. Jocaste* de Guy de Maupassant, paru dans le *Gil Blas* du 23 janvier 1883, sous la signature de Maufrigneuse, traite ce même thème d'un père amoureux de sa fille, née d'un amour illicite avec une femme mariée, qui meurt en couches. Dix-sept ans plus tard, le mari de la mère étant mort, l'ancien amant tombe amoureux de sa fille, qui l'aime aussi. Que faire ? Seul, lui sait qu'il est son père. Torturé, il décide, enfin, de l'épouser, et l'auteur de conclure, qu'à sa place il aurait agi de la même manière. Mais on chercherait vainement chez Maupassant une trace de symbolisme dans les égarements tragiques de l'homme en proie à ses passions. On dirait plutôt, comme Marchenoir, une « vulgaire manie de sophistiquer », puisque l'auteur ici ne croit pas en Dieu.

Enfin, notons le récit de Barbey d'Aurevilly, publié en 1886 et connu sûrement de Léon Bloy, *Une page d'histoire* (1603), qui raconte les tristes amours d'un frère et d'une sœur, Julien et Marguerite de Ravalet.

Ainsi, ce thème d'inceste revient-il assez souvent tacher de sa noirceur de démon le fond, déjà bien sombre, des contes cruels.

Revenons à *Tout ce que tu voudras !...* C'est le Docteur André-Marie Fauquet qui, écrivant dans les *Cahiers Léon Bloy*, a voulu que la sœur de l'histoire, devenue méconnaissable dans la prostituée, soit assimilée à Anne-Marie Roulé, la maîtresse illuminée de Léon Bloy. Selon les besoins de l'intrigue, Anne-Marie put être, à parler la langue allégorique de l'auteur, sa fille (puisque c'est lui qui a formé son esprit), sa sœur (puisque leurs relations furent, à un certain moment, celles de frère et sœur), sa maîtresse (par le passé), sa mère (puisque Léon Bloy écrivit dans une lettre à Adèle Montchal, le 18 septembre 1885 : « ... (elle) m'a fait tout ce que je suis »). L'inspiration de *Tout ce que tu voudras !...* serait ainsi puisée dans une transposition d'Anne-Marie Roulé dans la personne de la sœur de Maxence, lequel est, bien entendu, Léon Bloy.

Dans *Jocaste sur le trottoir*, histoire d'inceste involontaire, nous aurions une transposition pareille d'Anne-Marie Roulé dans la personne de la mère. De plus, cette confession se compare à celle de Léopold dans *la Femme pauvre*, le personnage de Léopold étant, selon M. René Martineau, un pastiche de Léon Bloy et de Camille Redondin, un ami mystérieux, mort en 1892.

Il est bien possible de voir aussi dans cette histoire, comme dans *le Désespéré*, des souvenirs pénibles des quelques mois passés par l'auteur au lycée de Périgueux. On relève, par exemple, les mots de « prison », de « longue et féroce incarcération », « dix ans de contact avec des élèves et des professeurs putrifieraient un cheval de bronze », etc. Il s'y trouve aussi des souvenirs d'un père cruel et d'un passant, qui empêche le jeune abandonné de s'enliser dans un étang, plein de roseaux, où il passait souvent des heures à « contempler le grouillement des têtards et des salamandres » — lesquels figurent, sans doute, la société humaine qu'il trouve ignoble. Le passant est, certainement, Barbey d'Aurevilly qui ramène le jeune misanthrope à la foi. Dans une lettre au Comte Arthur de Gobineau, Léon Bloy rappelle encore ces souvenirs de début dans la vie :

Pour moi, Monsieur, je me suis mis en chemin de bonne heure. J'ai commencé par tomber au milieu d'un peuple d'anthropophages, et j'ai

6

failli en être dévoré. Un homme très fort qui passait par là m'a sauvé de ce premier danger mortel en m'emportant avec lui... (40).

La recherche un peu laborieuse de l'identité des personnages, puisés dans les caractères des amis de Léon Bloy et dans les couches diverses de sa propre vie psychique n'est pas aussi exagérée qu'on pourrait la croire. Léon Bloy lui-même dit une fois à son ami, René Martineau, que « si la plupart des scènes douloureuses de mes romans sont des souvenirs de ma vie, ces romans ne sont pourtant pas des confessions » (41), — indice assez clair du chemin qu'il faut suivre pour arriver à la source de ses créations.

Le premier four crématoire établi au cimetière du Père Lachaise en 1887, ne manqua pas d'attirer l'indignation de Léon Bloy. Son journal, à la date du 3 avril 1893, enregistra ses pensées là-dessus, après une visite d'inspection.

> Visité le crématoire du Père Lachaise. C'est, je pense, la chose la plus impie et la plus atroce du siècle. Moyennant quelques sous, on me montre tout. On ouvre même, pour la joie de mes yeux, l'exécrable four où sont calcinés les morts. L'horreur physique est tolérable parce que j'arrive à la fin de l'opération. Je n'aperçois, en somme, qu'un crâne en train de se consumer et des restes indiscernables.
>
> Il paraît qu'en outre des calcinés volontaires, on brûle odieusement les restes déchiquetés des pauvres diables morts dans les hôpitaux et que nul ne réclame. Certes, je parlerai, quelque jour, de cette infamie qui appelle toutes les tempêtes de Dieu.
>
> Vu aussi le *Columbarium*. C'est admirable que l'impiété soit condamnée à être si grotesque (42).

Avant d'écrire son histoire désobligeante, pourtant, Léon Bloy voulut visiter une deuxième fois ce théâtre macabre, pour bien fixer les détails de l'opération effectuée. Il y fut accompagné, évidemment, par son ami, Henry de Groux, à qui il écrivit en septembre 1893 :

> Mon ami, voulez-vous essayer d'être chez vous demain mercredi à 1 heure. Nous irions ensemble au Père Lachaise voir brûler quelqu'un. Vous savez que j'ai besoin de ce spectacle... (43).

---

(40) Joseph Bollery : *Léon Bloy : Essai de Biographie*, lettre de Léon Bloy au Comte Arthur de Gobineau, le 13 novembre 1876, vol. I, p. 280.
(41) *Les Amitiés*, février 1932. René Martineau : *Notes inédites de Léon Bloy*, p. 171.
(42) Léon Bloy : *Le Mendiant ingrat*, le 3 avril 1893, p. 78.
(43) *Correspondance Léon Bloy-Henry de Groux* : Lettre de Léon Bloy à Henry de Groux, septembre 1893, p. 91.

Un mois plus tard, le 3 novembre 1893, fut publié dans le *Gil Blas* une histoire désobligeante intitulée *la Dernière Cuite*, digne de rivaliser avec les plus lugubres fantaisies d'un Edgar Allan Poe ou avec les plus noirs cynismes d'un Balzac. L'auteur, horrifié par sa vision, ne fait pas grâce au lecteur des atroces possibilités de cette invention du siècle des lumières.

Au neuvième feuillet du brouillon se trouvent quelques fragments de cette histoire, sans changements importants.

La Fin de Don Juan, pièce d'expiation s'il en fut jamais, recouvre sous le nom du Marquis Hector de La Tour de Pise, le personnage de Catulle Mendès, auteur connu pour sa vie peu morale. Léon Bloy nous a donné de lui un portrait féroce dans *le Désespéré,* où il s'appelle Abraham-Properce Beauvivier, « une espèce de Judas-Don-Juan » dont la vie fut un « tissu d'abominations et de trahisons (44) ». On trouve, d'ailleurs, une ressemblance de certaines idées, voire des phrases, dans les deux descriptions.

Une Martyre dépeint encore le portrait fidèle de Mme Maréchal, mère de Clotilde dans *la Femme pauvre,* et dont le prototype fut Mme Dumont, mère de Berthe Dumont, amie dévouée de Léon Bloy et qui mourut du tétanos. Certains passages d'*Une Martyre* sont empruntés directement à *la Femme pauvre,* et le brouillon nous donne, au dixième feuillet, l'élaboration de quelques phrases nécessaires pour transformer Madame Maréchal en « Virginie Durable, née Mucus ».

Le Soupçon, histoire d'une méfiance excessive, trompée encore plus excessivement, fut dédiée à Edouard d'Arbourg, qui en aurait donné le canevas à Léon Bloy. Le brouillon n'en fournit que quelques fragments au onzième feuillet, recto et verso, sans changement important.

Le téléphone, « cette mécanique infernale », dit Léon Bloy, lui sert, néanmoins, de véhicule pour un conte d'une ironie diabolique, *le Téléphone de Calypso.* Il faut bien dire que les histoires relatives au téléphone furent assez courantes à cette époque quand la nouveauté de l'invention exerçait encore une certaine fascination. Remarquons, à propos de la parenthèse ouverte par Léon Bloy au sujet de ce mécanisme commode, son incapacité absolue à situer la science moderne et ses découvertes dans l'ordre rationnel, — toujours il y souçonnait l'ac-

_____

(44) Léon Bloy : *Le Désespéré,* p. 164.

tion du diable, fut-ce pour le téléphone, la machine à écrire, l'automobile ou tout autre engin.

Si la dédicace de cette histoire paraît mystérieuse, c'est que l'auteur compte éviter des ennuis en n'inscrivant qu' « à Marius ». Marius, en effet, c'était Marius Tournadre, anarchiste assez connu, qui avait aidé Léon Bloy à récupérer le manuscrit du *Pal* détenu par le Dr Maurice de Fleury. Au moment de la mort de Marius Tournadre, survenue en 1901, Léon Bloy remarquera dans son journal qu'il était

l'un des plus misérables êtres que j'ai connus. Comment est-il mort et qu'est devenue sa pauvre âme ? C'était un imaginatif sans culture et un fumiste sans détour, par l'effet d'un obscur besoin de justice. Il mystifiait des propriétaires ou des négociants comme on accomplit un acte religieux et je l'ai vu donner aux pauvres l'argent qu'il s'était approprié en risquant la correctionnelle (45).

Le grand mystère de l'identité des êtres humains qui peuplent ce monde déchu, l'incertitude également grande sur les mobiles de leurs actions sont des sujets de la plus profonde méditation chez Léon Bloy et qui reviennent fréquemment dans son œuvre. C'est précisément le sujet du conte intitulé *Une Recrue*, où les menaces de Marchenoir, dans un des derniers chapitres du *Désespéré*, poussées à bout, sont révélées par l'auteur en action.

Ah ! vous nous enseignez qu'on est sur la terre pour s'amuser. Eh bien ! nous allons nous amuser, nous autres, les crevants de faim et les porte-loques. Vous ne regardez jamais ceux qui pleurent et ne pensez qu'à vous divertir. Mais ceux qui pleurent en vous regardant, depuis des milliers d'années, vont enfin se divertir à leur tour et, — puisque la Justice est décidément absente, — ils vont du moins en inaugurer le simulacre, en vous faisant servir à leurs divertissements.

Puisque nous sommes des criminels et des damnés, nous allons nous promouvoir nous-mêmes à la dignité de parfaits démons, pour vous exterminer ineffablement.
....

Vous garderez l'argent, le pain, le vin, les arbres, les fleurs. Vous garderez toutes les joies de la vie et l'inaltérable sérénité de vos consciences. Nous ne réclamerons plus rien, nous ne désirerons plus rien de toutes ces choses que nous avons désirées et réclamées en vain, pendant tant de siècles (......................).

Seulement, défiez-vous !... Nous gardons le *feu,* en vous suppliant

---

(45) Léon Bloy : *Quatre ans de captivité à Cochons-sur-Marne*, le 2 octobre 1901, p. 80.

de n'être pas trop surpris d'une fricassée prochaine. Vos palais et vos hôtels flamberont très bien, quand il nous plaira...

Après cela, si l'existence de Dieu n'est pas la parfaite blague que l'exemple de vos *vertus* nous prédispose à conjecturer, qu'il nous extermine à son tour, qu'il nous damne sans remède, et que tout finisse ! L'enfer ne sera pas, sans doute, plus atroce que la vie que vous nous avez faite !

....

Tel est le cantique des modernes pauvres, à qui les heureux de la terre, — non satisfaits de tout posséder, — ont imprudemment arraché la croyance en Dieu. C'est le *Stabat* des désespérés (46) !

Terrible cri du pauvre, du paria qu'était, d'ailleurs, Léon Bloy d'avant sa conversion, athée, ennemi de Dieu et de l'Eglise, révolté rempli de haine, prêt à tout — bien le contraire de ce que deviendra le Pèlerin de l'Absolu. Mais ce cri, étouffé, retenu, poussé enfin et qui proclame la volonté d'agir de quelque façon pour vivre, se retrouve dans *Une Recrue*, proie disposée à tous les crimes.

Baudelaire aussi a reconnu les connivences de Satan, dont l'image, dans la personne du *Joueur Généreux*, des *Petits poèmes en prose*, ressemble tant à celle de M. Renard ici. Cet « être mystérieux », frôlé un jour par le poète, sur le boulevard, attendait, comme son double, le moment propice pour s'immiscer dans les affaires de la créature sans Dieu. Tous les deux arrivent à point pour s'emparer de leur victime, l'une indigente, famélique, qui vend sa peau pour faire vivre sa famille, l'autre viveur, tourmenté par l'ennui, qui vend son âme pour jouer et jouir des agréments de la vie. C'est-à-dire, simplement, que les deux poètes voient, de leurs yeux accoutumés à l'invisible, la présence très réelle du démon dans le monde insouciant de son existence même.

Nous n'avons pu découvrir des précisions sur les sources du *Sacrilège raté*. L'histoire fut, peut-être, prétexte à critiquer l'attitude hypocrite de beaucoup de catholiques à l'époque. Quelques parties de l'histoire se retrouvent au douzième feuillet du brouillon, recto et verso, mais sans changements importants.

D'après M. Joseph Bollery, *le Torchon brûle* serait inspiré d'une confidence de Villiers de l'Isle-Adam. L'expéditeur de la lettre reçue par Rodolosse « d'un artiste fort connu et parfaitement honorable », et lue par lui au milieu des « chanoines de

---

(46) Léon Bloy : *Le Désespéré*, pp. 254-255.

l'Infini » serait Léon Bloy, qui raconte, toujours d'une manière très arrangée, un épisode ou des souvenirs de jeunesse. Selon le Dʳ André-Marie Fauquet, on pourrait voir dans la métairie où on lui « avait refusé brutalement l'hospitalité » la maison paternelle, car le père de Léon Bloy était extrêmement sévère, n'ayant aucune sympathie ou compréhension pour les doctrines de son fils. « La vieille paralytique.... calcinée » dans l'incendie serait la mère de l'auteur, mais pour bien lire dans les souvenirs de Léon Bloy il faudrait placer l'holocauste et l'incendie avant la paralysie et le refus de l'hospitalité après. Car l'holocauste serait bien le sacrifice absolu de sa santé, fait par sa mère, et l'abandon de toute joie et de toute consolation humaine, en retour pour la conversion de celui de ses enfants qui en avait le plus grand besoin, sacrifice exaucé intégralement. Toute cette belle histoire de l'offrande généreuse est racontée par Léon Bloy dans une lettre écrite à Paul Bourget, à la date du 10 février 1877. L'incendie serait la conversion parfaite et enthousiaste de ce deuxième fils, qui mettait le feu, pour ainsi dire, à sa vie sous le toit paternel, qu'il devait, en conséquence, quitter.

Le treizième feuillet du brouillon nous donne une bonne partie du conte sans changement.

La dédicace de *la Taie d'argent* dans la première édition des *Histoires désobligeantes* est ainsi conçue : « A Alcide Guérin, celui de mes contes que je préfère », jugement de l'auteur, qui le met, d'ailleurs, à côté des *Captifs de Longjumeau* et de *Jocaste sur le trottoir* dans les *Pages choisies*, publiées en 1906.

L'histoire rappelle, malgré son sens allégorique très différent, le conte cruel de Villiers de l'Isle-Adam, intitulé *Vox populi*, publié pour la première fois en 1880. Le souvenir de Villiers était toujours très cher à Léon Bloy, qui admirait beaucoup l'œuvre de son ami, lequel lui aurait raconté l'anecdote suivante, point de départ de *Vox populi*.

Je viens, nous dit-il (Villiers) un soir, avec un sérieux impressionnant, d'entendre le plus bel alexandrin qui soit jamais sorti de la cervelle d'un poète. Je passais sur le pont des Arts dont l'aveugle attitré est une sorte de fonctionnaire d'un genre spécial, un rond-de-cuir en plein vent, d'ailleurs bien renté, quand ce personnage a psalmodié d'une voix caverneuse : " Ayez pitié d'un pauvre aveugle, s'il vous plaît ! " Je suis demeuré émerveillé. Ce vers est certainement le plus beau que je connaisse. Il dépasse en magnificence lyrique le : " Fabrique à la vapeur de pâté de foies gras " ou " Le tramway de Montrouge à la

Gare de l'Est " que l'on dit être les chefs-d'œuvre du bon François Coppée (47).

Toute plaisanterie mise à part, le refrain du pauvre aveugle avait profondément impressionné Villiers et, par la suite, Léon Bloy, qui le reprend, quoique pour s'en servir à une autre intention — (« Ayez pitié d'un pauvre clairvoyant, s'il vous plaît » !) — comme début de la Taie d'argent. Sans entrer ici dans le symbolisme des contes, remarquons, néanmoins, que pour les deux poètes, l'aveugle est celui qui possède la vérité, c'est-à-dire qui « voit », tandis que ceux qui sont doués de la vue sont, malgré leur avantage, les véritables aveugles.

L'ironie énorme d'Un Homme bien nourri ne pouvait être pleinement savourée que par les lecteurs qui connaissaient Léon Bloy, car l' « homme bien nourri », c'est l'auteur lui-même. Ironiquement nommé Prosper Venard, il fut, comme Léopold de la Femme pauvre, un enlumineur extraordinaire, « le rénovateur de l'Enluminure et l'un des plus incontestables artistes contemporains ». Après cette présentation, suit tout un chapitre dérobé, avec quelques remaniements, à la Femme pauvre. Il se retrouve, certainement, au début de l'histoire, des souvenirs pénibles des hôpitaux qui appartiennent à l'expérience de Léon Bloy, notamment la mort d'une maîtresse et celle de son ami, Camille Redondin.

Les allusions aux affronts subis par le maigre Venard sont des souvenirs très réels de quelques expériences pénibles de la vie de l'auteur pour qui l'hypocrisie du monde, dit chrétien et civilisé, ne fut que trop bien connue avant qu'il n'ait pu mettre le pied sur le premier barreau de l'échelle du succès.

On ne put jamais lui faire comprendre qu'un artiste pauvre a le devoir de sucer l'empeigne d'un avorton littéraire qui le régala d'épluchures, un certain jour, et que plus il est grand artiste, plus il a ce devoir,

— passage qui nous rappelle les mesquineries ménagées à Léon Bloy par le D^r et Madame Maurice de Fleury qui jugeaient son amitié compromettante. L'épisode est aussi relaté dans le journal du Mendiant ingrat :

M. Maurice de Fleury a dit à tout le monde que Léon Bloy avait été son parasite, parce que celui-ci, toujours obsédé d'invitations ridicules, venait une fois par semaine, le lundi, manger les restes du dimanche, à l'asile de Sainte-Périne. Madame de Fleury a raconté depuis, à diverses personnes, qu'on choisissait exprès pour Bloy, les pires

_____

(47) Les Nouvelles littéraires, 1er décembre 1928.
Gustave le Rouge : Au Jardin des Plantes avec Léon Bloy.

morceaux, et qu'on lui faisait boire de l'eau rougie, pendant qu'elle buvait elle-même, avec son mari, du vrai vin *prétendu pharmaceutique.* Naturellement, elle s'est fait honneur de cette vilenie comme d'un trait spirituel et d'une action méritoire. Inutile d'ajouter qu'on ne dit pas un mot des dîners ou ribotes payés par Léon Bloy, avec son propre argent (48).

La sensibilité du poète, profondément blessé par les impostures cruelles de ceux qu'il avait cru ses amis, ne put oublier cet exemple de méchanceté bourgeoise.

La prédiction à la fin de l'histoire n'est pas sans une pointe d'humour poignant :

Mais on m'a fermé la bouche en me faisant observer que les polychromies invendables de ce mangeur ne pourraient avoir une sorte d'intérêt que pour les hommes de la seconde moitié du vingtième siècle...

Léon Bloy ne serait pas, en effet, le premier écrivain à prévoir une renommée différée.

La Fève, histoire de la vengeance d'un veuf inconsolable, qui découvre trop tard que sa femme l'avait grossièrement trompé au cours de dix années de vie conjugale, nous rappelle *le Cœur mangé de Boccace.* Il est vrai que Balzac aussi a raconté une histoire d'un cœur mangé dans *Une Conversation entre onze heures et minuit* dans le recueil des *Contes bruns,* mais les mobiles y étaient tout autres. Serait-il possible que Léon Bloy en écrivant ce conte eût pensé à ces autres, ou encore à *la Vengeance d'une femme* de Barbey d'Aurevilly, histoire d'une vengeance outrée ? On ne saurait le dire. Les précisions manquent pour les sources du conte, qui paraît au quinzième feuillet du brouillon conforme au texte imprimé.

Avec les *Propos digestifs* on entre encore une fois dans ce domaine mystérieux d'identités inconnues, un des thèmes préférés de Léon Bloy. Son journal, à la date du 30 janvier 1894, nous permet de pénétrer un peu plus avant dans ses idées à ce sujet. On y lit :

L'idée centrale de mon dernier conte, *Propos digestifs,* étant que nul ne peut être assuré de son *identité,* et que chacun occupe vraisemblablement la place d'un autre, Jeanne m'a demandé comment il se pourrait qu'il y eût un tel désordre dans l'œuvre de Dieu. — Et la Chute ? ai-je répliqué... Rien n'est accompli. Nous avons tout à attendre, puisque nous sommes dans le Chaos, — dans le grand chaos qui sépare le

---

(48) Léon Bloy : *Le Mendiant ingrat,* le 27 octobre 1893, p. 93.

Riche du glorieux Pauvre. Il nous est donc réservé d'assister véritablement à la Genèse, d'être des témoins de la Création, depuis le Fiat Lux
jusqu'à la naissance d'Adam, etc. (49).

Quoique Léon Bloy ait placé la mise en scène de cette histoire « chez l'éblouissante vidamesse du Frondement, etc. »,
qui serait la princesse de Ratazzi, il est plus probable qu'elle
se place chez Nina de Villars (écrit quelquefois Villard), pseu-
donyme de la fille d'un M. Gaillard, avocat de Lyon, laquelle
s'était affranchie de son mari, journaliste assez connu, Hector
de Callias, et que Léon Bloy dénomme ici « la petite baronne
du Carcan d'Amour ». Son salon, artistique et très bohème,
accueillit, entre 1866 et 1880, tous les poètes, les écrivains, les
musiciens, les artistes et les hommes politiques de son époque.
On y voyait Villiers de l'Isle-Adam, François Coppée, Catulle
Mendès, Anatole France, Verlaine, Emile Goudeau, Jean Richepin, Charles Cros, Manet, Degas, Mallarmé, Coquelin cadet,
Maurice Rollinat et beaucoup d'autres. Léon Bloy, qui assistait
aux réunions des « Hydropathes » aurait été vu aussi, vers
1877 ou 1878, dans le salon de Nina de Villars, présenté peut-
être par son ami, Jean Richepin, ou même par Villiers de
l'Isle-Adam, qui en était un habitué.

En tous les cas, une telle mise en scène permet la peinture
d'un groupe mêlé de personnes connues de Léon Bloy, personnes qui dans la vie ne se connaissaient peut-être pas ou qui
ne se fréquentaient pas. On reconnaît tout de suite Paul Bourget
dans le personnage du psychologue. Apemantus, nom souvent
attribué à Léon Bloy par Barbey d'Aurevilly, est ici Villiers de
l'Isle-Adam, qui exprime les idées de Marchenoir au sujet de
l'ignorance de chacun sur sa propre identité. Francisque Lepion
serait Francisque Sarcey, la bête noire de Léon Bloy, sur-
nommé par lui l' « oracle des mufles » (50) ». « Un homme libre
qui avait eu des malheurs à Constantinople, etc. » serait bien
un ami de jeunesse de Léon Bloy, Gabriel Hanotaux. Le « Quelqu'un qui ne sentait pas bon », qui fait son entrée dans l'appartement à la fin de l'histoire, n'est autre que Catulle Mendès,
lequel, d'après Léon Daudet, sentait la colle et l'éther. Mais
c'est surtout au moral que fait allusion ici Léon Bloy. La con-
jonction de l'arrivée des cochons, habités par les démons

---

(49) Léon Bloy : *Le Mendiant ingrat*, le 30 janvier 1894, p. 101.
(50) Léon Bloy : *Le Pal suivi des Nouveaux propos d'un entrepreneur de
démolitions*, p. 246.

innombrables, (la fin de l'histoire que raconte Apemantus), avec l'arrivée de Catulle Mendès, désigne évidemment une équivalence dans la pensée de l'auteur. Histoire habile, d'une intention profondément satirique, dans laquelle Léon Bloy encore une fois se montre passé maître dans l'art de désobliger.

Lui-même avait noté dans son journal intime, à propos de cette histoire : « J'ai cherché le grand dans la folie et sous une forme cynique ».

Pour les *Propos digestifs* le brouillon est à peu près complet, portant le même titre et sans changement notable.

Le 24 février 1894, le journal inédit de Léon Bloy rapporte : « Travaillé cet après-midi au *Cabinet de Lecture*. Cette farce sera facile à exécuter ». Et il s'agit bien d'une farce, une des histoires les plus humoristiques, d'une veine plus légère que beaucoup d'autres, malgré un fond caché d'ironie aiguë. On a des raisons de croire que le *Cabinet de lecture* est dirigé contre le *Journal* que Fernand Xau venait de fonder en 1892. Fernand Xau, tenant toujours à l'écart certains auteurs, parmi lesquels Léon Bloy, aurait dit quand le nom de celui-ci fut proposé : « Il n'y a pas de place chez moi pour les chiens enragés ». On juge, alors, quelle allégresse Léon Bloy mit à venger cet affront. Fernand Xau lui-même serait le père Panard, un ancien professeur de grec. Romano-Spada, le « chef d'école », « que ses racines grecques firent exceptionnellement agréer du vieux Panard », suggérerait Leconte de Lisle, quoique le nom tende plutôt à l'espagnol d'un José-Marie de Heredia. Il est vrai que ni l'un ni l'autre ne firent jamais partie de la rédaction du *Journal,* mais le dernier était le fidèle disciple du chef de l'école parnassienne. Papadiamantopoulos était, bien entendu, Jean Moréas qui, par la belle résonance de son patronymique rejoignit ce groupe choisi du Péloponèse.

Le brouillon est complet sans changement important. Au milieu, Léon Bloy note le mot de la fin, qu'il attribue à la poétesse, Marie Krysinska : « Avant de parler il faut tourner sept fois sa langue dans la bouche... de son voisin ».

Notons en passant qu'à la date du 14 mars 1894, Léon Bloy confia à son journal inédit un thème pour une autre histoire désobligeante qui ne fut, pourtant, jamais écrite. Nous lisons :

Il rêvait d'avoir un tel regard de fascination que toute femme pût être domptée à l'instant, et toute sa vie, qui fut assez longue, il souffrit de ne pas avoir ce regard, *alors qu'à la mort il s'aperçut qu'il l'avait.*

On ne peut que regretter que l'histoire soit restée dans les limbes des intentions.

On n'est pas parfait, petit dicton bien connu, sert de titre à la vingt-septième histoire, une « paraphrase lumineuse » en dit Léon Bloy en l'introduisant dans son *Exégèse des lieux communs,* publiée en 1902. C'est encore un de ces contes humoristiques en surface, mais qui possèdent des sous-entendus pour le lecteur qui discerne la pensée de l'auteur. L'histoire d'un homme qui tue pour vivre — puisqu' « il n'y a pas de sot métier », dit un lieu commun, — illustre simplement le truisme que le crime ne paie pas.

Que ces « tours de force » coûtassent toujours beaucoup à Léon Bloy, nous le savons par les plaintes confiées à son journal. A la date du 16 mars 1894, nous relevons dans une lettre à un jeune lieutenant ces mots :

> L'apparente farce que le *Gil* a publié hier : *On n'est pas parfait,* est sortie d'une communion fervente où j'avais demandé la Lumière, au nom de la Couronne douloureuse de Jésus-Christ (51).

C'est tout dire. Car donner du pain à manger aux âmes et, à la fois, amuser le monde qui passe, monde qui ne veut pas être trop troublé dans sa somnolence habituelle, demande, en effet, une virtuosité infuse, si on peut ainsi s'exprimer.

Le dix-huitième feuillet du brouillon, recto et verso, nous donne le conte intégral, sans changement.

Dans son journal inédit, Léon Bloy parle encore d'Edouard d'Arbourg comme inspirateur de la nouvelle histoire désobligeante, appelée primitivement *la Rançon,* et dans la rédaction définitive, *Soyons raisonnables !...* C'est une histoire effroyable de mœurs perverties et de chantage, où l'innocence paie, en victime, les péchés des autres.

Le dix-neuvième feuillet du brouillon donne le début de l'histoire seulement, jusqu'à : « Voici ce qui s'était passé. Deux jours auparavant Chaumontel avait rencontré Bardache ». Puis Léon Bloy note sur le brouillon le mot *Déponent,* qui s'applique à un genre de verbes latins qui sont, à la fois, actifs et passifs. Plus tard il fait appeler Chaumontel « mon petit Verbe Déponent » par son ancien camarade Bardache. « Bardache » serait un mot d'argot méprisant pour désigner les individus « à mœurs spéciales ».

_____

(51) Léon Bloy : *Le Mendiant ingrat,* le 16 mars 1894, p. 104.

Sans avoir épuisé les sources d'inspiration des *Histoires désobligeantes* de Léon Bloy, nos recherches, tout en éclairant un peu le fond de réalité à la base de nombreux épisodes, laissent encore certains coins dans l'obscurité de leur mystère. Mais nous espérons que les faits découverts permettront une plus grande appréciation de l'habileté du conteur qui sut tirer, des incidents ordinaires de la vie, une œuvre d'une profonde satire, sous les aspects d'une gaieté féroce.

III. - Les Histoires non-recueillies.

> On dit que Pascal voyait toujours un abîme à côté de lui... Combien sont-ils ceux pour qui la vie est réelle et qui sentent vraiment qu'ils vivent, et qu'ils sont au milieu des gouffres ?...
>
> Léon Bloy : *J. Jœrgensen et le mouvement catholique en Danemark.*

Pour compléter l'enquête que nous avons menée sur les sources des *Histoires désobligeantes,* il reste à dire un mot sur les huit histoires parues dans le *Gil Blas,* lesquelles ne furent pas réunies en volume. Deux d'entre elles, il est vrai, trouvèrent une place dans la première édition des *Histoires désobligeantes,* publiées en 1894 chez Dentu. Ce furent : *l'Appel du gouffre* et *l'Ami des bêtes,* dont la première portait le numéro XXVI et la deuxième le numéro XXXII. Les deux histoires étant des extraits de *la Femme pauvre,* laquelle avait paru en 1897, furent retirées par Léon Bloy qui ne jugea pas à propos de les maintenir dans la réimpression Crès de 1914.

La Chambre noire, publiée dans le *Gil Blas* le 19 août 1893, histoire d'appareil photographique, fut recueillie, légèrement remaniée dans *l'Exégèse des lieux communs,* sous le titre, *l'Excès en tout est un défaut.* Les précisions manquent, cependant, pour les sources de l'histoire.

Pour l'ensemble !..., paru dans le *Gil Blas* le 25 novembre 1893, fut recueilli, légèrement remanié, au VIIIe chapitre de *la Femme pauvre.* C'est le récit de l'arrivée de Clotilde, ici sans nom, chez l'artiste Gacougnol, qui porte le nom d'Aristide Caton Méjaunnissas. Léon Bloy a simplement ajouté une fin pour faire un tout de l'extrait de *la Femme pauvre,* et nous lisons :

Le peintre surpris et apitoyé, fut aussitôt saisi de cette pensée que son rire de tout à l'heure avait été l'accompagnement de ces larmes et se penchant avec émotion sur la douloureuse, *la dévisagea.*

On ne saura sans doute jamais qui était cette étrangère, car Méjaunnissas a disparu depuis ce jour si lointain déjà, et la plupart des contemporains commencent à l'oublier.

Mais je crois être sûr qu'il est devenu quelque chose comme un infirmier de lépreux dans une île fameuse du Pacifique (52).

Ces derniers mots, ne rappellent-ils pas le cri, jailli du cœur du Mendiant ingrat, dans une lettre écrite à Adèle Montchal, le 4 avril 1886 :

Je suis condamné à ce sot métier d'écrire qui n'est certes pas ma vraie vocation (...).

Si, par miracle, je devenais riche, je planterais là ma littérature et je me ferais le domestique des pauvres. Je trouverais beaucoup plus beau et plus utile de me faire cracher à la figure par un lépreux dont je panserais maladroitement les ulcères que de donner mon temps à la recherche byzantine des adjectifs et des participes (53).

*Celui qui a vendu la tête de Napoléon I*er parut dans le *Gil Blas* du 19 janvier 1894, et fut extrait du premier chapitre de *la Femme pauvre*. Il s'agit du personnage d'Isidore Chapuis que Léon Bloy fait mourir, écrasé sur la voie publique, pour donner au conte une conclusion, mais une conclusion saisissante :

Après la mort de ce personnage écrasé sur la voie publique, l'année dernière, on découvrit, au fond de sa malle, parmi des papiers sans importance, un document extraordinaire, que le commissaire de police fit aussitôt disparaître et dont la trouvaille fut soigneusement cachée.

Cette pièce datée de 71 et du Quartier Général de Sa Majesté l'Empereur d'Allemagne, contenait ces simples mots effarants :

« Reçu de Monsieur Isidore Chapuis la Tête de Napoléon *Premier*. — GUILLAUME ».

Ainsi s'explique la disparition de cette Relique précieuse qu'il serait inutile de chercher dans le deux fois triple cercueil déposé en 1840, sous le Dôme des Invalides (54).

Regain amusant à cette histoire sensationnelle : Léon Bloy consigne dans son journal du 3 avril 1894 :

On me communique un article de *la Tribune* de Chicago : *Shocking Story current on the Parisian Boulevards*. Il paraît que les marchands de cochon salé ont pris au sérieux et tiennent, désormais, pour document historique, une sorte de facétie, parue dans le *Gil Blas*, le

---

(52) Le *Gil Blas*, le 25 novembre 1893. Léon Bloy : *Pour l'ensemble...*, p. 1.

(53) Léon Bloy : *Lettres aux Montchal*, lettre à Adèle, le 14 avril 1886, p. 173.

(54) Le *Gil Blas*, le 19 janvier 1894. Léon Bloy : *Celui qui a vendu la tête de Napoléon I*er, p. 2.

19 janvier dernier, sous ce titre : *Celui qui a vendu la tête de Napoléon Ier*. J'imaginais un voyou parisien qui aurait, en 1870, livré cette Relique à l'Empereur Guillaume, ravi de l'acquisition. Faible épigramme qui a produit l'effet d'une révélation foudroyante sur les hommes graves de l'Illinois. Quel succès (55) !

L'Appel du gouffre, paru dans le *Gil Blas* du 9 février 1894, fut extrait des chapitres III et VII de *la Femme pauvre*, première partie. Essentiellement, c'est la description du logement sinistre de Clotilde et de sa mère, Madame Maréchal, qui s'appelle ici Madame Demandon, — description suivie de ses souvenirs sur le Missionnaire qui lui parle d'Eve, la « Mère des Vivants ».

L'Ami des bêtes fut publié dans le *Gil Blas* le 9 mars 1894, et, comme nous l'avons déjà signalé, parut, avec le conte précédent, dans l'édition originale des *Histoires désobligeantes*. L'histoire, formée d'extraits de *la Femme pauvre*, principalement des chapitres XIV et XV, première partie, est celle du pèlerin de la Salette, racontée à Clotilde par Marchenoir. Le conte, qui exigeait une introduction pour préparer le lecteur à l'épisode, commence par une paraphrase de ce qui a précédé :

> Eratque cum bestiis, et angeli ministrabant illi.
>
> Saint Marc, chapitre I.

Je ne sais, nous dit le Consolateur, si le nom d'histoire convient à ce que vous allez entendre. C'est plutôt un souvenir de voyage, une impression ancienne, demeurée très vive et très profonde, que je voudrais vous faire partager.

Cela s'est passé sur la montagne de la Salette, où les catholiques savent que la Vierge est apparue, en 1846, à deux enfants pauvres.

Je me trouvais donc en ce lieu de pèlerinage, et, dès le premier soir, j'avais pris avec énergie la défense d'un inconnu, l'un de mes compagnons de table d'hôte, que tous les convives plastronnaient lâchement de leurs sarcasmes dévots.

J'avais même forcé une des brutes, parmi lesquels se trouvaient deux ou trois ecclésiastiques, à lui demander pardon.

Vous savez si c'est dans ma nature de supporter que les faibles soient opprimés devant moi. Mon client était un personnage à figure triste, vêtu comme un campagnard et dont la simplicité m'avait attendri.

On se moquait de lui parce qu'il était une sorte de végétarien, n'admettant pas qu'on tuât les bêtes et s'interdisant de manger leur chair, sous quelque prétexte que ce fût. Il le disait à qui voulait l'entendre, sans que nul persiflage n'eût le pouvoir de le retenir et l'on sentait qu'il aurait donné sa vie pour cette idée (56).

---

(55) Léon Bloy : *Le Mendiant ingrat*, le 3 avril 1894, p. 108.
(56) Le *Gil Blas*, le 9 mars 1894. Léon Bloy : *L'Ami des bêtes*, p. 1.

Avec la phrase : « Le lendemain, la première personne que j'aperçus près de la fontaine miraculeuse fut mon protégé » — on retrouve l'histoire identique à l'épisode de *la Femme pauvre*, sauf l'omission de quelques phrases ici et là.

Nous savons qu'il y avait un véritable pèlerin pareil à celui de l'histoire, que Léon Bloy avait rencontré à la Salette. Il parle encore de lui dans une très belle lettre à Henry de Groux, datée du 3 décembre 1894 :

> Je retrouve en vous, avec quel attendrissement, les manières de sentir de cet homme extraordinaire que j'ai rencontré à la Salette, en 80, et que je nomme " l'Ami des bêtes ", dans mes *Histoires désobligeantes*, qui vont vous être envoyées. C'était un être sublime. J'en ai eu d'étonnantes preuves et je ne crois pas l'avoir fait plus grand qu'il n'était. Par lui, j'ai compris combien il faut être l'ami de Dieu pour aimer à ce point les animaux, dont l'homme abuse et qui souffrent par sa faute (57).

La lettre se poursuit par un passage magnifique sur l'implication des animaux dans la Chute, dans la souffrance et dans le salut éternel.

Pédagogie, parue dans le *Gil Blas* du 23 mars 1894, conte l'éducation de Clotilde et fut recueillie dans *la Femme pauvre*, chapitre XXII, première partie, sans l'introduction assez amusante que nous reproduisons ici :

> Un dévot estimable de mes amis, qui s'obstine à me traiter injurieusement de " cher maître " et que le " sombre carnaval de mes historiettes " afflige, me fait aujourd'hui l'honneur de me demander quelque chose d'*édifiant* à l'occasion du Vendredi Saint.
>
> Je l'avoue, c'est une des misères du métier que le Cardinal-Archevêque de Paris soit forcé, le plus ordinairement de choisir ailleurs qu'au milieu de nous les prédicateurs de Carême, et je n'aurais pas la témérité de blâmer, sur ce point, son Eminence. Il est, malheureusement, indubitable que nous sommes, en général, peu préparés à d'apostoliques travaux.
>
> Cependant, les instances naïves de mon client m'ont si fort ému que j'entreprends de le satisfaire. Si ce vœu préambulatoire d'étancher la soif d'un lecteur unique dégoûte les autres, je leur délivre, dès à présent, le gracieux conseil de ne pas aller plus loin.
>
> J'ai connu, il y a pas mal d'années, un ménage des plus extraordinaires. Le mari, que je ne demande pas la permission de nommer familièrement Sylvestre, était peintre, sans que personne ait jamais pu dire pourquoi.
>
> Il manquait absolument de génie, et il le savait. Mais il avait de quoi

---

(57) Léon Bloy : *Le Mendiant ingrat*, lettre à Henry de Groux, le 3 décembre 1894, p. 157.

vivre, grâces à Dieu, et le diable ne put l'empêcher de peindre. Il disait y trouver un plaisir extrême.

Cet homme avait des idées pourtant, — beaucoup plus, sans doute, qu'il n'en tient habituellement, dans la tire-lire d'un cerveau d'écraseur de tubes, — et bien des gens que désolait sa peinture lui conseillèrent d'écrire. — Je ne veux pas faire travailler les typographes ! grognait-il, nourrissant je ne sais quelle ténébreuse rancune contre cette classe de citoyens.

A 50 ans, il avait épousé par amour une petite orpheline pauvre et sans beauté, qui était bien la créature la plus douce que j'aie jamais rencontrée.

Elle était devant son mari comme devant le trône de Dieu et mourut un *vendredi saint,* sans lui avoir jamais fait la moindre peine. Date singulière que je ne puis oublier. Le malheureux Sylvestre, percé de chagrin, mourut à son tour peu de temps après.

Quand il l'avait épousée, la culture intellectuelle de la jeune femme était à peine rudimentaire... (58).

A partir de ces mots, avec quelques maniements, nous reprenons le fil de l'épisode de *la Femme pauvre,* lequel nous promène par l'art du Moyen Age et par le spectacle d'une inondation de la Loire.

Entre deux soucoupes, non-recueilli, parut dans le *Gil Blas* du 30 mars 1894. L'histoire se compose de fragments du *Salut par les Juifs* que Léon Bloy place dans la bouche des habitués du *Café du Tigre,* souvenir du *Café-Tabac du Lion,* 3, Avenue d'Orléans (actuellement Avenue du Général Leclerc), dont Léon Bloy fut le client assidu pendant tout le temps qu'il habita ce quartier, c'est-à-dire entre octobre 1893 et janvier 1899.

L'auteur suppose, alors, l'existence d'un crime qui unit deux bonshommes inséparables, habitués du café. Sa curiosité à leur sujet s'enflamme pour être déçue de la manière la plus banale, et l'histoire de se terminer :

Il y a quelques jours à peine, ayant eu l'occasion de mériter, par le moyen de quelques tournées, la reconnaissance éternelle de mes inconnus, je me hâtai de profiter de cet ascendant pour extirper le secret terrible de leur perpétuelle coalition.

— C'est papa ! me dit la figure de boucher en me désignant Reliquaire. Il est, depuis quarante ans, souffleur d'orgue à la paroisse. Il n'est pas plus israélite que le pape, et nous travaillons tous deux dans la piété (59).

All's Well That Ends Well, paru dans le *Gil Blas* du 6 avril 1894, fut recueilli dans *la Femme pauvre,* aux chapitres XVII

_____

(58) Le *Gil Blas,* 23 mars 1894. Léon Bloy : *Pédagogie,* p. 1.
(59) Le *Gil Blas,* le 30 mars 1894. Léon Bloy : *Entre deux soucoupes,* p. 1.

et XIX, première partie. L'histoire raconte l'installation de
Clotilde à la pension de Mlle Virginie Séchoir. Encore une fois,
pour faire un tout de cet épisode, Léon Bloy dut inventer une
conclusion que nous donnons ici :

> Au bout de deux mois, l'inquiétude commençant à poindre pour
> Yvonne, cette vierge surannée lui annonça tout soudain, comme une
> chose probable et dont les journaux parleraient, le mariage imminent
> du faiseur de vers.
> La nouvelle était un mensonge, mais la pauvre Bretonne, foudroyée,
> changea de pension.
> Elle est aujourd'hui à Sainte-Anne, parmi les folles silencieuses, et
> le cousin, dont les affaires, paraît-il, n'allaient plus très bien, est sur le
> point d'épouser l'abominable Séchoir elle-même.
> Comme ce sont des cœurs sensibles et visités assidûment par la
> poésie, on m'a dit que le mariage pourrait très bien se faire en Bretagne,
> dans le voisinage des flots (60).

L'allusion à la folie d'Yvonne est clairement un souvenir
de la démence de l'amie de Léon Bloy, Anne-Marie Roulé, la
Véronique Cheminot du *Désespéré*, laquelle finit ses jours à
l'asile du Bon-Sauveur, à Caen.

Remarquons que l'humour malicieux de Léon Bloy
n'éprouve pas de difficulté à trouver une fin digne de Mlle
Séchoir. D'une certaine manière, il a l'air, dirait-on, de prendre
plaisir à ces finesses d'ironie auxquelles sa plume est bien
rompue.

On ne sait pas si le titre de ce conte, le dernier de Léon
Bloy à paraître dans le *Gil Blas*, a jamais frappé par la perti-
nence de sa signification l'esprit de l'auteur. On se rappelle
qu'il fut suivi par l'article incendiaire de Léon Bloy, écrit à la
défense de Laurent Tailhade et intitulé *l'Hallali du poète*,
article qui servit de prétexte à son renvoi du *Gil Blas*.

Un dernier conte, *le Mariage de Sylvestre*, bien qu'écrit,
livré et payé, ne parut jamais dans le *Gil Blas*, puisque l'auteur
ne fit plus partie de sa rédaction. D'ailleurs, c'est un extrait de
la Femme pauvre auquel Léon Bloy donne une autonomie en
y ajoutant un début qui fait l'objet du vingt-et-unième feuillet,
le dernier, du brouillon. Il commence :

> Une dame aimable, quoique fragile, qui me fait l'honneur de s'inté-
> resser à mes authentiques récits, me presse aujourd'hui de divulguer

_____

(60) Le *Gil Blas*, le 6 avril 1894. Léon Bloy : *All's Well That Ends Well*,
p. 2.

le roman du mariage de ce Sylvestre dont j'ai notifié tout derniè-
rement l'étonnant génie de pédagogue. Elle refuse de supposer une
minute que l'aventure ait été vulgaire et me voici fort perplexe. Ayant
connu les deux êtres exceptionnels qui ont ému la curiosité de ma
cliente, l'idée seule de vulgarité me fait sourire, mais en même temps,
quoi que je fasse, comment espérer que leur histoire ne semblera pas
au premier venu de la plus cruelle banalité ?

Mon Dieu, c'est bien simple et je peux bien le déclarer à l'instant.
Sylvestre et sa femme se rencontrèrent pour la première fois dans la
rue. Gabrielle, tel était le nom de la jeune fille, ne lui suggéra tout
d'abord que le moins sublime de tous les désirs. Seulement, ce désir eut
assez de force pour le fixer instantanément et jusqu'à la mort aux jupes
d'une petite pauvresse guenilleuse qui n'avait d'autre beauté que deux
yeux immenses d'où sortaient des chaînes de bronze d'un poids infini.

Voici donc l'histoire — très désobligeante pour quelques-uns —
qui m'est demandée. Je la prends au point précis où Sylvestre l'entama,
le jour où cet expansif crut devoir me la raconter.

Ces quelques alinéas servent d'introduction à l'histoire du
mariage de Léopold et de Clotilde, repris par Léon Bloy aux
chapitres X et XI de *la Femme pauvre*, première partie.

Léon Bloy, contraint de trouver, chaque semaine, un sujet
pour une nouvelle histoire, recourait, dans son embarras, au
manuscrit de *la Femme pauvre*, pour se tirer d'affaire. Son
journal de cette période de collaboration au *Gil Blas* est par-
semé de plaintes qui laissent entrevoir sa peine. Le 8 février
1894, on y relève :

Difficulté parfois atroce de trouver chaque semaine, le sujet d'un
conte nouveau... Je mets un sac vide sur ma table et j'en tire ma
nourriture (61).

N'oublions pas que Léon Bloy ne se croyait, ne se sentit
jamais conteur, malgré l'apparent succès de ses premiers
efforts, les contes sur la guerre de 1870, réunis dans *Sueur de
Sang*. Toujours à la recherche d'un thème qui puisse procurer
au moins un minimum de nourriture spirituelle, tout en offrant
un maximum de distraction, Léon Bloy puisait parfois, comme
nous venons de le voir, dans le manuscrit de *la Femme pauvre*,
qui n'avait pas encore paru. Une fois ce livre publié, cependant, on comprend les raisons de l'auteur pour retirer ces
quelques histoires qui en avaient été extraites.

---

(61) Léon Bloy : *Le Mendiant ingrat*, le 8 février 1894, p. 103.

Chapitre IV

LE TON DES « HISTOIRES DÉSOBLIGEANTES »

I. - Le Symbolisme des thèmes et des personnages.

> ... Par derrière cet homme vulgaire
> qui passe et que nos superficielles
> critiques retroussent de bas en haut
> avec tant de facilité, il y a toujours
> un autre homme, vulgaire aussi sans
> doute aux yeux des anges, mais de
> proportions colossales, et s'appuyant
> sur l'éternité. Il est là, caché, invi-
> sible, sourd et formidable....
>
> Léon Bloy : *Fragments
> inédits sur Barbey
> d'Aurevilly.*

Avant de pénétrer dans le monde de symboles qui est celui des *Histoires désobligeantes,* il ne serait peut-être pas hors de propos de rappeler la vision qui frappait les yeux du visiteur au moment de franchir le seuil de la maison de Léon Bloy. Bien en évidence, dès l'entrée, le visiteur voyait, non sans épouvante, une série de reproductions de peintures par Félix Jenewein, intitulée la *Peste,* œuvre, paraî-il, saisissante, digne d'illustrer quelque terrible conte d'Hoffman ou d'Edgar Allan Poe. Les six tableaux hallucinants intitulés, *l'Epidémie éclate, Enterrement, Lapidation du médecin, Dissipation, Pénitence, Réconciliation,* étaient un cadeau de cet excellent ami de Léon Bloy, Joseph Florian, qui voyait chez les deux hommes une parenté d'esprit dans les thèmes que tous les deux affection-

naient. L'ambiance créée par la présence continuelle de *la
Peste*, d'où émanait des rappels de la hideur de la vie, ne put
que renforcer, si possible, la grande douleur de Léon Bloy
devant l'état déchu des créatures de Dieu. La couleur de ses
pensées avait toujours été assez sombre, il est vrai, et nous
verrons en abordant le symbolisme des histoires, que Joseph
Florian ne se trompa pas.

Dans les personnages de ses *Histoires désobligeantes* Léon
Bloy peignait surtout l'horreur de cette nuit spirituelle où il
voyait la plupart de ses contemporains sombrer avec une certaine nonchalance, voire avec une allégresse qui soulevait sa
colère de témoin de Dieu. Inondé d'amertume devant l'abomination du siècle, le poète, pour qui le monde créé était un
texte divin où il lisait sans cesse l'histoire de Dieu, essaya d'introduire dans son œuvre cette transparence par où notre
regard aussi pourrait pénétrer l'opacité des ténèbres. Pour
rendre la vue de la véritable réalité à ses contemporains, Léon
Bloy découvrit dans les *Histoires désobligeantes*, une vision
effroyable des coquins, des pervertis, de la racaille du monde
moderne qui pourrait, en choquant les sensibilités, les amener
à se reconnaître dans toute leur horreur. Car le poète ne pouvait oublier la noblesse de notre origine et le prix que chaque
âme coûta à son Dieu. Totalement orienté vers l'absolu, il voit
constamment le drame se jouer sous ses yeux de clairvoyant,
le drame entre le surnaturel divin et le surnaturel démoniaque. Arracher les âmes à leur péril, les secouer de leur torpeur, les réveiller de leur engourdissement, c'est là la tâche que
Léon Bloy s'est donnée par amour pour son Dieu et pour ses
frères. Dans les circonstances les plus banales de la vie quotidienne il perçoit toujours la grandeur, l'importance, la splendeur des âmes vivant autour de lui.

Voilà, je pense, le vrai point de vue, s'écrie-t-il. Quand je vais au
café lire les journaux ignobles ou stupides, je regarde autour de moi
les pratiquants de ce lieu, je vois leur joie bête, j'entends leurs sottises
ou leurs blasphèmes, et je me dis que je suis là, parmi des âmes immortelles qui s'ignorent, des âmes faites pour l'adoration à jamais de la
Trinité Sainte, aussi précieuses que les esprits angéliques; et quelquefois je pleure, non pas de compassion mais d'amour, en songeant que
toutes ces âmes, quelle que soit leur présente cécité, et quels que soient
les gestes apparents des corps, iront quand même, invinciblement, à
Dieu qui est leur fin nécessaire (1).

_____

(1) Léon Bloy : *Le Pèlerin de l'Absolu*, p. 391.

Mais il rappelle qu'il existe un inéluctable pendant aux promesses divines, d'où son angoisse devant l'indifférence des âmes créées à l'image de leur Dieu.

> Il y a — qu'il ne l'oublie pas ! — le ciel et l'enfer, c'est-à-dire une chance de béatitude contre dix-sept mille de malédiction et de hurlements sempiternels... (2).

Cet affamé des réalités absolues, qui voyait la gravité de chaque instant de la vie, qui devinait le symbolisme caché de tous les actes de tous les hommes, comment aurait-il pu garder le silence devant la dégénérescence de l'âme contemporaine satisfaite d'une morale médiocre ou, souvent, inexistante ? Si l'œuvre de Léon Bloy est remplie d'amertume, de véhémence, de mépris, c'est le cri, toujours le même, du Désespéré devant ce spectacle des existences bourgeoises qui veulent ignorer les joies de la vie chrétienne et qui s'enfoncent dans une médiocrité indigne de leur destinée.

Mais Léon Bloy ne fut pas seul à dénoncer la bassesse de l'esprit bourgeois. Les vitupérations des poètes et des artistes contre le petit bourgeois résonnèrent tout le long du xixe siècle. Vigny, Musset, Baudelaire, Flaubert, Villiers de l'Isle-Adam, Maupassant, Péguy — tous flétrirent la médiocrité de cette espèce terre-à-terre, complaisante et matérialiste, imperméable à la « Poésie, à l'Héroïsme, à la Sainteté ». Mais la haine de Léon Bloy pour le bourgeois, comme l'a si bien observé M. Jacques Maritain, était la haine d'un « chrétien qui haïssait le Bourgeois, c'est-à-dire pour qui sait comprendre, un des noms modernes du vieil Ennemi » (3). Celui-ci ne cherche-t-il pas à installer la créature dans une satisfaction béate des contentements faciles et médiocres ?

La haine de Léon Bloy se distingue, cependant, de celle d'un Flaubert ou d'un Maupassant; si ceux-ci méprisaient surtout le bourgeois pour son ignorance de l'art et de la littérature, Léon Bloy, tout en se ralliant à cette opinion, méprisait, par-dessus tout, le bourgeois pour son ignorance, voire pour son refus de Dieu dans sa vie. Admirons la supériorité de ses vues qui portent sur des valeurs infiniment plus élevées, qui donnent à ses cris, à ses injures, à ses ironies un prolongement vers l'intérieur, vers la vie des âmes, la seule qui, en fin de compte,

---

(2) Léon Bloy : *Le Désespéré*, p. 56.
(3) Jacques Maritain : *Quelques pages sur Léon Bloy*, p. 8.

a de l'importance. Car Léon Bloy, doué d'une intuition suraiguë du Surnaturel qui entoure et pénètre nos vies, voyait dans la foule plus que des imbéciles — il voyait des âmes précieuses en train de se damner. Ses diatribes ne sont pas pour lui jeux d'esthète, et ce n'est pas au nom de la théorie de l'art pour l'art qu'il rugit de fureur contre les bassesses et les sottises du bourgeois. Ce fut plutôt la soif dévorante du salut des âmes destinées à d'éternelles béatitudes qui poussa Léon Bloy à consacrer sa vie à crier son dégoût de cette médiocrité qui tue les âmes.

Rappelons-nous que Marchenoir avait appris très jeune, sans doute de son ami, Ernest Hello, que les événements de la vie étaient des hiéroglyphes divins d'une révélation par les symboles. Il ne se lassa jamais de répéter après Saint-Paul que nous voyons tout en énigmes par le moyen d'un miroir — *per speculum in aenigmate* (I Cor., XIII, 12). Ainsi,

cet esprit absolu avait fermement conclu du symbolisme de l'Ecriture au symbolisme universel, et il était arrivé à se persuader que tous les actes humains, de quelque nature qu'ils soient, concourent à la syntaxe infinie d'un livre insoupçonné et plein de mystères qu'on pourrait nommer le Paralipomenès de l'Evangile (4).

Transcrire le texte de cette histoire enveloppée « en une grammaire d'un possible accès » (5), était l'ambition de Marchenoir; toute son œuvre témoigne de son effort fidèle.

Plongé toute sa vie dans la contemplation continuelle de l'univers, de ses rapports mystérieux avec le visible et l'invisible, jusque dans ses profondeurs eschatologiques, Léon Bloy, en essayant de nous donner une image substantielle de ce qu'il vit, brossa, dans les *Histoires désobligeantes,* des tableaux d'une horreur monstrueuse, épouvantable. Essentiellement, ces histoires dévoilent les forces criminelles enfouies dans le cœur humain, le plus souvent, derrière une façade de vertus familiales et bourgeoises. Symboliquement, nous verrons que les actes de tous ces personnages dépravés révèlent au poète quelque chose de bien plus mystérieux où il voudrait nous faire pénétrer.

Certains thèmes, chers à Léon Bloy, et qui reviennent constamment dans toute son œuvre, se retrouvent aussi dans les *Histoires désobligeantes :* la haine du Bourgeois, l'argent,

---

(4) Léon Bloy : *Le Désespéré*, p. 99.
(5) *Id.*

les mauvais riches, les pauvres, les mœurs hypocrites, le mystère de notre identité, la Communion des Saints.

Quelques-unes des histoires se prêtent, d'une manière générale, à une classification d'après le thème ou le sentiment, en
dépit d'une diversité apparente de leurs sujets ou d'un mélange
de thèmes. C'est ainsi que nous essayerons de les grouper pour
faciliter notre examen du symbolisme qui s'y cache.

II. - Le Thème de l'argent.

> Le Sang du Pauvre, c'est l'argent.
> On en vit et on en meurt depuis des
> siècles...
>
> Léon Bloy : *Le Sang du
> Pauvre.*

La réflexion sur l'horreur indicible du vice de l'avarice, du culte de l'argent, relie plusieurs histoires entre elles. L'idée du symbolisme de l'argent est, d'ailleurs, l'une des plus chères à Léon Bloy; on la retrouve fréquemment à travers toute son œuvre. C'est une idée, ou plutôt une intuition, assez enveloppée et que M. Albert Béguin a, peut-être, le plus clairement exposée dans son livre intitulé *Léon Bloy l'impatient.* En un mot, l'argent symbolise, pour Léon Bloy, le sang du Christ versé sur la croix, pour tout racheter, de même qu'il symbolise la substance ou le sang des pauvres sur la terre; ce sont, en effet, leurs vies, leurs peines qui « paient la consolation » des riches. La difficulté apparaît quand on essaie d'expliquer comment l'argent, qui désigne Dieu, peut, en même temps, se trouver revêtu d'une malédiction. Mais pour le poète il n'y a de paradoxe ici que pour l'homme moderne qui, ayant perdu sa foi, a perdu aussi l'intelligence des symboles. Son incompréhension indique quelque chose de plus grave qu'une simple incapacité à déchiffrer le symbole,

...car, étant fermeture de l'âme à la lumière, nous explique Albert Béguin, et donc privation de la Foi, qui seule donne vie à l'esprit, cet acte dissocie *effectivement,* — et non seulement dans la conscience, — le symbole de ce qu'il symbolise. Il se produit une *réelle* déchirure, une séparation fatale de l'un et de l'autre. Dès l'instant où l'on est sorti de la Foi, le symbole devient impénétrable, et cela revient à dire qu'il se met à exister pour lui-même, sans qu'il soit possible d'aller à travers lui jusqu'à la Réalité à laquelle il correspond...

Mais l'homme sans la foi, désormais incapable de retrouver la réalité invisible dans le symbole, — incapable de découvrir Dieu dans sa Parole aussi bien que dans sa Création, nature ou histoire, — court à ce qui n'est plus que simulacre et se met à l'adorer. Ainsi naît la mortelle idolâtrie (6).

La pénétration intuitive du poète voit aussi, à travers le symbolisme, les riches, les idolâtres, « manger de l'argent », c'est-à-dire dévorer la substance, le sang des pauvres, le « peuple de Dieu », dont la vie, quoique souvent à leur insu, est une « imitation involontaire mais valable de la Passion du Christ » (7).

Sans nous attarder plus longtemps sur le symbolisme difficile de l'argent, examinons quelques-unes des *Histoires désobligeantes* où la condamnation de son scandale est la plus accessible.

La Religion de M. Pleur nous présente un vieil avare d'une abomination inimaginable, crasseux, guenilleux, méprisable, devant qui s'enfuyaient même les ruisseaux fangeux des rues. L'odieux M. Pleur, possesseur de quelques maisons d'un rapport élevé et d'une vaste fortune, est découvert, un jour, assassiné dans son réduit. Les assassins, toutefois, malgré des fouilles consciencieuses de la tanière du défunt n'avaient pu trouver le moindre trésor. Il fut établi plus tard que l'avare ne possédait rien « sinon l'intendance viagère et l'usufruit d'une fortune gigantesque », ce qui posa la question de l'usage des sommes considérables qui avaient passé par ses mains. Son secret, il l'avait confié, un jour, à son jeune ami, à qui il avait expliqué que « l'Argent est Dieu et que c'est pour cette raison que les hommes le recherchent avec tant d'ardeur ». Lui, le pauvre volontaire, dépouillé de tout, vivant dans la plus grande misère, ne se sentait pas digne de toucher à l'Argent, encore moins de le détenir pour lui seul. Ainsi, avait-il découvert la « cachette, infiniment sûre, dont aucun avare avant moi, ne s'était encore avisé : *J'enfouis mon Argent dans le Sein des Pauvres* ».

Sans ces quelques mots d'analyse préliminaire de l'intuition du symbolisme de l'argent chez Léon Bloy, on comprendrait difficilement les paroles de M. Pleur, tout enveloppées qu'elles sont de déconcertantes similitudes. On serait peut-être tenté d'attribuer une intention du plus froid cynisme, même de

(6) Albert Béguin : *Léon Bloy l'impatient*, pp. 107-108.
(7) *Ibid.*, p. 110.

sacrilège, à un auteur qui ose mélanger si librement les grossièretés d'un avare malpropre aux Paroles Divines.

> ...Je ne passe pas un jour sans demander, dit-il, que Son Règne
> arrive et que Son nom soit sanctifié.
>
> Je demande aussi à l'Argent mon Rédempteur, qu'Il me délivre
> de tout mal, de tout péché, des pièges du diable, de l'esprit de forni-
> cation, et je L'implore par Ses langueurs aussi bien que par Ses joies
> et par Sa gloire.

Il faut comprendre, cependant, que la raison d'être de
M. Pleur réside, précisément, dans tout ce déploiement d'un
symbolisme qu'il anime. Il n'est rien de moins que le porte-
parole de l'auteur qui s'identifie, d'ailleurs, au personnage de
l'avare, comme nous l'avons déjà vu dans la lettre de Léon
Bloy à Adèle Montchal, en date du 23 mai 1886 (8). M. Pleur,
qualifié ici de « pénitent de l'Argent », parodie, si l'on veut,
le « pèlerin du Saint-Tombeau », un des titres que Léon Bloy
s'est souvent décerné.

Pour M. Pleur, dont l'âme est ouverte à la lumière d'en
haut, animée d'une Foi vivante à chaque moment de sa vie,
l'union du symbole et de ce qu'il traduit reste si étroite qu'il
ne voit jamais l'un sans voir en même temps la réalité à
laquelle il correspond. Et la leçon qui se dégage des paroles
de ce saint méconnu, c'est qu'il ne faut jamais fausser l'usage
de l'Argent, le Sang du Christ, en l'avilissant, en le retenant,
en le dissipant puisqu'en vérité, il appartient à tous et que tous
en ont besoin, les pauvres aussi bien que les riches. Car Dieu
est le Dieu de tous, tout autant des riches que des pauvres.
C'est bien la même pensée que Léon Bloy exprime si admira-
blement mais avec moins de subtilité dans une lettre à son ami,
le poète Jehan Rictus :

> Jésus est venu pour les pauvres, dites-vous. Hé ! sans doute, mais
> il est venu pour les riches, aussi, afin qu'ils se fissent pauvres par
> amour, et vous ne pouvez pas ignorer que des centaines de milliers de
> saints ont obéi. Jésus est venu pour les âmes, voilà ce qu'il faut dire (9).

M. Pleur, idéal de l'auteur, est un mauvais riche, infidèle
à sa mission, puisque Léon Bloy dira dans le Sang du Pauvre :

> Le mauvais riche est celui qui donne et qui, à force de donner,
> devient un pauvre, " un homme de désir " (10).

---

(8) Cf. chapitre précédent.
(9) Léon Bloy : Quatre Ans de Captivité à Cochons-sur-Marne, le 26 février 1901, p. 57.
(10) Léon Bloy : Le Sang du Pauvre : le Désir des pauvres, p. 69.

C'est un avare mystique, si on veut, celui qui a suivi à la lettre les Saintes Paroles :

> Vendez et donnez, renoncez à tout ce que vous possédez, ...paroles strictes et ineffaçables, dit le Pèlerin de l'Absolu, que la lâcheté chrétienne, les jugeant trop héroïques, s'efforce de raturer sacrilègement au moyen de l'ignoble et jésuitique distinction du *précepte* et du *conseil* qui met l'Evangile dans la boue depuis trois cents ans (11).

Léon Bloy prévoyait que de pareils sentiments, si exigeants dans leur absolu, le feraient accuser de révolte et d'anarchie. Car, effectivement, ce qu'il demande c'est que les riches — tous les riches — renoncent à leurs richesses pour que

> l'Evangile s'accomplisse et que le Royaume du Pauvre soit constitué. C'est celui-là et non pas un autre qui est demandé dans l'Oraison Dominicale : *Adveniat regnum tuum* (12).

Mais encore faut-il rappeler ici l'établissement de Léon Bloy dans l'Absolu, son incompréhension totale du domaine du Relatif, conséquence de la Chute, et l'impossibilité pour lui de se dire disciple de Jésus sans radicalement tout abandonner. Ce ne sont pas des mots vains, de la rhétorique, une attitude de la part du Pèlerin de l'Absolu. L'exemple de sa vie est là pour nous convaincre, si besoin est, de la profonde sincérité de ses paroles.

Ne nous trompons pas, pourtant, sur le sens de sa condamnation des riches. Le Pèlerin de l'Absolu est loin de souhaiter l'instauration d'une égalité matérielle ou d'un monde d'où la pauvreté serait bannie ! On n'a qu'à se rappeler son indignation contre le Code Napoléon

> où l'inexistence du pauvre est supposée. On n'avait jamais vu cela dans aucune législation chrétienne. Le pauvre avait toujours sa place, quelquefois même la place d'honneur qui est toujours la sienne (13).

Ce qui importe à Léon Bloy — et seul lui importe —, c'est que les âmes cherchent à connaître et à aimer Dieu, qu'elles arrivent à cette fin en acceptant la Douleur et en y participant. Car c'est en souffrant, en se configurant à leur Sauveur qui a tout enduré pour elles, que les âmes fidèles peuvent abréger l'agonie de Jésus renouvelée dans ses membres jusqu'à ce que tout ce qui manque soit accompli.

---

(11) *Ibid., Conclusion*, pp. 226-227.
(12) *Ibid.*, p. 226.
(13) *Ibid., La Carte future*, p. 31.

Ainsi dégagé du symbolisme dont il est revêtu, M. Pleur se révèle un modèle du chrétien absolu, à l'image d'un Saint Benoît-Joseph Labre, qui supporte pour son Dieu

d'être méprisé par les hommes, d'épouvanter jusqu'aux bêtes et d'être crucifié tous les jours de (sa) vie par la plus épouvantable misère...

Avant de passer à une autre explication du thème de l'argent chez le Mendiant ingrat, il n'est peut-être pas sans intérêt de noter que cette même assimilation de l'argent au Sang du Christ se trouve dans *la Vie de Mélanie, Bergère de la Salette, écrite par elle-même* et publiée en 1911, avec une introduction par Léon Bloy. Les paroles qui nous intéressent furent attribuées par Mélanie à son « très doux Frère », Jésus, qui, en toute simplicité, joua un air sur le sifflet de la petite bergère, air qu'il traduisit ainsi pour elle : « Je te salue pour mes frères, ô sang immaculé de l'Homme Dieu, monnaie précieuse du rachat des pécheurs » (14). Même équivalence brièvement constatée et dont l'intuition de Léon Bloy s'était emparé plus tôt pour lui donner des prolongements fulgurants dans son œuvre.

Les conséquences néfastes de la possession des richesses constituent le thème de *la Taie d'argent*, celui de ses contes que Léon Bloy préférait. Cette histoire, visiblement inspirée dans ses données du conte cruel intitulé *Vox populi*, par Villiers de l'Isle-Adam, mais dans une autre perspective, raconte la métamorphose d'un mendiant *clairvoyant* en personnage aveugle. Le mendiant avait l'habitude de débiter son chant monotone sous le porche de l'église de Saint Isidore-le-Laboureur, saint peu connu et rencontré, sans doute, par Léon Bloy dans la biographie d'Anne-Catherine Emmerich — saint, d'ailleurs, qui ne pouvait pas manquer de plaire à Léon Bloy par son esprit de prière constante et par son dénuement volontaire; la visionnaire de Dulmen nous apprend, en effet, que Saint Isidore et sa femme qui labouraient la terre ensemble,

donnaient tout aux pauvres, que souvent ils n'avaient presque plus rien au logis, qu'alors, pleins de confiance en Dieu, ils cherchaient encore et trouvaient d'abondantes provisions (15).

---

(14) Léon Bloy : *Vie de Mélanie, Bergère de la Salette, écrite par elle-même*, p. 144.
(15) Père K. E. Schmoeger : *Vie d'Anne-Catherine Emmerich*, vol. III, p. 338.

Le nom de l'église est ainsi bien choisi pour le cadre de l'histoire.

Le refrain de notre mendiant, « Ayez pitié d'un pauvre clairvoyant, s'il vous plaît », suggère tout de suite l'affliction étrange dont il souffrait. Réduit, après une catastrophe financière, à demander l'aumône, il vieillissait à la porte de l'église, tout en voyant chaque année de plus en plus clair. Résultat : les « aumônes diminuaient à proportion ». Son état précaire l'aurait certainement entraîné à la mort sans l'arrivée imprévue d'un héritage, venu d'un petit-neveu d'Amérique. Sur quoi, l'ex-mendiant se mit à faire la noce,

perdit toute clairvoyance et devint même complètement sourd.
Ne vivant plus que pour se rincer les tripes, il était enfin délivré du monde extérieur par *la Taie d'argent*.

Le symbolisme est assez direct sans commentaire. C'est l'aveugle, pauvre et souffrant, qui vit clair à cause de la transparence de son âme que n'alourdit pas le poids des biens terrestres, à l'encontre du riche qui, malgré la possession de la vue, ne connaît que les « joies précieuses de la cécité », à cause de l'opacité de son âme obstruée par la fortune, imperméable à la Lumière. Et le véritable aveugle, contre qui est dirigée l'histoire, c'est le riche ou le petit bourgeois enrichi, égoïste, suffisant, dont l'avarice tue le pauvre.

Ne pas aimer, ne pas donner, ne pas voir, ne pas comprendre et, tant qu'on peut, faire souffrir ! Juste le contraire du *Nolite conformari huic saeculo* (16).

Voici, en essence, l'esprit épouvantable de ses contemporains que le Mendiant ingrat condamne avec toute la véhémence de son indignation. N'est-ce pas le cri prolongé, renforcé d'un autre poète qui s'était plaint hautement de cette même indifférence aveugle de l'époque :

Celui qui devine est celui qui aime...
Celui qui aime la grandeur et qui aime l'abandonné, quand il passera à côté de l'abandonné, reconnaîtra la grandeur, si la grandeur est là (17).

Celui qui devine est bien celui qui aime, car l'amour rend clairvoyant. Mais la clairvoyance, dont le prix semble trop

---

(16) Léon Bloy : *Le Sang du Pauvre* : *L'Hallali*, p. 14.
(17) Ernest Hello : *L'Homme. Le Sphinx*, p. 123.

élevé aux hommes, n'est acquise que par la Souffrance et par
l'Amour, les deux talismans par lesquels on s'approche de
Dieu. En fin de compte, n'est-ce pas le refus de souffrir, le refus
d'aimer, en somme, le refus de Dieu de la part du mendiant
que condamne l'auteur, et qui le rejette dans les ténèbres où
il préfère tâtonner, comme la plupart de ses contemporains ?

Le culte de l'argent est également à la base de l'intrigue
du *Passé du monsieur*, enveloppé cette fois dans les péripéties
d'une histoire moins visiblement entremêlée de symbolisme.
C'est l'histoire de la pitoyable Justine D. qui espérait éperdument épouser l'indécis Narcisse Lépinoche, mais qui se trouva
dans l'obligation de réparer d'abord la fortune de la famille,
ruinée par un père malchanceux. Pas plus heureuse, Justine
perdit en spéculations des sommes énormes, souvent volées à
de pauvres gens ou soutirées à d'anciens amis. Affolée par
l'énormité de ses crimes, elle raconte sur son lit de mort, la
tragédie de sa vie et supplie l'auteur de persuader son très
riche oncle Tiburce de rembourser les victimes de ses tromperies et de sauver l'honneur de la famille. Il n'y a guère besoin
de souligner l'indifférence de l'oncle et son refus de faire quoi
que ce soit dans les intérêts naturels ou surnaturels de sa nièce.

Riche et avare, il a substitué au culte du vrai Dieu le culte
de son dieu à lui, visible et tout puissant, de qui il ne voudrait
se séparer pour rien au monde. Aveugle, comme l'ex-mendiant
que nous venons de quitter, il ne voit plus les autres hommes,
surtout pas ceux qui sont dans le besoin, et encore moins voit-il
les besoins d'un être invisible. « Celui qui devine est celui qui
aime » répète le poète, mais c'est précisément cela que le bourgeois ne veut pas faire — aimer son prochain, aimer Dieu en
ses créatures. C'est encore le refus de voir, le refus d'aimer,
de l'homme moderne qui s'est retranché dans son égoïsme
derrière une façade hypocrite d'honorabilité. L'oncle Tiburce
représente le type de médiocrité bourgeoise qui soulève une
indignation sans bornes dans le cœur du « Justicier obéissant »,
qui pénètre toute la tragédie du renversement des valeurs
morales et sociales, depuis la perte de la Foi jusqu'au plus
brutal reniement du pauvre.

Que dire de la lamentable Justine, poussée par un amour
insensé à commettre des crimes et désirant la mort de son
oncle afin que l'héritage espéré permette son mariage ? Et de
Narcisse Lépinoche, égoïste, intéressé, invoquant la prudence
d'attendre le legs de l'oncle Tiburce pour épouser Justine et
s'assurant ainsi sa liberté de « jeter le filet quelque temps

encore » ? Pauvres égarés pris dans les pièges de Satan, refusant de souffrir, de se faire violence, ne croyant pas en Dieu ni à leurs âmes immortelles, vivant dans un monde réglé par la puissance d'un métal sordide. C'est bien l'histoire de la tragédie des âmes de l'époque qui ont rejeté leur parenté royale de fils de Dieu pour lui préférer le Prince des Ténèbres. La pitié du Pèlerin de l'Absolu n'éteint pas sa colère, dit-il, au spectacle de ces créatures censées chrétiennes, enfants privilégiés de leur Dieu, qui sont

descendus volontairement dans les Lieux sombres, au-dessous des hérétiques et des infidèles, avec leurs parures du festin des Noces, pour y baiser amoureusement d'épouvantables Idoles (18).

Quoique l'histoire de *la Dernière Cuite* soit, au fond, une sorte d'imprécation contre l'ingéniosité diabolique du Crématoire, les données de l'intrigue restent, néanmoins, dans le domaine de la grossière hypocrisie bourgeoise fondée sur l'égoïsme et le culte de l'argent.

Monsieur Fiacre-Prétextat Labalbarie s'étant retiré des affaires des pompes funèbres, consacre ses derniers jours à la consolation des riches pour qui la mort est si redoutable : il invente, avec l'aide de quelques autres « incinérateurs », le crématoire. Bientôt après, il meurt. C'est alors que Dieudonné Labalbarie, digne fils de son père, se révèle dans toute la monstruosité de son âme. Produit de son siècle, il a su très jeune que « le temps c'est de l'argent » et ne se dépensait pas en vains enthousiasmes ou en attendrissements puérils. Tout était prévu, tout arrangé dans sa vie, avec méthode. Aussi, à la mort de son père, tout fut rapidement expédié, jusqu'à la cérémonie terrifiante de la « chambre ardente ». Lorsqu'au moment de plonger la bière contenant le cadavre de son père dans le four Dieudonné et les deux « incinérateurs » entendent un bruit à l'intérieur de la bière, l'hésitation momentanée des deux hommes met en furie Dieudonné qui hurle son impatience d'en finir. Réitérant que « c'est le corps qui se vide », il plante une liasse de billets de banque dans la main du plus proche. Et, ultime horreur, — Dieudonné aperçoit par la porte du four les derniers gestes désespérés de son père.

C'est une histoire bien plus effroyable que celles d'Edgar Allan Poe au sujet des enterrés vivants, puisqu'ici nous avons

_____

(18) Léon Bloy : *Le Sang du Pauvre. L'Hallali*, p. 14.

l'image de la dégradation d'une âme, exposée dans tout son cynisme insolent. Les faits extérieurs, en dépit de leur noirceur affreuse, ne sont, toutefois, que les pâles reflets d'un monde intérieur mille fois plus noir, où la volonté est pervertie et entraînée pour servir le Démon.

Dieudonné Labalbarie serait bien le frère jumeau de Don Juan Belvidéro de l'*Elixir de longue vie* de Balzac. On se rappelle que Don Juan aussi aurait pu rendre la vie à son père et que, effrayé à la possibilité de le faire ressusciter, il préféra écraser les signes de vie produits par l'élixir. Don Juan et Dieudonné, tous deux parricides, passent, cependant, pour des fils pieux et respectables, car leurs vies sont masquées par toutes les convenances extérieures qu'exige le protocole mondain. On saisit sans difficulté le procès que les deux écrivains font au mensonge indicible de la vie d'un monde où Dieu n'a pas de place. Mais Balzac ne cherche pas, comme Léon Bloy, à diriger, par ses observations accusatrices, vers l'idéal d'une vie surnaturelle. Pour Léon Bloy, les crimes qu'il découvre en arrachant les masques de ses contemporains sont les signes irrécusables du règne du Démon dans les âmes. Comment expliquer l'horreur, l'ignoble médiocrité, le scandale de ces vies hypocrites sans l'intervention de Satan et de ses suppléants ? Partout le mensonge, et le meurtre (que ce soit en pensée, en désir ou en fait) — deux critères infaillibles de la présence de Satan, réalité que le poète clairvoyant essaie de traduire sous forme littéraire pour réveiller les dormants de leur lourd sommeil.

Pour revenir à M. Labalbarie, père, il représente encore pour Léon Bloy cette puissance commerciale du petit bourgeois parvenu qui exploite l'« utilité des pauvres » et qui leur refuse toute atténuation de leur misère. Avec quelle ironie tranchante le poète souligne-t-il l'immense angoisse des riches devant la mort ! Et nous remarquons le retour au symbolisme rencontré plus haut :

La mort n'est que la séparation d'avec l'Argent. Ceux qui n'en ont pas n'ont pas la vie et, dès lors, ne sauraient mourir.

Pensées plus profondes que M. Labalbarie ne supposait, dit l'auteur. Car la vraie mort est bien la séparation d'avec Dieu, dont l'Argent est le symbole, et ceux qui en sont privés n'ont pas de vie. C'est justement cette transcription du monde visible en monde invisible qui fait le caractère constant de toute l'œuvre de Léon Bloy qui voit que

tout ce qui s'accomplit extérieurement, n'est qu'une apparence, — un reflet énigmatique, *per speculum*, — de ce qui s'accomplit dans l'Invisible (19).

Souvenons-nous que toutes ces figures démoniaques dont nous voyons ici le défilé par la vision du poète, ne sont pas entièrement des inventions de son imagination. Elles sont plutôt les prolongements dans l'invisible des expériences, des rencontres du poète dans le visible. Les formes, les paroles, les actes des personnages ne sont que des similitudes pleines de mystère, les symboles d'une révélation intérieure plus profonde, plus tragique et, surtout, plus réelle.

L'histoire d'*Une Recrue*, désespéré, pathétique dans ses mobiles peu voilés, présente un tableau de l'extrême misère réduite à se joindre aux forces anarchiques pour faire vivre les siens. On devine facilement les traits de l'auteur sous les guenilles du malheureux, trop tendre pour frapper, un jour d'hiver, un renard misérable aux abois. Plus tard, s'abritant d'une pluie hivernale, le mendiant, à bout de forces et de courage, se trouve lorgné par un inconnu à deux pas de lui, sous la même porte cochère. L'anarchiste, car c'en est un, s'y connaît en recrues et ne tarde pas à toucher du doigt les plaies du famélique. Il finit par lui offrir un billet de cent francs pour régaler sa famille et, en même temps, une invitation à venir le chercher le lendemain. On comprend sans peine qu'une « affaire de grande importance » les appelle, tous les deux, à Barcelone, le lendemain soir.

Nul écrivain mieux que Léon Bloy n'aurait su donner à un tel récit le ton de fatigue démesurée, de courage trahi, d'espoirs déçus. Tout jeune, il avait connu à Paris les refus des bourgeois et les avanies des riches. Toute sa vie, d'ailleurs, il fut aux prises avec l'endurcissement de cœur de ses contemporains, surtout les riches, avec leurs égoïsmes, leur avarice, leur haine du pauvre. Fermés aux appels de la charité, de la miséricorde, les riches attisent les haines des désespérés pour provoquer des catastrophes qu'attendent toujours les forces du mal, à la recherche patiente d'ouvriers volontaires. Contre le mauvais vouloir de l'homme qui lui mérite les déchaînements de haine du désespéré, Léon Bloy ne cessera jamais de voci-

---

(19) Léon Bloy : *Le Mendiant ingrat*, le 4 juillet 1895, p. 195.

férer, appelant, souhaitant de toutes ses forces, un renversement universel qui sera la manifestation visible de la colère
de Dieu. Car, en fin de compte, c'est toujours le même cri
exacerbé qui sort du cœur du poète : Dieu est absent de la
pensée des contemporains et le désastre des âmes est complet.
Dieu est oublié quand il n'est pas méprisé. « Dieu avait chassé
l'homme du paradis terrestre. L'homme aujourd'hui chasse
Dieu de toute la terre » (20). Nous avons déjà entendu les
menaces de Marchenoir devant les cupidités d'un monde foncièrement corrompu. Mais le poète, le clairvoyant, consterné par
la méchanceté sans bornes des hommes qui provoquent la
Bonté suprême pour défier sa Colère, revendique souvent une
Justice violente, apocalyptique. Lui qui voit les événements,
les actes des hommes *sub specie aeternitatis*, pénètre toute la
tragédie de leur horreur et attend impatiemment, voire *appelle*
le Cataclysme final pour remettre tout à sa place — pour en
finir avec les abominations des hommes et délivrer les victimes
des ignominies sans nom, endurées depuis un temps immémo-
rial. Tourmenté d'un besoin de justice, rempli de mépris pour
ce monde d'incroyants, Marchenoir prévient que

rien ne saurait être trop beau, car ce sera le Jour de Dieu — enfin ! —
attendu, des milliers d'années, dans les ergastules, dans les bagnes, dans
les tombeaux; le jour de la dérision en retour, de la Dérision grande
comme les cieux que le Saint Livre nomme la Subsunnation divine. Ce
sera la vraie fête de charité, présidée par la Charité en Personne, par
le Vagabond redoutable dont il est écrit que nul ne connaît ses voies,
qui n'a de comptes à rendre à personne, et qui va où il lui plaît d'aller.
Ce sera tout de bon la fête des pauvres, la fête pour les pauvres, sans
attente ni déception. En un clin d'œil ils recueilleront eux-mêmes, sans
intermédiaires, tout ce que les riches peuvent donner en s'amusant et
encore bien au-delà, prodigieusement et à jamais. Pour ce qui est de
l'incendie qui terminera le gala, il n'y a de créature, fut-ce un archange,
qui pourrait en dire un seul mot (21).

Toujours dans le cadre de cette misère avilissante, *Un
Homme bien nourri* se rattache par son thème à ces quelques
histoires axées sur l'égoïsme et l'avarice des fortunés sans
cœur qui ne veulent rien savoir des conditions inhumaines où
vivent leurs frères. Un sarcasme des plus acerbes revêt ici des
souvenirs personnels de la vie de l'auteur qui avait connu, de
première main, les jeûnes prolongés, imposés par une misère

---

(20) Léon Bloy : *Le Vieux de la Montagne*, le 25 décembre 1909, p. 295.
(21) Léon Bloy : *Le Sang du Pauvre. La Dérision homicide*, p. 124.

effroyable. Toute l'allégorie, d'une ironie féroce qui dit une chose tout en pensant une autre, s'étale ici pour railler la charité magnanime des riches à qui Prosper Venard aurait demandé la plus insignifiante aumône. Prosper Venard, artiste méconnu, comme l'auteur, et dont les polychromies d'une beauté lumineuse étaient invendables, n'avait pensé qu'à manger. Enfin, mort de langueur, d'après l'étrange affirmation du chef de service à l'hôpital, il laissa une légende d'une fringale à effrayer les capacités d'un Gargantua. Sans effort le lecteur pénètre le retournement des vérités, toute l'hypocrisie contemporaine de cette fausse charité qui cherche à se laver les mains de toute responsabilité à l'égard de son frère. La plume désobligeante de Léon Bloy n'hésite jamais à reprendre les rebuffades proférées par les soi-disant amis ou des confrères à qui, en sa détresse, il avait fait appel. C'est ainsi que certaines mesquineries qui avaient particulièrement blessé le Mendiant ingrat se retrouvent ressuscitées dans ces histoires, exemples de l'imposture morale et sociale pratiquée par le monde moderne.

L'attitude de Léon Bloy envers la mendicité scandalisa et scandalise encore beaucoup de monde. Cependant, si l'on considère de plus près l'intuition du poète sur ce point, on est frappé par la justesse de sa pénétration.

Léon Bloy dut accepter la charité des aumônes pendant la plus grande partie de sa vie. Il l'admit, en toute franchise. Qu'il soit dit tout de suite, pourtant, que maintes fois il avait essayé d'autres formes de travail quand ses écrits ne lui apportaient pas les moyens de faire face aux besoins de la vie quotidienne. Mais c'était toujours un travail provisoire qui ne pouvait pas subvenir indéfiniment aux besoins de sa famille. Doué des richesses d'une langue sans pareille, d'une puissance verbale extraordinaire, Marchenoir, en abaissant la qualité de sa pensée, en se conformant aux goûts de l'époque, aurait pu s'assurer la fortune, la renommée, la gloire. Ayant refusé de trahir la vérité qu'il se sentait la mission de rappeler à ses contemporains, il fit, au contraire, le « choix *libre* d'une existence épouvantable... une sorte d'idée gothique et lointaine qui n'obtient pas facilement audience » (22).

Ce pauvre volontaire qui obéissait à un ordre de sa conscience, ne tarde pas à nous découvrir l'argument mystique

---

(22) Léon Bloy : *Mon Journal.* Lettre à Séverine, le 24 juin 1897, p. 253.

de la mendicité. Dans ce bas monde où, depuis la Chute, rien
n'est à sa place, où nous ne voyons que *per speculum in aenigmate*, le pauvre qui reçoit est, en vérité, celui qui donne — car
il donne l'occasion de recevoir, sur le plan divin, la grâce, les
trésors surnaturels, plus réels, plus substantiels que leurs simulacres qui s'échangent sur la terre. Ainsi, peut-on comprendre
l'intuition profonde du poète, établi dans l'Absolu, quand il
écrit à un inconnu qui lui avait envoyé vingt francs :

> ...Je ne vous remercierai pas, d'abord parce que vous me dites
> que cela vous ferait de la peine, ensuite parce que je ne sais pas
> remercier. Quand on fait quelque chose pour moi, je FELICITE la
> personne, quelle qu'elle soit, qui a eu ce mouvement charitable,
> persuadé que c'est une grâce précieuse qu'elle a reçue. Vous devez
> comprendre ma pensée, cher monsieur. C'est un grand honneur et un
> grand bonheur d'être appelé à réparer dans une mesure quelconque
> l'injustice énorme que j'endure (23).

A part l'échange mystique qui se fait ainsi par un acte de
charité, le poète voit aussi, d'après les paroles de l'Evangile,
le devoir du riche de secourir le pauvre, et qui plus est, le droit
du pauvre d'attendre l'intervention du riche. Les imprécations,
les malédictions du Mendiant ingrat sur un monde adonné à
ses plaisirs égoïstes, fermé aux cris du pauvre, proviennent
justement de cette défiguration des paroles du Christ qui trans-
formeraient les cœurs des hommes, mais qui, hélas ! n'ont pas
été écoutées. C'est toujours le manque d'Amour parmi les soi-
disant chrétiens qui empêche le symbole argenté du Sang du
Christ de circuler et qui prolonge les souffrances des pauvres
dans une condition sans espoir.

De l'angoisse de ses propres expériences, Léon Bloy put
affirmer que le

> vrai fond de toutes ces douleurs, c'est la misère, dans un état social où
> l'argent a cette puissance mystérieuse de tout donner, jusqu'aux choses
> que les rêveurs croient inachetables, puisque l'Evangile nous enseigne
> qu'on peut acquérir le royaume des cieux, en se dépouillant pour les
> indigents. Il est vrai que l'Amour est indispensable pour déterminer
> à une telle action et je conviens que ce n'est pas une denrée fort
> commune... (24).

Poursuivant toujours le thème de la pauvreté dans leurs
réflexions préliminaires, les *Propos digestifs* se rattachent au

---

(23) Léon Bloy : *L'Invendable*, le 24 novembre 1904, p. 276.
(24) Léon Bloy : *Lettres à Georges Khnopff*, le 3 mars 1887, p. 14.

groupe des *Histoires désobligeantes* qui démasquent la charité hypocrite de la société moderne. Ils nous présentent, réunis « chez l'éblouissante vidamesse du Fondement », des personnalités en vue, dites d'élite, qui, ayant dégusté un repas copieux, décident « d'en finir avec les pauvres ». L'occasion est belle et Léon Bloy en profite pour faire ressortir la plus belle ironie dirigée contre les convives, connus de lui dans la vie, et dont il méprise, effectivement, l'inanité des attitudes prétentieuses. La cruauté des considérations proférées par les invités, bien que recouverte d'une satire évidente, nous suggère encore l'angoisse douloureuse que Léon Bloy avait éprouvée pendant des années dans la compagnie intime de la misère. Lui qui en savait les affres en pouvait parler ! La pauvreté fut au centre de sa vie, mais encore, choisie librement par le Mendiant ingrat qui, sur un autre plan, appréciait la liberté, cette transparence d'âme, qu'elle confère à ses élus et à laquelle très peu s'intéressaient. Mais ici, ce sont encore les boutades des hommes qui ne savaient et qui ne voulaient rien savoir, même de l'esprit de la pauvreté. Marchenoir, dont l'expérience avait fait un adepte de ses arcanes, savait bien que

tout *homme du monde* — qu'il le sache ou qu'il l'ignore, — porte en soi le mépris absolu de la Pauvreté, et tel est le profond secret de l'HONNEUR, qui est la pierre d'angle des oligarchies.

. . . .

Mais l'opprobre de la misère, poursuit-il, est absolument indicible, parce qu'elle est, au fond, l'unique souillure et le seul péché. C'est une coulpe si démesurée que le Seigneur Dieu l'a choisie pour sienne quand il s'est fait homme pour tout assumer.

Il a voulu qu'on le nommât, par excellence le Pauvre et le Dieu des pauvres (25).

Retranchés dans leurs certitudes, se reposant dans la sécurité des fortunes gagnées souvent ignoblement, fermés à toute compassion pour les faibles, pour les malheureux de la terre, de tels spécimens de la médiocrité du siècle soulevèrent toujours la réprobation de Léon Bloy. Méprisant leurs frères, ils méprisaient en même temps en eux la présence de leur Dieu, à l'image de qui tous sont faits et à qui tous sont destinés à ressembler. Mais justement, cette solidarité universelle nous est cachée par le mensonge social qu'ici le poète démasque et condamne. Si les propos sont désobligeants, ils restent, néan-

---

(25) Léon Bloy : *Le Désespéré,* p. 253.

moins, très loin de l'horreur des faits nourris et encouragés par la vanité du monde moderne.

Le déchiffrement des mystères de l'argent, de la pauvreté, de la mendicité constitue le fond sur lequel se détache la signification de ces quelques *Histoires désobligeantes,* fond qui se trouve, d'ailleurs, au cœur de la pensée et de l'œuvre de Léon Bloy.

> Vous avez *su* voir, écrit-il dans une belle lettre à Bernard Lazare, que le Pauvre était le fond de ma pensée, le captif adoré de mon solitaire donjon...
>
> Le fait est que je n'ai pas autre chose à dire. Les Juifs et les Chrétiens, liseurs charnels d'un Livre effroyablement symbolique, vivent tous, depuis quarante siècles, sur l'illusion d'un Dieu magnifique et omnipotent. Je pense, au contraire, qu'il faut tout quitter, tout *vendre,* pour faire l'aumône à ce Seigneur qui ne possède rien, qui ne peut rien, qui est infirme de tous ses membres, qui sont très mauvais, qui se racle sur tous les fumiers de l'Orient ou de l'Occident, et qui crie d'angoisse, depuis des éternités, en attendant le Carillon du Septième Jour.
>
> C'est pour cela, Monsieur, que j'exècre les triomphants et les déli cats (26).

---

(26) Léon Bloy : *Le Mendiant ingrat,* lettre à Bernard Lazare, le 18 octobre 1892, p. 60.

III. - Le thème de l'hypocrisie sociale.

> Ce qu'il y a d'affolant, de détra-
> quant, de désespérant... c'est le spec-
> tacle véritablement monstrueux de
> l'hypocrisie universelle.... C'est le
> mépris immense et tranquille de tous
> à peu près sans exception, pour ce
> que Dieu dit et ce que Dieu fait.
>
> Léon Bloy : *Mon journal.*

Les « triomphants et les délicats », autant dire les médiocres, les ennemis de la sainteté dont le monde moderne pullule et qui s'incarnent dans l'honnête homme de la fin du siècle, le Bourgeois. Distinguons, encore une fois, le Bourgeois de Léon Bloy de celui des Romantiques, de Flaubert, de Maupassant, méprisé pour son imbécillité et surtout pour son ignorance de l'art. Aux yeux de notre auteur le vrai bourgeois est,

dans un sens moderne et aussi général que possible, l'homme qui ne fait aucun usage de la faculté de penser et qui vit ou paraît vivre sans avoir été sollicité un seul jour, par le besoin de comprendre quoi que ce soit... (27).

C'est lui la personnification de l'esprit de l'époque caractérisé par une imbécillité encensée, par le dédain des convenances de la morale traditionnelle, par un manque total du sens des responsabilités. Si le culte de l'argent, l'adoration du veau d'or se sont enracinés à tous les niveaux de la société, la perversion des mœurs est également répandue, quoique dissimulée par un maquillage de la plus insistante respectabilité. Une des caractéristiques du bourgeois parvenu c'est, tout en singeant les manières de ses supérieurs, de masquer sa véritable nature, trop ignoble pour être étalée ouvertement aux regards d'une

---

(27) Léon Bloy : *L'Exégèse des lieux communs,* p. 11.

société qui exige encore un semblant de moralité, — hommage rendu par le vice à la vertu !

La détresse du poète déborde devant la dégradation de l'âme bourgeoise, le triomphe infaillible des inférieurs. Cette misère de la condition humaine infiltrant partout ses méchancetés, ses haines, ses vices de toutes sortes, en se cachant sous des apparences de vies honorables, heureuses, réussies, sera la révélation très pénible de bon nombre des *Histoires désobligeantes.*

La Tisane nous introduit dans ce monde malheureux où la méchanceté d'une mère, engendrée par son égoïsme, amène la mort de son fils. Jacques, cherchant un peu de fraîcheur à la fin d'un jour d'été, était entré dans la vieille église où il se reposait, assis dans l'obscurité, derrière un confessionnal quand, tout à coup, il devint le « témoin fort involontaire d'une confession ». Les voix s'élevant, laissèrent passer les mots : « Je vous dis, mon père, que j'ai mis du poison dans sa tisane ! » Accablé, Jacques ne put bouger, car il avait reconnu la voix de sa mère ! Plus tard, rentré chez lui, il apprit, en effet, que sa mère était sortie pour se confesser, — cette mère, veuve, la pureté, l'intégrité même, — elle, empoisonneuse ! Pâle comme la mort, Jacques fit peur à sa mère qui, inquiète, voulut lui apporter de la tisane. En entendant ce mot, Jacques tomba par terre, foudroyé par un anévrisme. Et la mère, soulagée, de soupirer, « Enfin ! » Son amant ne voulait pas être beau-père.

Le dénouement survient brusquement, ramassé en quelques mots, sans aucune précaution oratoire, pour mieux choquer, mieux assommer le lecteur. Pénétrant cette apparence de cajolerie tendre, d'innocence limpide, de confiance maternelle, l'auteur arrache brutalement le masque satanique d'une mère criminelle qui sacrifie la vie de son fils unique à son plaisir égoïste. Par où entreprendre la régénération de ces âmes engourdies, sans responsabilité devant la vie, pétries de mensonges, de cupidités et de ruse ? Ce sont bien des morts sans désir de résurrection. Si Léon Bloy trouve le courage de les « fouailler comme des chiens », c'est par l'angoisse que soulève chez lui le spectacle de leur méconnaissance de la valeur inestimable de leurs âmes, et dans l'espoir, sinon de les purifier, du moins de les dépouiller d'un peu de leur ignorance. Tâche ingrate qui lui vaudra la haine de beaucoup de ses contemporains.

Le ton de raillerie amère s'élève, plus strident, dans *le Vieux de la maison*, où nous faisons la connaissance de Madame Alexandre, née Léontine Bouton, gouvernante d'une « hôtellerie fameuse où les princes de l'Extrême-Orient venaient apporter leur or ». A contrecœur, elle donnait l'hospitalité à un père âgé, « alternativement habillé de gloire et d'ignominie » et qui l'avait élevée dans les « principes de la plus rigoureuse improbité ». Relégué dans une mansarde lointaine et incommode, Papa Ferdinand, obéissant à la consigne imposée, restait, la plupart du temps, invisible. Mais les plaintes et les imprécations de Madame Alexandre, exaspérée par la guerre et par la disparition de beaux clients, accablent le vieux sans répit. Un jour de la Commune où, sorti de bonne heure, Papa Ferdinand rentrait par les rues désertes, il se met à fuir devant les pantalons rouges des Versaillois. Il sonne frénétiquement à la porte de sa fille, l'amenant à une fenêtre d'où elle put crier, folle de joie :

Mais fusillez-le donc.... C'est un sale communard, c'est un pétroleur qui a essayé de foutre le feu au quartier.

Débarrassée ainsi de son père, Madame Alexandre, après quelques années, se retira des affaires pour jouir en paix de la vie et de la lecture des livres de Paul Bourget.

Toute l'histoire ruisselle d'ironie dirigée contre l'hypocrisie des personnages, de leur milieu, de leur manière de vivre, de leur acceptation par la société. Malheureusement, c'est un secteur de l'humanité élevé dans le mal, s'y ordonnant d'abord pour vivre, s'y délectant ensuite, — des gens qui n'ont jamais pensé à leurs âmes, sinon pour s'en moquer, êtres irrémédiablement stupides, ne sachant même pas distinguer leur droite de leur gauche. Empêtrés dans la malignité de la nature humaine, dans ses faiblesses, dans ses penchants vers le mal, ils sont devenus des suppôts conscients ou inconscients, du Démon... Mais la mise en accusation de l'auteur porte aussi sur les « éclairés », — car les « rigides sénateurs peu capables de badiner sur le quatrième commandement », les « honnêtes gens » et les « mandarins » qui témoignent de leur « estime affectueuse », encouragent, par leur présence ou par leur approbation, cette vie de perversion et d'hypocrisie. L'histoire relève encore de l'égoïsme foncier du genre humain, se parant du mensonge et aboutissant au crime, — tableau horrible des turpitudes d'une race déchue.

L'atmosphère ne change guère en passant au *Terrible châtiment d'un dentiste,* puisqu'il s'agit encore d'un égoïsme criminel qui conduit au plus lâche assassinat. Au début de l'histoire, le docteur Alcibiade Gerbillon, décrit par l'auteur comme un « assassin sans repos », est en train de commander des faire-part pour son mariage. Il avait étranglé, peu de temps auparavant, le marchand de parapluies, son rival auprès de Mlle Antoinette Planchard. Bientôt après son mariage, hanté, obsédé par son crime, par la peur d'être dénoncé par un menu détail, Alcibiade est victime d'hallucinations. Et puis, un matin, il découvre le portrait du marchand de parapluies, offert autrefois à Antoinette. Furieux, il détruit la photographie, — mais en vain. Le souvenir de l'homme mort revient plus fort que jamais pour se placer constamment entre Antoinette et son mari. Le comble d'horreur est atteint lors de la naissance d'un fils épileptique, qui ressemble à la victime et que le père finit par étrangler dans son berceau.

A peine peut-on imaginer une histoire plus noire, plus repoussante. Evidemment, par l'outrance de ses données, Léon Bloy veut offrir au lecteur davantage qu'une image de la réalité. Derrière l'apparence des crimes, — et ceci dans toutes les *Histoires désobligeantes,* d'ailleurs, — il cherche à nous montrer le monstre invisible de l'iniquité spirituelle qui possède les âmes de ses contemporains. Les événements, les gestes, les personnages, bien que présentés de l'extérieur, tendent toujours vers les profondeurs, transposés qu'ils sont par l'auteur sur un plan entièrement spirituel. Le regard de ce visionnaire de l'Absolu perce instantanément les symboles de l'extérieur pour nous donner des images d'une bouleversante réalité spirituelle. Le monde étant pour Léon Bloy un système de « choses invisibles manifestées visiblement » (28), il ne put voir autrement qu'en déchirant les voiles sous lesquels les hommes dissimulent la vérité. Se récrier contre les lâchetés tolérées avec complaisance, découvrir la pourriture des maladies des âmes, extirper le mal établi au cœur des hommes, voici ce que le poète, à l'œil scrutateur, tente de faire par son œuvre. Lui, dont le cœur était profondément attristé au spectacle d'un monde où Dieu et son Amour sont oubliés, où les paroles de l'Evangile ne sont plus connues et où les hommes se dévorent

---

(28) Léon Bloy : *Le Mendiant ingrat,* le 1ᵉʳ août 1894, p. 127.

entre eux, faute de Charité chrétienne, il ne voulait que délivrer les âmes des servitudes de l'Ennemi qui les avait attirées dans ses pièges.

Pour revenir à notre histoire, on comprend qu'Alcibiade Gerbillon, dans l'énormité de son crime, est bien le symbole de la dégénérescence de la conscience et de toute faculté noble de l'âme. Adorateur lui-même du « Moloch des Imbéciles », victime d'une incarnation moderne du Démon, le roman-feuilleton de la presse quotidienne, dégradé au point de ne ressentir aucune émotion à commettre un crime, il représente pour l'auteur la tragique bêtise bourgeoise, enfoncée dans la fange de ses vices, outil inconscient mais efficace de Satan.

Le défilé des fresques morales peintes des couleurs les plus sombres continue avec *le Réveil d'Alain Chartier.*

Par erreur, le jeune Florimond Duputois reçoit un billet doux de la femme d'un ancien ami à qui il doit son emploi au ministère. Le billet lui donne rendez-vous le soir même, le mari étant absent pour deux jours. Dans la seule intention de rappeler vertueusement la jeune femme à ses devoirs envers son mari, le peu engageant Duputois accepte l'invitation extraordinaire et se trouve à onze heures dans le jardin de Madame Rolande. Saisi aussitôt dans une étreinte passionnée, Duputois entend, tout d'un coup, des pas dans la nuit, puis reçoit en pleine figure des coups de poings furieux. Madame Rolande et l'autre s'éloignent rapidement vers la maison. Le lendemain, appelé dans l'antichambre de son ministre, il apprend qu'une erreur de suscription sur le billet de Madame Rolande était à l'origine du quiproquo de la veille. Mais puisque la « maîtresse de César ne doit pas être soupçonnée », on demande l'échange du billet contre une lettre qui lui est destinée. C'est ainsi que, « de plus en plus protégé », Florimond Duputois avance sur la voie des honneurs et de la gloire.

En dépit de ses avantages, le beau monde se révèle, sous ses apparences, aussi avili, aussi dépravé moralement que le monde des petits bourgeois et des parvenus. Si Florimond Duputois gardait encore certaines aspirations morales, on ne saurait en dire autant de Madame Rolande et de son bel ami athlétique qui, ayant rejeté toute discipline morale, tout respect pour la dignité de leur être, agissent comme bon leur semble, en toute licence. L'effronterie du billet de Madame Rolande n'est égalée que par les éclaircissements donnés à Duputois par cet ami qui exige encore que les incidents de la veille soient enveloppés dans un voile de la plus pure blancheur.

Ainsi se tisse toute une trame de tromperies, de mensonges, de trahisons qui s'abrite derrière une façade de la plus parfaite respectabilité, des honneurs les plus « mérités ».

Le canevas des mœurs perverties continue à s'élargir avec *Tout ce que tu voudras !...* Quoique la mise en scène de l'histoire nous introduise dans le monde ténébreux et sordide des trottoirs de Grenelle la nuit, le dénouement nous en transportera très loin, grâce à l'acuité de vision de l'auteur.

Maxence, rentrant tard chez lui après une soirée passée auprès de sa maîtresse, est interpellé, tout d'un coup, par la voix d'une femme qui lui propose « tout ce que tu voudras ! » La voix étrange remue en Maxence des souvenirs lointains de son enfance, — mais sa mère était morte dans un incendie et sa sœur unique avait disparu dans un naufrage. En réponse aux sollicitations insistantes de la vieille femme, Maxence retrouve une phrase de son enfance, qu'il prononce tout haut : « Ne fais pas de peine à ton ange gardien », — mots qui secouent la pauvre femme qui, tremblante, s'excuse et disparaît dans les ténèbres. Sur le point de s'engager dans le boulevard de Grenelle, cependant, Maxence est averti par la vieille, qui reparaît, de faire un détour. Il risque autrement d'être assommé par les voyous qui infestent le quartier. Réflexion faite, la femme, expliquant qu'elle est bien connue dans ce milieu, fait passer Maxence à travers la foule ignoble, le gardant à son bras. Puis, au moment de se séparer, refusant de l'argent, elle demande à Maxence de l'embrasser. Aussitôt dit, aussitôt fait. Et après avoir appelé son frère par son nom, lui disant adieu, elle est renversée par un camion qui passe en trombe.

> Maxence n'a plus de maîtresse. Il achève en ce moment son noviciat de frère convers au monastère de la Grande Chartreuse.

L'intérêt fondamental de l'histoire s'attache, évidemment, à l'incertitude sur l'identité de la vieille femme, dont la voix trouble si profondément l'esprit de Maxence. La découverte de sa sœur en la personne de la prostituée, établit une sorte de parenté entre Maxence et le jeune Charles de l'histoire intitulée *la Fille publique*, par Amédée Pommier, dont nous avons parlé plus haut. Mais ici, à l'encontre de l'histoire de Pommier, la tragédie ultime d'un inceste involontaire est évitée. Remarquons aussi, avant d'aborder le symbolisme de l'histoire, que Léon Bloy fit toujours une place d'exception à la femme délaissée, qui tombait, par nécessité, dans le milieu lamentable de la prostitution, tandis que l' « honnête femme » ne bénéficiait pas de son indulgence. On se rappelle la sentence incisive qu'il prononça dans *la Femme pauvre* où l'honnête femme est définie : « la femelle du Bourgeois, le réprouvé absolu qu'aucun holocauste ne rédime ». Toutefois, poursuivit-il,

Une sainte peut tomber dans la boue et une prostituée monter dans la lumière, mais jamais ni l'une ni l'autre ne pourra devenir une honnête femme... (29).

La figure, dans notre histoire, de la prostituée qui monte dans la lumière, par le sacrifice de sa vie qui rachète son frère, nous amène à la très belle doctrine de la Communion des Saints qui fut pour Léon Bloy le centre même de sa pensée spirituelle. A plusieurs reprises, dans son œuvre, Léon Bloy nous donnera, d'ailleurs, des éclaircissements splendides de la solidarité universelle des âmes et des mondes. Il faut la vision de celui dont les yeux ne quittent jamais les régions de l'invisible pour nous rappeler qu'il n'y a pas de petites choses, que tout ce qui se fait est grand, que tous nos actes ont des retentissements inimaginables dans l'univers.

Il y a, explique-t-il, une loi d'équilibre divin, appelée la Communion des Saints, en vertu de laquelle le mérite ou le démérite d'une âme, d'une seule âme est réversible sur le monde entier. Cette loi fait de nous absolument des dieux et donne à la vie humaine des proportions du grandiose le plus ineffable. Le plus vil goujat porte dans le creux de sa main des millions de cœurs et tient sous son pied des millions de têtes de serpents. Cela il le saura au dernier jour. Un homme qui ne prie pas fait un mal inexprimable en tout langage humain ou angélique. Le silence des lèvres est bien autrement épouvantable que le silence des astres (30).

Or la leçon de notre histoire se dégage précisément de l'application de cette doctrine. En dépit de son extérieur désobligeant et sordide, en dépit de ses péripéties parmi les démarches infâmes d'un monde perdu, elle nous introduit, soudainement, dans le domaine mystérieux de la grâce. Le mot prononcé machinalement par Maxence, provoqué par la réminiscence d'un timbre de voix, fit plus qu'identifier le frère pour la sœur. Il fit naître en elle toute la honte, tout le remords, tout le repentir d'une vie abominable qui finit par sa mort inopinée sous les roues du camion. La conversion de Maxence qui s'ensuit aura, elle aussi, des répercussions prolongées, cela va

(29) Léon Bloy : *La Femme pauvre*, p. 122.
(30) Léon Bloy : *Lettres de jeunesse, Sanctuaire de la Salette*, le 16 octobre, p. 98.

sans dire, dans la rédemption de l'âme qui vient de lui racheter
son salut.

Que l'on pense ici à Ernest Hello, qui avait signalé, il y a
bien longtemps, le pouvoir mystérieux d'un mot proféré dans
un univers où tout exerce sur tout un effet inconnu, on ne saurait s'en étonner, puisque son influence sur la pensée de Léon
Bloy fut très étendue.

> Nul ne connaît dans son ensemble et dans ses détails, dit Ernest
> Hello, l'action de la lumière sur le monde, nul ne peut savoir quel bien
> fera une parole vraie, quel mal fera une parole fausse. Nul ne peut suivre
> la parole à travers l'espace pour en surveiller les ricochets... (31).

Pensée pleine de la sagesse des âges et qui n'attendit pas l'avènement des psychologues pour être formulée et comprise.

Ainsi les actes extérieurs de ces vies observées par Léon
Bloy apparaissent comme autant de symboles qui désignent
une réalité cachée, la seule, la vraie, la réalité substantielle
dont dépendent les joies et les désespoirs éternels.

Le camouflage social ne connaît guère de limites à sa
variété. *Une Martyre* nous présente, dans la personne de
Madame Virginie Durable, une mère d'un égocentrisme des
plus excessifs. Au moment de voir partir sa fille qui venait de
se marier, Madame Durable gémit qu'elle est « délaissée, trahie,
seule au monde, sans consolation et sans espérance ». Elle était,
d'ailleurs, une « de ces créatures qui ont " tant souffert ", dont
aucun homme n'est digne, que nul ne peut ni comprendre ni
consoler, etc, etc. ». Son mari, trompé, intimidé, dompté, finit
ses jours dans un asile. Enfin, cette mère outragée poursuit son
gendre et sa fille d'une coalition d'impostures, de calomnies,
de méchancetés diaboliques pour les déshonorer. De guerre
lasse, après six mois de fuite devant sa furie, les deux malheureux meurent et elle de constater leurs suicides pour que la
sépulture chrétienne leur soit refusée.

« Elle est, de plus en plus, la Martyre » et mène toujours
une vie de lâche tromperie.

Le masque de martyre est ici si transparent qu'un commentaire sur les dessous d'une telle pose est à peine nécessaire.
Le diagnostic, sur le plan humain, établirait tout simplement
une neurasthénie avancée chez Madame Durable. Sur le plan
surnaturel, cependant, où le poète pénètre par sa vision de

---

(31) Ernest Hello : *Les Plateaux de la Balance*, p. 15.

clairvoyant, Madame Durable est manifestement une possédée de Satan, une âme totalement dénaturée et avilie.

Une disposition de la volonté plus méchante, plus perverse serait difficilement imaginable. La malveillance intentionnelle, dont elle fait preuve à chaque instant de sa vie, la condamnerait aux yeux des êtres les plus dégradés. C'est une femme dont la volonté viciée, corrompue, ne se manifeste que pour nuire. Repliée entièrement sur elle-même, monstre d'égoïsme, pour se rehausser aux yeux du monde, elle se couvre du manteau du martyre, tout en recherchant la perte du bonheur des autres. Hypocrisie rusée, infernale, qui trahit l'œuvre de Satan.

> Lorsque le Démon séduit et surmonte notre liberté, il en obtient des enfants terribles de notre race et de sa race, immortels comme leur père et comme leur mère (32).

Cette prédilection pour le mal, la recherche de son bien et du mal pour autrui, voire un certain plaisir à la vue de la souffrance des autres manifestent, certes, une nature profondément vile et pervertie.

Sous la plume désobligeante de Marchenoir, les dessous de ces vies bourgeoises, prospères, aisées, monotones en apparence, se révèlent travaillés par des tribulations cruelles. Un personnage un peu dément arrive sur la scène dans l'histoire du *Soupçon*. Aristobule, dès sa naissance est envahi de soupçons, de doutes, d'incertitudes sur tous et sur tout. Il n'a cessé de penser que « tout le monde, aussi bien que lui-même, se dissimulait 'avec une attention continuelle, prodigieuse... ». S'étant marié, cet industriel soupçonna bien sa femme de le tromper mais « il ne put jamais fixer sa rage sur un point déterminé », car les consolateurs de sa femme passaient trop rapidement. A la suite de sa ruine, survenue à cause de sa méfiance d'un conseil amical, les doutes d'Aristobule sur sa femme redoublèrent et il l'accusa de perfidie. Incapable d'interpréter l'affirmation de son épouse autrement que comme une imposture, submergé de tous côtés par les mensonges, l'esprit rongé de doutes, il s'avoua vaincu et se tua.

La même absence de toute noblesse d'âme caractérise toutes ces vies lamentables de petits bourgeois. A la longue, cette indigence écœure le lecteur même le plus résistant. Il est indiscutable qu'il s'agit là d'un monde spirituellement déchu, sans volonté morale, souvent plus stupide que méchant, tel

_____

(32) Léon Bloy : *Le Révélateur du globe*, p. 15.

Aristobule, mais faisant beaucoup de mal aux autres et surtout
à lui-même. Madame Aristobule, quoique jouant le rôle d'un
repoussoir dans les mains de l'auteur pour châtier les manies
de son mari, n'en est pas moins un exemple de la dégénérescence de la femme bourgeoise qui fait fi de la moralité. Aristobule, l'incarnation même d'une prudence exagérée devenue
une défiance ridicule, représente la perversion de la confiance
des enfants de Dieu devenue le soupçon éternel des fils de
Satan. Soupçonnant toujours la dissimulation des autres, il
complique davantage sa vie en se dissimulant à lui-même.
Ainsi, l'âme s'enfonce-t-elle dans une nuit de ténèbres, — on
ne voit plus, on ne respire plus, on est déprimé par le poids de
toutes ces tromperies interminables. Enfin, confondu, affolé,
Aristobule, qui est sans foi et san Dieu, pris dans un réseau
inextricable de trahisons et de soupçons, se remet entre les
mains du Démon par le suicide. Une tragédie de tous les jours,
ni plus ni moins, pour les annales du monde, mais pour l'éternité, une tragédie sans mesure et sans fin.

Une note de modernisme se glisse dans la suite de tableaux
avec *le Téléphone de Calypso*. Madame Presque, petite bourgeoise dépourvue de tout respect pour la morale, divorcée,
depuis peu, se rend compte, un beau jour, que l' « époux banni
avait été le condiment indispensable de ses joies. En d'autres
termes, l'amour était sans saveur depuis qu'elle n'encornait
plus un tenancier légitime ». Sans aucune gêne, elle téléphone
à M. Vertige et dans un langage sans détours, lui propose de
reprendre la vie commune librement, telle qu'ils auraient dû
la mener sans jamais se charger des entraves du mariage. Il
n'est jamais trop tard, évidemment, pour réaliser un si beau
rêve qui permettra à la sensible Madame Presque de tromper
tout le monde avec son ex-mari ! Ainsi fut dit, ainsi fut fait
et la désinvolte Madame Presque, grâce à la mécanique
moderne, put raccrocher l'également désinvolte M. Vertige pour
le retenir indéfiniment dans un réseau de turpitudes.

Nous avons noté plus haut que les histoires où le téléphone
jouait un rôle significatif ne furent pas rares à cette époque.
Quelques mois après la manœuvre stratégique de Calypso,
racontée par Léon Bloy, on pouvait lire, par exemple, dans le
Gil Blas, sous la rubrique *l'Amour et la vie*, la petite tragi-
comédie intitulée *Par téléphone*, scène dramatique d'un
M. Xanrof. Il s'agit de la conversation unilatérale d'une jolie
petite femme. Son amant, qui lui téléphone de Nantes, désire
rompre avec elle afin de se marier. Arrive le point culminant

du « dialogue » lorsque, tout à fait dans l'esprit de l'époque, la belle, en colère, s'écrie :

> C'est bien pour ça que tu romps par téléphone ! Oh ! c'est trop fort. Lâche ! Lâche ! Abuser du progrès de la science pour quitter une pauvre petite femme sans qu'elle puisse vous attendrir ! Mais ça ne se passera pas comme ça ! (Brandissant les récepteurs). Je me vengerai ! oui, je me vengerai ! Je te vitriolerai !
> *Le Téléphone....*
> *Elle.* — Non ! pas par téléphone !... (33).

Et arrachant les récepteurs, la petite dame, furieuse, sort, brandissant son parapluie et maudissant... Edison.

Léon Bloy, s'il lisait cette histoire, a dû y voir confirmés ses sentiments sur les inventions du siècle des lumières.

L'attitude d'âme ne change guère sous les extérieurs variés de ces vies bourgeoises. Ces créatures, produits d'une société affranchie, matérialiste, recèlent les motifs les plus bas dans la recherche constante de leurs intérêts personnels, égoïstes. Aucune notion d'une loi morale, d'une discipline, de la souffrance consentie, du sacrifice au bien commun. C'est le « bonheur » individuel qui se sert, de droit, le premier. Autant de signes encore de la décadence de toute une civilisation. On aperçoit que les vertus viriles manquent à tous les niveaux de la société.

La loi sur le divorce, promulguée en 1884, seulement neuf ans avant la composition du *Téléphone de Calypso,* souleva, bien entendu, la colère de Léon Bloy qui y vit l'indice d'un relâchement de plus dans la fibre morale d'une société déjà en passe de se perdre. Comme thème ici, il sert à démontrer l'absence évidente de respect pour l'ordre moral, une facilité de surcroît offerte au Rôdeur pour s'emparer de la faiblesse humaine.

La longue parenthèse ouverte par l'auteur au milieu de son histoire, nous apprend ses sentiments sur le téléphone, sur la machine à écrire, et par extension, sur tout autre instrument, — ces mécaniques infernales. Quinze ans plus tard, en 1908, Léon Bloy écrira à son ami, Pierre Termier : « *Tout ce qui est moderne est du démon.* Telle est la clef de mes livres et de leur auteur. Qui peut le comprendre ? Voilà pourquoi je semble rude et amer à ceux qui ne me suivent pas et que je dépasse en pleurant » (34).

---

(33) Le *Gil Blas,* 19 mars 1894. L. Xanrof : *Par téléphone,* p. 1.
(34) Léon Bloy : *Le Vieux de la montagne,* lettre à Pierre Termier, le 9 novembre 1908, p. 164.

Remarquons, cependant, en 1914, une concession tant soit peu favorable aux moyens modernes de communications rapides. C'est dans une lettre à Philippe Raoux que nous lisons :

Le télégraphe, chose moderne, et par conséquent du démon, selon ma jurisprudence, est parfois utilisé par l'Esprit-Saint qui est la Charité même et qui souffle où il lui plaît (35).

On pourrait s'attarder longtemps sur le rapprochement des inventions modernes et du sentiment de leur nature démoniaque, dans la pensée de Léon Bloy. Sans doute, voyait-il dans ces machines qui suppriment le travail, le temps, l'espace, le désir de l'homme de dépasser les limites de sa nature, de se faire Dieu, et, se divinisant, d'usurper la place de Dieu dans le monde. Ce qui est condamnable, certes, c'est le progrès illimité sans une certaine culture morale qui sauvegarde non seulement la vie terrestre de l'être créé, mais aussi et surtout la vie spirituelle, surnaturelle, de l'âme faite à l'image de son Créateur. Mais ici Léon Bloy refusa nettement de prendre ses désirs pour des réalités. Il avait regardé son temps et ce qu'il avait vu ne lui permit pas d'illusions sur la civilisation, sur la culture morale des masses de l'humanité. Lui, dont la mentalité fut surtout eschatologique, dans toutes ces conquêtes sur la matière, envisagea plutôt les catastrophes annonciatrices du cataclysme final. La guerre de 1914-1918, dont il ne vit pas la fin, ne fit que confirmer Léon Bloy dans ses premières convictions. Résumant sa pensée, il écrivit en 1916 :

Comment ne serai-je pas seul, n'ayant que du mépris pour cette humanité supplantatrice de son Créateur et considérant comme des impostures ineptes du Démon tous les lieux communs de progrès, de civilisation, de politique et surtout de démocratie qui ont remplacé depuis si longtemps la confiance en Dieu ? — Alors, me demande-t-on, que restera-t-il ? — Absolument rien que l'Eucharistie dans les Catacombes et l'attente du Libérateur inconnu que le Paraclet doit envoyer, lorsque le sang des suppliciés innombrables et les larmes de quelques élus auront suffisamment nettoyé la terre. Il est évident pour moi que Dieu se prépare à *renouveler toutes choses* et que l'accomplissement est proche de cette prophétie apocalyptique (36).

A l'encontre de son ami, Ernest Hello, qui vit dans le symbolisme de la science la grande leçon de la solidarité univer-

---

(35) Léon Bloy : *Lettres à Philippe Raoux*, le 4 juin 1914, p. 208.
(36) Léon Bloy : *Méditations d'un solitaire en 1916*, p. 241.

selle de tout, sous les lois de l'obéissance, tout en constatant le malheur de la révolte de la science contre son Créateur, Léon Bloy la condamne fort et ferme, n'y voyant que piège du Démon qui confirme encore, par là, l'homme dans son orgueil et dans sa suffisance. Mais ici, il ne faut pas perdre de vue la vocation de Léon Bloy qui réagit en poète qui voit et qui pénètre tous les voiles opaques des ténèbres. Il ne raisonne pas, il ne discute pas, il ne philosophe pas. Il va directement, brutalement, au cœur du problème pour en extirper, sur-le-champ, la racine du mal. Il n'y a pas de méthode rationnelle chez Léon Bloy. Trônant dans l'Absolu, il n'en a pas besoin. Il ne vise qu'une chose, d'ailleurs, par son christianisme sévère, — le salut des âmes, leur rapprochement de Dieu. S'il paraît sur la défensive envers son siècle, envers son esprit d'accommodement, s'il condamne ses mœurs dissolues, c'est uniquement dans cette intention.

Sacrilège raté nous plonge jusqu'aux bas-fonds d'une hypocrisie outrancière qui n'hésite pas à profaner le sanctuaire même de Dieu. Brunissende, vicomtesse des Egards, descend dans la petite église de campagne pour faire, ostensiblement, sa confession pascale. Voguant impérieusement parmi les paysannes, qui s'écartent pour lui faire place tout de suite au Tribunal de la Pénitence, elle y entre, sans plus de façons, pour lâcher sur le pauvre missionnaire, un torrent de blasphèmes, d'insolences, de provocations de toutes sortes. Car elle ne venait que pour édifier par son exemple les âmes pieuses du village — son mari, « un député vertueux », ayant « besoin de l'admiration de ses électeurs ». Aussi, annonce-t-elle, avant de partir, son intention de faire ses Pâques en public. Le lendemain, une visite matinale du prédicateur aux Egards, pour prévenir la vicomtesse du danger qu'elle court, ne lui vaut qu'un redoublement d'injures abominables. Et le dimanche de Pâques, Brunissende, agenouillée la première, à la table sainte, se voit honnie pour toujours. Ni le prêtre, ciboire à la main, ni le troupeau de fidèles qui s'en venaient, ne purent s'approcher d'elle. Ce fut comme si un mur de flammes les en empêchait. « On fut obligé de purifier le sanctuaire, et tous les ans, à pareil jour, une cérémonie lavatoire est scrupuleusement observée ». Conclusion étourdissante, et en même temps, ahurissante. Brunissende paraît vivre, depuis ce jour, mais elle est, « en réalité, plus misérable que les habitants des tombeaux ».

On dirait d'une moralité du Moyen Age où l'Hypocrisie, alliée au Sacrilège, se pavane sur la scène pour instruire les spectateurs par sa fin ignoble. Evidemment, l'allégorie aurait pu désigner, comme nous l'avons suggéré plus haut, l'hypocrisie pratiquée par certains catholiques français à cette époque. Car il y avait des hommes politiques qui se servaient d'une adhésion toute extérieure et feinte à l'Eglise pour garder leurs postes et duper le peuple.

Nous savons bien que dans le personnage du prédicateur, nous avons affaire au Père Marchenoir. On reconnaît la couleur des paroles qu'il adresse à Brunissende et jusqu'à celles du sermon de Pâques sur les pauvres

> Songez, dira-t-il un jour, que je suis réellement le protagoniste perpétuel de toutes mes fictions, que j'incarne exactement, au prix de quelles douleurs ! tous les souffrants, tous les saignants, tous les désolés que j'ai tenté de faire vivre en leur supposant mon âme (37).

Les avertissements angoissés du prédicateur sortent bien du cœur de l'auteur qui vit le rôle tragique de serviteur de Dieu. Le surnaturel qui plane sur l'histoire, du commencement à la fin, ne nous étonne plus dans les récits de Léon Bloy. C'est son ambiance naturelle. Nous circulons ici dans le monde des âmes auquel l'héroïne réprouvée ne croit plus, mais qui commande toute la pensée de Léon Bloy. Ainsi, les obstacles invisibles qui surgissent à la fin de l'histoire, pour empêcher le sacrilège suprême, n'appartiennent pas au domaine de la fantaisie pure. Au contraire, ils suggéreraient plutôt la présence des forces protectrices surnaturelles, des anges gardiens qui s'associent aux actes visibles de ceux dont ils ont la charge. Gardons-nous de penser qu'il s'agit d'une fiction littéraire. Loin de là. Le monde surnaturel est bien le monde des *réalités* invisibles, les seules substantielles et les seules qui comptent pour Léon Bloy.

Le spectacle des consciences modernes, surchargées de leurs dettes, tapies derrière des masques d'une sérénité déconcertante, fournit la trame des deux épisodes racontés dans le récit intitulé *le Torchon brûle*.

Un groupe d'artistes, réunis chez Henri de Groux, se raconte des histoires, dont la première est une sorte de mauvaise farce. Le conteur rapporte sa rencontre devant l'Eglise Saint-Roch, avec un homme vénérable qui exsudait la douceur, la clémence, la modestie — à tout prendre, un parfait drôle, conclut-il. Se rapprochant de lui, « d'une voix brève et sourde », il dit :

---

(37) Léon Bloy : *Mon Journal*, lettre à Henri Provins, le 26 juin 1897, pp. 253-254.

« Prenez garde ! le torchon brûle ! ». Sur quoi, le vieillard pâlit, se met à trembler et se jette dans une voiture qui disparaît à l'instant, — symbole, aux yeux du conteur, de cette conscience accablée de transgressions refoulées, dissimulées sous des masques de bienséance imperturbables, mais qu'un seul mot, bien placé, brise en mille morceaux. Et l'auteur de conclure que l'expérience, bien faite, donnerait dix-neuf fois sur vingt, le même résultat. Sans s'attarder sur le caractère pathologique ou dégénéré d'une telle réaction, il vise directement la source du mal, qui est spirituelle, certainement, autant que pathologique.

Le deuxième épisode où nous voyons une allégorie très arrangée, fondée sur des événements de la jeunesse de l'auteur, comme nous l'avons indiqué plus haut, a la prétention d'être une confession dont le but, précisément, est d'alléger une conscience alourdie depuis quinze ans, par un secret terrible. En forme de lettre, le récit raconte la misère d'un jeune homme, son envie à l'égard des heureux de la terre, ses ambitions, ses effleurements avec l'esprit d'anarchie. Enfin, famélique et en haillons, il se réveille une nuit, à l'abri d'une meule près d'une métairie où l'hospitalité lui avait été refusée. La vieille croûte qu'il cherche dans sa poche se trouve être une boîte d'allumettes — cadeau du Démon, car, envahi d'une haine irrésistible, il met le feu à la maison.

C'est encore une conscience fugitive, déchirée de remords, mais dont le masque émaillé ne laisse pas percer l'angoisse qui ronge les profondeurs de l'âme. Ce triste jeune homme s'avoue un « individu lamentable que le monde croit heureux », forcé par sa conscience à se confesser à quelqu'un. En effet, tous les crimes se paient, d'une manière ou d'autre, et le malheur, la tristesse, le pessimisme, le désespoir répandus dans tant de cœurs à cette époque ne furent que les signes irréfutables du désordre moderne — désordre d'un monde déraciné de ses origines spirituelles.

L'honnête femme, déjà définie par l'auteur « la femelle du Bourgeois », ne s'en tire pas très bien sous la plume de l' « Inquisiteur », comme nous avons eu l'occasion de le remarquer d'après les pièces produites. Dans l'histoire intitulée la Fève, il continue de gratter le vernis qui fait luire tant d'extérieurs bourgeois sans qu'on se doute de la corruption qui germe en dessous. En résumé, c'est l'histoire de M. Tertullien, commerçant en fromages, qui perdit subitement sa jeune femme idolâtrée, en qui il avait une parfaite confiance. Avant la cérémonie des obsèques, malgré sa douleur, il voulut mettre en ordre les affaires de sa bien-aimée, et ce fut ainsi que ce mari confiant tomba sur une correspondance propre à compromettre un escadron de femmes. Son tendre amour l'avait trompé nuit et jour. Convaincu de sa duperie sans pareille, il invita, quelques semaines plus tard, « vingt convives mâles, triés avec soin », à participer à un dîner fastueux, pour le jour des Rois. Quoique la salle fut assez lugubre, toute tendue de noir, éclairée par des bougies noires dans des candélabres noirs, sur une nappe noire, la compagnie, vers la fin du repas, commence de s'égayer. Pour mettre le comble à une soirée si originale, un gâteau gigantesque fut découpé et servi, après un moment de recueillement en souvenir de la chère morte. A qui échut la fève royale ? L'auteur n'étant pas parmi les convives, ne put le dire, mais il sut que le « cœur en putréfaction de la délicieuse Clémentine » avait été inséré dans l'exquise pâtisserie par le diabolique Tertullien.

On est, certes, écœuré au spectacle de toutes ces méchancetés pratiquées si librement par le genre humain. L'infidélité de la femme bourgeoise fait pendant à une liberté déréglée dans les mœurs des hommes et le cercle vicieux tourne inlassablement. L'hypocrisie consommée de Clémentine, dans notre histoire, n'est malheureusement pas plus désobligeante que celle qui se rencontre dans la vie. Peindre la réalité humaine, crime ou vertu, avait déjà été recommandé par Barbey d'Aurevilly, et Léon Bloy n'ajoute en rien à l'horreur de la vision de celui-là. Remarquons, toutefois, que si Clémentine nous fait penser à la duchesse d'Arcos de Sierra-Leone (38), par la licence de ses mœurs, elle n'a pas, comme celle-ci, l'excuse d'une vengeance. Elle se déprave par plaisir, par bêtise, mais elle se condamne aussi irrévocablement que la première qui sait ce qu'elle fait.

Les moyens employés par le duc de Sierra-Leone pour exprimer sa jalousie envers l'ami de sa femme, ne sont pas tellement dissemblables des moyens adoptés par Tertullien. On se rappelle qu'après avoir fait tuer Vasconcellos devant sa femme, le duc fait manger aux chiens le cœur de la victime. De mieux en mieux ! Tertullien fait manger le cœur de sa femme à ses amants ! On ne voudrait pas épiloguer sur le choix des armes, pour ainsi dire. Et nous avons, d'ailleurs, l'exemple de Guil-

---

(38) Barbey d'Aurevilly : *Les Diaboliques. La Vengeance d'une femme.*

laume de Roussillon qui, dans *le Cœur mangé* de Boccace, fait manger à sa femme le cœur de son amant, le Chevalier Guillaume de Guardestagne. Si Léon Bloy puise ici dans les faits ou dans la fantaisie, nous l'ignorons — mais le procédé de vengeance porte la marque d'us sinon de coutumes.

L'horreur du mal commis sans vergogne par ces créatures sans âme devrait nous frapper autant et plus que l'horreur de la sauvagerie des mœurs déployée. Quelques terribles que soient les apparences de ces vies dévoyées, plus terrible encore est la tragédie qu'aperçoit l'auteur, derrière ces façades de prétention à la noblesse, à la distinction.

Toujours retenus dans les filets de Satan, nous pénétrons plus profondément dans sa caverne ténébreuse avec l'histoire intitulée *On n'est pas parfait*. Dès le premier mot nous sommes mis en face du meurtre, du vol et de la démonstration de l'amoralité la plus complète. Esculape Nuptial, après avoir commis de sang-froid ses crimes, entra dans une église, où il se répandit en prières, en charité, en bons propos pour l'avenir, avant de rejoindre son amie dans une maison mal famée. Tueur professionnel, bourré, comme tout bourgeois, de lieux-communs, il avait adopté comme devise le beau dicton : *Bien faire et laisser dire*. Homme d'intérieur, en plus, il ne voyait guère que Loulou chaque nuit. Mais enfin, une nuit il ne parut pas. Loulou criait et fumait de colère à faire scandale. En vain. Un ancien ami d'Esculape, rencontré dans la rue, l'avait tant soûlé que, vers l'aurore, il alla chercher un *Combat spirituel* oublié, la veille, chez sa victime. Là, le commissaire de police l'attendait et « voilà comment une seule défaillance brisa deux carrières ».

Si l'on n'a pas reconnu la main de Satan à l'œuvre dans les vies lamentables jusqu'ici étalées devant nos yeux, on ne peut se tromper sur sa présence dans les vies de ces personnages où les crimes s'entassent dans une parfaite inconscience.

Tout dans ce monde, écrivit Léon Bloy dans son journal, est inexplicable sans l'intervention du Démon. Ceux qui se souviennent habituellement de cet Ennemi peuvent entrevoir, avec autant d'admiration que de crainte, le dessous des choses (39).

Mais c'était le grand malheur du xixᵉ siècle de ne plus croire à la notion du Diable hors la littérature. Quelques poètes pressentirent bien sa présence dans le genre humain, mais les hommes en général, trouvèrent l'idée périmée, une superstition, voire

---

(39) Léon Bloy : *Le Mendiant ingrat*, le 13 août 1894, p. 128.

une tromperie des ecclésiastiques avantageuse pour eux. Léon Bloy, cependant, comme d'autres poètes et comme les saints que la spiritualité rend plus sensibles, plus proches des réalités invisibles, reconnut de bonne heure l'ingérance de Satan dans le monde. Il flaira son souffle diabolique qui fléchit les volontés des faibles pour en faire ses serviteurs dans le mal.

La pénétration du Pèlerin de l'Absolu lui avait montré que le secret de ce monde de ténèbres, où travaillent les démons, c'est la liberté des hommes, — liberté, don inestimable fait à tous par le Créateur et dans laquelle s'accomplit la probation de ses serviteurs. Et

cette ineffable liberté, explique le Pèlerin de l'Absolu, n'est rien que ceci : le respect que Dieu a pour nous. Qu'on essaie un peu de se représenter cela : *Le Respect de Dieu !* Et ce respect est à un tel point que jamais, depuis la loi de grâce, il n'a parlé aux hommes avec une autorité absolue, mais au contraire avec la timidité, la douceur et je dirai même, l'obséquiosité d'un solliciteur indigent qu'aucun dégoût ne serait capable de rebuter. Par un décret très mystérieux et très inconcevable de sa volonté éternelle, Dieu semble s'être condamné jusqu'à la fin des temps à n'exercer sur l'homme aucun droit immédat de maître à serviteur, ni de roi à sujet. S'il veut nous avoir, il faut qu'il nous séduise, car si Sa Majesté ne nous plaît pas, nous pouvons la rejeter de notre présence, la faire souffleter, fouetter, crucifier aux applaudissements de la plus vile canaille. Il ne se défendra pas par sa puissance mais seulement par sa patience et par sa Beauté, et c'est ici le combat terrible... (40).

Riche, alors, de ce don prodigieux, l'homme, malgré sa faiblesse, sa propension au péché depuis la Chute d'Adam, sera toujours aidé par la grâce dans le combat qu'il faut livrer aux forces du mal. Et le combat est permanent entre les forces divines et les forces démoniaques. L'homme qui ne reste pas maître de sa liberté, qui cède aux ruses du tentateur, devient l'esclave de sa faiblesse, et peu à peu, sera possédé de Satan, un démon lui-même. Il y va de son salut éternel à chaque moment de cette vie, car, nous en prévient encore le poète :

...l'Irrévocable commence dès cette vie. Il se formule dans l'acte libre et s'accomplit dans la persévérance. La Grâce n'intervient que pour empêcher la liberté de glisser de notre âme et se perdre dans l'effroyable angoisse de la Tentation (41).

C'est là, au fond, la leçon essentielle à dégager de tous ces tableaux abominables, — reflets dans un miroir, que Léon Bloy

_____

(40) Léon Bloy : *Le Symbolisme de l'apparition*, pp. 37-38.
(41) Léon Bloy : *Le Révélateur du globe*, p. 15.

expose à la vue de ses contemporains dans l'espoir de les révolter par leurs images et ainsi les faire sortir de leur torpeur.

Avec l'histoire intitulée *Soyons raisonnables !...* on est projeté dans les bas-fonds de ce monde moderne de démons incarnés. Ambroise Chaumontel, avocat célèbre dans le monde entier, l'honneur même, connu pour son intégrité professionnelle, se voit tout d'un coup menacé de ruine par le chantage d'un scélérat avec qui il avait été en relations dans sa jeunesse. Veuf, Chaumontel demeure avec sa fille unique, Suzanne, jeune, belle, gracieuse. Sortant, un jour, de la Première Chambre, pour rentrer chez lui, il est accosté par un individu épouvantable qui se dit Agénor Bardache, compagnon de la jeunesse folâtre de Chaumontel. Un vaurien, de mœurs perverties, Bardache révélera les dépravations scandaleuses de Chaumontel si celui-ci ne lui donne pas en mariage sa fille. Ainsi serré de près, Chaumontel, qui préfère sauver sa réputation au prix du bonheur de sa fille, acquiesce à la demande du misérable et l'innocence est immolée à l'hypocrisie de la société.

En plus de la découverte de la corruption sous les dehors de l'élégance, de la distinction, du renom, la vision du poète clairvoyant perce plus loin pour révéler ici le fonctionnement de la solidarité universelle. N'avait-il pas remarqué ailleurs que

nous agissons toujours pour ou contre quelqu'un, sans le savoir. Voici un fils qui afflige son père. Ce père coupable d'une autre manière et trop dénué de foi pour déplorer son propre crime, est forcé par la Justice de pleurer sur la misère morale de son enfant. Cela à l'infini. Combien de fois n'arrive-t-il pas qu'un juge condamne le malheureux chargé de payer pour lui ? (42).

Effectivement, ici c'est Chaumontel, père, qui ne s'étant pas repenti des crimes de sa jeunesse, se voit contraint de pleurer sur un destin odieux pour sa fille innocente, victime des turpitudes des deux hommes. Bien plus, la griffe du mensonge social a si bien empoigné le monde accoutumé à se prosterner devant les apparences, que Chaumontel ne pouvait pas accepter l'humiliation de sa déconfiture personnelle. Il faut, pourtant, tout payer, de manière ou d'autre, explique souvent Léon Bloy : « Toute douleur est une échéance à l'avantage de quelqu'un » (43).

---

(42) Léon Bloy : *L'Invendable*, le 24 février 1907, p. 382.
(43) Léon Bloy : *Lettres de Léon Bloy à Frédéric Brou et à Jean de la Laurencie*, le 23 janvier 1917, p. 130.

Il ne semble guère possible de descendre plus bas dans le mal et pourtant, une des plus sinistres histoires est réservée pour la fin de ce groupe. *Jocaste sur le trottoir,* en forme de lettre, nous met en présence des mœurs les plus dissolues et perverties de l'époque.

L'épistolier, en route pour l'Afrique où il espérait se faire tuer d'une manière honorable, raconte les peines de sa jeunesse, privée de toute affection, de toute compréhension, après la mort de sa mère quand il avait six ans. Maltraité par un père indigne, emprisonné, pour ainsi dire, comme interne dans un collège pendant dix ans, sa seule joie fut le « souvenir infiniment doux de sa mère ». Enfin, sorti du collège, il rentre chez son père, qui était architecte. Un premier commis chargé de l'instruire, devint à la fin, le « chaperon de son libertinage » et lui donne, un jour, l'adresse, — tenue en réserve pour le moment opportun, — d'une femme charmante. Ce fut ainsi que le crime de l'inceste fut accompli, tramé par le commis « qui *savait* ce qu'il faisait ». La mère, qui n'était pas morte, ne reconnut son fils que le lendemain.

La nature vicieuse des mœurs de l'époque ressort ici avec une malveillance démoniaque. Exposée depuis sa première jeunesse aux tortures prodiguées par un véritable possédé de Satan, l'âme de l'épistolier n'avait eu aucune occasion de s'épanouir dans la lumière, car la malveillance des autres conspira toujours à son avilissement et à sa perte. Pécher soi-même est déjà grave. Induire sciemment un autre au péché est infiniment plus grave, — et quel péché ! Qu'il existe des êtres qui désirent le mal pour le mal, qui cherchent à abaisser, à corrompre les autres, à provoquer leur malheur, voire leur damnation, ne peut être que la preuve manifeste de la présence d'une force ennemie dans le monde. L'homme de guerre qu'était Léon Bloy sentit son plus brûlant mépris toujours inégal à la force de sa colère contre les hypocrites et les salisseurs d'âmes tels que nous en avons ici.

La procession de toutes ces horreurs, de ces visages de mensonges, de ces laideurs voulues, de ces contrefaçons de vérités ressemble bien à un bal masqué de cauchemar. Une telle vision devrait suffire à nous persuader irrécusablement que nous « marchons en pleine vie moderne au milieu de damnés, spectres à la tête humaine », comme l'a souligné, nous l'avons vu, Jean Lorrain. Pire que des spectres, ce sont des démons que nous frôlons tous les jours, des démons et des cadavres qui contaminent l'atmosphère et empoisonnent les âmes. Mais comment soulever les écailles de leurs yeux pour que la grâce de Dieu puisse s'infiltrer dans leurs ténèbres et s'en saisir par la force de son Amour ? C'est là la tâche herculéenne que Léon Bloy s'est donnée comme mission de toute sa vie et qu'il faut nous rappeler en lisant ces histoires. Pour qui le connaît, — nous l'avons déjà dit, — ce n'est jamais uniquement de la littérature que fait Marchenoir, en déployant son art de sombre conteur.

IV. - Le thème de l'identité.

> — " Ego dixi : Dii estis et filii Ex-
> celsi OMNES ". Vous êtes des Dieux
> et vous êtes *tous* les fils du Très-Haut.
> Oracle de l'Esprit-Saint corroboré
> par le dogme catholique de la Com-
> munion des Saints....
>
> Léon Bloy : *Méditations*
> *d'un solitaire en 1916.*

Le mystère de la personne, de son inestimable valeur ou de ce que Léon Bloy appelle son « identité », constitue une des pensées essentielles de toute cette œuvre de pénétration dans le monde des symboles. Pour approfondir ce mystère avec le poète, il faut garder présentes à la mémoire la Communion des Saints et son implication de la réversibilité. La vision magnifique du Pèlerin de l'Absolu, planant au-dessus des fins immédiates des actes des hommes, embrasse dans une intuition saisissante la simultanéité de tout acte humain, démasquant ainsi l'imposture du temps. « Le temps, dit-il, est une imposture de l'Ennemi du genre humain que désespère la pérennité des âmes. Nous sommes toujours au XVe siècle, comme au Xe, comme à l'heure centrale de l'Immolation du Calvaire, comme avant la venue du Christ » (44). Si l'on comprend que la succession des événements est une illusion résultant de l'infirmité de la nature déchue, — c'est notre vision qui est successive, — et que les événements, en réalité, et au regard unique de Dieu, sont contemporains et simultanés; que tous les événements, dans leurs aspects multiples et variés, dans leurs concordances et coïncidences se réunissent dans le plan de Dieu; que chaque créature, par son libre arbitre, possède le pouvoir d'influer sur les transformations en voie de se faire pour le bien et pour le

---

(44) Léon Bloy : *Jeanne d'Arc et l'Allemagne*, pp. 94-95.

mal, au moyen de ses actes vertueux ou de ses péchés; alors, s'illumineront les intentions profondes de cette page capitale dans l'œuvre de Léon Bloy que nous citons pour sa grande beauté, malgré sa longueur :

On s'est amusé à dire que les globes célestes situés, par le calcul, à d'épouvantables distances les uns des autres, sont en réalité, dans la vision séraphique, une masse compacte de corps immenses aussi serrés que les grains d'un bloc de granit. Ce paradoxe est une vérité si on l'applique au monde infini des âmes. Seulement chacune d'elle ignore sa voisine comme les luminaires de la voie lactée ignorent les plus proches luminaires au milieu desquels ils sont confondus dans l'incompréhensible harmonie de tous ces colosses de splendeurs.

Mais Dieu connaît son œuvre et cela suffit. C'est assez pour nous de savoir qu'un équilibre sublime est voulu par lui et que l'importance de chacune de ses créatures intelligentes échappe complètement aux conjectures amoureuses des plus grands saints. Tout ce que nous pouvons entrevoir en tremblant et en adorant, c'est le miracle constant d'une balance infaillible entre les mérites et les démérites humains, en sorte que les dénués spirituels soient assistés par les opulents, et les timides suppléés par les téméraires. Or cela se passe tout à fait à notre insu, selon l'ordonnance merveilleusement inconnue de l'affinité des âmes.

Tel mouvement de la Grâce qui me sauve d'un péril grave a pu être déterminé par tel acte d'amour accompli ce matin ou il y a cinq cents ans par un homme très obscur de qui l'âme correspondait mystérieusement à la mienne et qui reçoit ainsi son salaire.

Le temps n'existant pas pour Dieu, l'inexplicable victoire de la Marne a pu être décidée par la prière très humble d'une petite fille qui ne naîtra pas avant deux siècles.

Inversement, il est loisible à chacun de provoquer des catastrophes anciennes ou présentes dans la mesure où d'autres âmes peuvent retentir à la sienne. Ce qu'on nomme le libre arbitre est semblable à ces fleurs banales dont le vent emporte les graines à des distances quelquefois énormes et dans toutes les directions, pour ensemencer on ne sait quelles montagnes ou quelles vallées. La révélation de ces prodiges sera le spectacle d'une minute qui durera une éternité (45).

Ainsi, nos puissances spirituelles se révèlent-elles prodigieuses, capables de retentir à travers cette éternité où nous vivons déjà, mais sans pouvoir nous dessiller complètement les yeux, fermés par le grand sommeil « plein des images à demi effacées de l'Eden perdu » (46). Car depuis la Chute nous

---

(45) Léon Bloy : *Méditations d'un solitaire en 1916*, pp. 57-58.
(46) Léon Bloy : *Dans les ténèbres. Les Apparences*, p. 28.

sommes des dormants qui ont perdu la clef de leur propre
identité. Poursuivant plus loin sa pensée, le poète constate :

> En réalité tout homme est symbolique et c'est dans la mesure de
> son symbole qu'il est vivant. Il est vrai que cette mesure est inconnue,
> aussi inconnue et inconnaissable que le tissu des combinaisons infinies
> de la Solidarité universelle. Celui qui saurait exactement, par un
> prodige d'infusion, ce que pèse un individu quelconque, celui-là aurait
> sous les yeux, comme un planisphère, tout l'ordre divin.
> ...Il n'y a pas un être humain capable de dire ce qu'il est, avec
> certitude. Nul ne sait ce qu'il est venu faire en ce monde, à quoi
> correspondent ses actes, ses sentiments, ses pensées; qui sont ses plus
> proches parmi les hommes, ni quel est son *nom* véritable, son impéris-
> sable Nom dans le registre de la Lumière. Empereur ou débardeur nul
> ne sait son fardeau ni sa couronne (47).

C'est tout le mystère de la personnalité humaine qui hante
le Pèlerin de l'Absolu, — l'ignorance où nous sommes de notre
véritable réalité, de notre rôle à jouer dans le plan de l'universelle solidarité, de notre vocation, cachée par des myriades de
liens épars et inconscients parmi l'infinité des âmes. Et cette
place, cette identité ne nous sera révélée qu'après la mort.

Reprenons maintenant le fil des *Histoires désobligeantes*
avec les *Propos digestifs* qui ont déjà trouvé place parmi les
récits qui tournent autour du thème de l'argent et qui se retrouvent ici pour illustrer le mystère de l'identité.

On se rappelle la scène chez la vidamesse du Fondement
où étaient réunis une trentaine d'invités. Après l'expulsion des
pauvres de la terre, la maîtresse de maison demande à Apemantus de raconter une histoire. Ravi de faire plaisir à son
hôtesse, il en promet une « aussi désobligeante que possible »,
et, après quelques propos préliminaires sur la pauvreté, pro-
férés avec une ironie superbe, il entame le problème de l'*identité*.

« Qui, demande-t-il, oserait dire qu'il n'a pas l'ombre d'un
doute sur sa propre identité ? ». Question déconcertante, suivie
d'une observation sur le récit de l'Evangile et la « multitude
de pourceaux qui fut nécessaire pour loger convenablement
les impurs démons sortis d'un seul homme ». Un plongeon
magnifique dans les complications des mystères de l'identité
nous mène enfin, à l'histoire promise. Apemantus commence
alors le récit de la parabole évangélique de l'Enfant prodigue,
à laquelle il donne un dénouement défiant tout commentaire :

---

(47) Léon Bloy : *L'Ame de Napoléon*, p. 13.

ce n'était pas le fils prodigue et repenti qui retourna chez son père, « ce furent les cochons qui arrivèrent ! ». Symbolisme voulu pour son auditoire, — les cochons, remplis des démons sortis du fils délivré, recherchent leur habitat chez l'homme riche, le père.

A la lumière des intuitions de l'auteur sur le sens caché de toute destinée humaine, on comprend l'allégorie splendide de l'histoire d'Apemantus et celle de l'arrivée simultanée des cochons du récit et de « Quelqu'un qui ne sentait pas bon », qui serait, comme nous l'avons indiqué plus haut, Catulle Mendès.

La vision de ce mystère de la vocation ou de l'identité de la personne recouvre, d'ailleurs, implicitement, toutes les *Histoires désobligeantes*, dans lesquelles Léon Bloy scruta les égarements des âmes qui, pour la plupart, ne savent pas ce qu'elles font, engourdies qu'elles sont dans ce « sommeil prodigieux » qui dure depuis la Chute. Riche ou pauvre, ange ou démon, toute âme ne peut que deviner son destin qui est une vocation, sa place dans le plan de Dieu.

V. · Histoires de vengeance.

> ...Les colères qui sortent de moi
> ne sont plus que les échos, singuliè-
> rement affaiblis, d'une Imprécation
> supérieure que j'ai l'étonnante dis-
> grâce de répercuter.
>
> Léon Bloy : *Le Désespéré.*

Ici se groupe plusieurs histoires qui, bien que pénétrées
d'autres thèmes, d'autres sentiments, répandent une odeur spé-
ciale de vengeance.

Tel est le *Projet d'oraison funèbre,* écrit par Léon Bloy en
souvenir de son cher ami, Villiers de l'Isle-Adam, mais aussi
en manière de vengeance ouverte contre J.-K. Huysmans, —
ce que nous avons indiqué dans le chapitre précédent. Malgré
la date très antérieure de la mort de Villiers de l'Isle-Adam
(il mourut le 19 août 1889), Léon Bloy commence son « oraison
funèbre » comme si l'événement avait eu lieu hier, ce qui lui
permet quelques mots désobligeants pour la presse et pour
l' « ami de la dernière heure » qui prodiguent, tous les deux,
des lamentations hypocrites sur celui qu'ils avaient méconnu
pendant sa vie.

« Tout homme est l'addition de sa race », avait dit le philosophe, Blanc de Saint-Bonnet. Partant de ces mots, Léon Bloy
en souligne la vérité dans le cas de son ami. Une grande âme,
ce Lazare, comme l'auteur nomme ici Villiers de l'Isle-Adam,
le dernier d'une lignée royale, mort dans une parfaite indigence. Son existence avait été infernale. C'était bien un « grandiose malheureux », appartenant à l'aristocratie des temps révo-
lus, le poète pour qui le monde n'avait pas de place et qui
n'avait d' « autre patrie que l'exil ». Les derniers paragraphes,
remplis du lyrisme qu'inspirent les réminiscences des jeunes
espoirs, sont remarquablement beaux, et rappellent par la pensée des enthousiasmes déçus, *le Chien et le flacon* de Baudelaire.

Il est vrai que des éléments de vengeance sont quelque peu éparpillés à travers l'oraison funèbre. Après les allusions de mépris de la première page, l'auteur avise ses lecteurs qu'un jour il parlera plus longuement de « cette mort dont la tristesse et l'horreur, avec soin dissimulées, sont difficilement surpassables », — menace destinée à inquiéter la tranquillité du dédaigneux J.-K. Huysmans. « La matière noire surabonde », ajoute le « Justicier obéissant », pour faire perdre son sang-froid à un « certain pontife » dont nous verrons « la couleur de front quand la dernière et suprême phase de cette agonie sera divulguée ». Ce sont autant de flèches empoisonnées, lancées un peu à l'aventure avant le massacre promis pour plus tard. Il faut bien admettre que la plume de Marchenoir est brandie parfois de manière à faire craindre les périls les plus graves.

Les Captifs de Longjumeau est une satire du prodigieux manque de mémoire des amis de Léon Bloy, M. et Madame Henry de Groux. Un couple délicieux, « toujours au lendemain de leurs noces depuis vingt ans », M. et Madame Fourmi, ainsi dénommés dans l'histoire, vécurent « dans les nuages ». Leur bonheur extraordinaire rendit encore plus déroutant leur suicide. Une dernière lettre d'excuses éclaire un peu leur fin funeste. En effet, ils manquaient le train depuis quinze ans, « tous les trains et toutes les voitures publiques », dit la lettre. Quoiqu'ils fissent, c'était une sorte de fatalité dont ils furent les victimes. Les ruptures, les mésaventures occasionnées par cette subtilité inexorable de leur destin furent sans nombre.

Pour tout dire en un mot, conclut la lettre, *nous sommes des captifs,* désormais privés d'espérance et nous voyons venir le moment où cette condition de galériens cessera pour nous d'être supportable.

L'auteur, pour qui un état d'oubli si monstrueux n'était pas explicable par des moyens naturels, n'hésita pas à y voir la main ténébreuse de l'Ennemi des hommes. Il crut que l'*impuissance* des Fourmi à quitter Longjumeau était due à un « cordon de troupes invisibles triées avec soin pour les investir... ».

Que la sensibilité spirituelle du Pèlerin de l'Absolu fût plus raffinée, plus développée que celle de la plupart des hommes, cela est incontestable. C'est pourquoi les opérations maléfiques qui entourent constamment les mouvements des êtres humains lui étaient plus facilement accessibles. La présence du Démon et de ses lieutenants fut toujours pressentie par lui dans le dérèglement des vies et des événements dont le monde moderne est le témoin souvent consterné.

Des premiers aux derniers mots, l'histoire exhale une ironie légère, poignante, qui tourne et contourne toutes les explications possibles d'une distraction sans bornes dont l'auteur avait personnellement beaucoup souffert.

Ruisselante d'une vengeance préméditée, *Une Idée médiocre* a été inspirée par un épisode pénible dans la vie de Léon Bloy, comme nous l'avons rappelé plus haut. Il s'agit, dans l'histoire, de quatre amis inséparables, jeunes hommes qui « avaient imaginé de réaliser à quatre l'association mystérieuse des *Treize* rêvée par Balzac ». Alors, ils se lièrent par serment, faisant tous leurs efforts pour n'avoir qu'une « seule âme, un seul cerveau répartis sous quatre épidermes ». Tout était absolument identique pour chacun, les vêtements, les promenades, les lectures, les créanciers, etc., etc. Enfin, le drame fatal entra dans leurs rangs. Théodore se maria. Après la première consternation, la vie continua sous le règlement le plus monastique jusqu'à ce que la jeune femme comprît qu'elle avait épousé *quatre* hommes. Tyrannisée par Théophraste, le chef du groupe, qui lisait ses lettres, réglait sa tenue, son appétit, ses paroles, elle finit par s'en aller avec un étranger. Et la fin du récit nous apprend que le « soir même de la chute, les quatre hommes étant réunis, le Démon leur apparut », — mot final, qui donne le ton de satanisme qui souffla et dirigea ces perversions grotesques. Les flèches acérées du satirique Mendiant ingrat sont empoisonnées. Mais l'esprit de vengeance l'emporte sur tout ici, même sur le satanisme dans lequel sont pris les quatre jeunes égarés.

Une vengeance à exécuter inspire encore l'histoire des *Deux fantômes*, — histoire dont les mobiles furent exposés dans le chapitre précédent. Deux femmes, d'un certain âge, Mlle Cléopâtre du Tesson des Mirabelles de Saint-Pothin-sur-le-Gland et Miss Pénélope Magpie « se chérissaient depuis trente hivers ». Toutes deux caricatures outrées, elles furent respectivement directrice d'une pension pour de jeunes Anglaises et l'ange (« non catalogué »), qui « vivait exclusivement pour assurer le bonheur d'autrui ». Cléopâtre, pourtant, à l'inverse de Pénélope, voulait qu'on se mariât, et les deux amies se querellèrent souvent à ce sujet. Alors, à l'insu de son amie, Cléopâtre fonda une agence matrimoniale très discrète. Quelle ne fut sa surprise un jour de recevoir la visite de Pénélope, à la recherche de l'époux idéal ! On imagine la rage des deux femmes, — Cléopâtre, d'être dépouillée de son anonymat et Pénélope, d'être soupçonnée du désir de mariage ! Ici l'auteur nous laisse, avec une image immonde des deux furies qui vident, l'une sur l'autre, tout le fiel de leurs âmes.

L'élément désobligeant prévaut dans cette histoire, comme dans la précédente. Il est vrai que Léon Bloy ne semble rien épargner pour sévir contre ces deux personnes dont la méchanceté s'était exercée contre lui ou qui avaient révélé, de quelque manière, la médiocrité de leur caractère. Toutefois, avant de condamner de telles violences chez le Pèlerin de l'Absolu, rappelons-nous sa vision extraordinaire qui ne discernait jamais les individus ou les circonstances environnantes en elles-mêmes. C'est toujours le spirituel qu'il vise en réalité, et qu'il voit instantanément à travers le symbole, — procédé déconcertant pour ceux qui ne le connaissent pas. L'apparence de l'hypocrisie, du vice, de la cruauté, de la tiédeur suffisait, par exemple, pour qu'il s'en emparât pour la transformer en symbole, objet de son indignation. Ainsi, Mlle du Tesson et Miss Magpie devinrent des signes d'une réalité spirituelle détestable, aperçue et transposée par le poète, afin de tomber sous le coup de sa colère.

La peinture grotesque qui nous est offerte dans *le Frôleur compatissant* témoigne encore de l'intention de désobliger dans toute la puissance d'une plume bien taillée en pointe. Némorin Thierry, le héros du récit, fut nommé, sans doute, d'après le doux berger de la pastorale de Florian, intitulée *Estelle et Némorin*. Car la douceur de ce Némorin moderne surpasse tout ce qu'on peut imaginer. Pris en main par le Pèlerin de l'Absolu, qui tâcha d'en faire un chrétien viril, Némorin abandonna, toutefois, son ami pour retourner à son état de douce indifférence. Par nature, ce qui le délectait, c'était de « toucher à peine » de la main.

Enfin, il rencontra l'Idéal dans le personnage de Béatrix, femme médiocre, qui le trompa d'une manière flagrante, se tirant toujours d'affaire par une version personnelle du mot fameux de Ninon : « Ah ! vous ne m'aimez plus ! Vous croyez ce que vous voyez et vous ne croyez pas ce que je vous dis ! ». A la fin, ce fut la mort qu'on frôla et l'auteur ne put que se lamenter de son insuccès à faire de Némorin un être vivant.

Un portrait d'une exagération extrême, certainement, mais qui vise, comme toutes les colères de Léon Bloy, une réalité au-delà du visible, au-delà des symboles dont il se sert pour soulager son horreur de la bassesse et de la sottise des temps. « On ne voit bien le mal de ce monde qu'à la condition de l'exagérer » (48), écrit-il quelque part. Aussi, comprend-on qu'un aspect de cette soi-disant férocité revient aux procédés imposés à l'artiste par son art. Cette histoire, que nous savons inspirée par la perte d'une amitié à laquelle Léon Bloy avait beaucoup donné, nous laisse une image extravagante, complètement retournée, où l'artiste s'est acharné à rendre une sorte de justice dans l'analyse des qualités de son ami et dans leur caricature. Si un effet de cruauté en ressort, rappelons-nous l'éclaircissement que Léon Bloy nous donne de sa colère quand il dit que

...la pitié ne peut pas éteindre en (lui) la colère, parce que (*sa*) colère est fille d'un pressentiment infini. (Il est) mangé par le besoin de la Justice, comme par un dragon affamé depuis le Déluge.
(*Sa*) colère est l'effervescence de (sa) pitié (49).

Car c'était bien cela, la colère de Léon Bloy, une violence soulevée par une pitié infinie pour les âmes qu'il voulait délivrer des marécages du Mal.

Avec *la Fin de Don Juan* la plume noircie du Désespéré atteint le paroxysme du style désobligeant. On dirait que le sujet est un défi à la colère de l'auteur qui se surpasse ici dans l'étalage des turpitudes d'une grossièreté exceptionnelle. On sait qu'il s'agit de Catulle Mendès, connu pour l'immoralité de sa vie, laquelle avait déjà procuré au « consignataire de la vengeance » l'occasion de l'écorcher dans le personnage de Properce Beauvivier du *Désespéré*.

La Fin de Don Juan est racontée par la sage-femme qui avait connu les deux femmes d'Hector marquis de La Tour de Pise, ainsi que se nomme le héros. Les deux monstres mis au monde par ses femmes, l'un aussi repoussant que l'autre, seraient les images symboliques de l'âme corrompue de leur père, l'extériorisation de son iniquité. Cette terrible histoire d'un roué scandaleux, accepté partout, cependant, dans le « beau monde », constitue un témoignage accablant des mœurs infâmes qui avaient cours dans la société de l'époque. Marchenoir, le « contempteur, le vociférateur et le désespéré » n'a jamais donné à sa colère un caractère aussi offensif.

L'atmosphère s'allège sensiblement avec la farce vengeresse intitulée *le Cabinet de Lecture*. Conte où luit un humour ironique mais délicieux, il fait pivoter toute une famille autour

---

(48) Léon Bloy : *Le Pèlerin de l'Absolu*, p. 308.
(49) Léon Bloy : *Le Mendiant ingrat*, Lettre à Paul Adam, le 3 septembre 1893, p. 88.

d'un minuscule cabinet de lecture, aménagé pour recevoir une personne à la fois. Il s'agit de la famille d'un ancien professeur de grec, M. Panard, vieux grigou, qui refusa d'élargir les lieux où personne ne pouvait pénétrer, en raison de la présence sempiternelle de l'oncle Justinien qui l'accaparait pour s'y attarder indéfiniment. Orthodoxie, jeune fille d' « une grâce peu commune, qui avait des relations littéraires, et prenait des leçons de bicyclette », en était la plus malheureuse. Enfin, pour abréger, Orthodoxie, aidée par la complicité de sa tante Roxelane, réussit à subtiliser et à cacher dans la chambre de celle-ci, les œuvres complètes d'un célèbre romancier russe que toutes deux purent ainsi lire en cachette. Mais un jour, par mégarde, Orthodoxie laissa échapper le mot *rouble*. M. Panard fut « frappé d'une lueur subite et se précipita dans le cabinet », à la recherche de ses livres. Ce fut la fin de toute lecture pour Orthodoxie. Il fallut restituer le roman russe dont l'oncle Justinien fut si ébloui qu'il n'émergeait plus du cabinet qu'aux heures des repas.

C'est une espèce de vengeance bénigne qui se dégage du *Cabinet de Lecture*. Comme nous l'avons déjà indiqué, il est très probable que la satire développée ici vise le *Journal* de Fernand Xau. Les découvertes relatives à la genèse de l'histoire rendent plus appréciable l'ironie qui s'attache au caractère restreint, pour ne pas dire exclusif, du sanctuaire intérieur « dirigé » par M. Panard.

Malgré les dards pénétrants, les traits d'esprit lancés avec finesse vers un but connu seulement de l'auteur, l'histoire reste plutôt dans le domaine humoristique. Les gestes, les manies observés ici nous demeurent extérieurs et gardent ainsi leur sens comique. Le personnage d'Orthodoxie, victime des étourderies, des égoïsmes qui l'entourent, éveille notre sympathie, mais c'est une sympathie amusée tout de même, car elle reste toujours teintée du ridicule de son milieu. Les dessous de l'histoire, bien que pitoyables, sont revêtus d'une verve ironique qui ne perd jamais son élan, qui saute de cocasserie en cocasserie, pour finir dans la résignation raisonnée d'Orthodoxie, petite bourgeoise pleine d'aspirations vers l'air plus raréfié du Mont Olympe.

La plus belle trouvaille de Caïn nous met en présence d'une vengeance de désir plutôt que d'une vengeance de fait. C'est le « claironnant sculpteur », Pélopidas Gacougnolle, qui raconte l'aventure de son ami, le jeune Caïn Marchenoir. Harcelé pendant dix ans par une vieille propriétaire, Marchenoir, sorti un jour à l'aube, tomba sur un carton dont la résistance sous son pied l'étonna. Un coup d'œil rapide jeté à l'intérieur lui découvrit la tête coupée de sa propriétaire.

On sait que les démêlés de Léon Bloy avec ses nombreuses propriétaires furent un des grands supplices de sa vie de misère. La fin lugubre imaginée pour cette personnification de tous les propriétaires revêt donc la forme d'une exécution de justice. Tout propriétaire, par définition de sa vocation, fut, pour Marchenoir, un genre de bandit qui soutirait au pauvre un argent qu'il n'avait, d'aucune façon, gagné. On relève, maintes fois, à travers l'œuvre du Désespéré, des passages impitoyables dirigés contre le propriétaire, accessoire de la vie moderne, « entité bizarre dont l'habitude seule empêche de voir la réelle monstruosité » (50). En sus de l'image punitive laissée par le « Justicier obéissant » dans *Ceux qui ne veulent rien savoir*, (*Le Sang du Pauvre*), il nous a donné le portrait d'un de ses propriétaires dans *la Crème des honnêtes gens* et encore, dans *Il y a du bon dans toutes les religions*, (*Exégèse des lieux communs*).

Evidemment, avec le développement de l'industrie, l'expansion progressive de la vie mécanisée, la croissance des agglomérations des grandes villes, le propriétaire et son gérant représentaient un élément relativement nouveau dans la vie moderne. Le poète, selon son habitude, ne discernait pas le propriétaire en tant qu'individu, — il le transposait plutôt sur le plan spirituel, en un symbole d'un aspect de la détérioration de la civilisation. Et puis, rappelons-nous que la plupart des artistes à cette époque nourrissaient un mépris royal pour le propriétaire, résumé expressif du Bourgeois dans tout son caractère matérialiste et terre-à-terre, et tous, sans exception, auraient approuvé cette fin lugubre de leur suprême ennemi.

---

(50) Léon Bloy : *Le Sang du Pauvre*, p. 145.

VI. - Le Langage des ombres.

> Mes phrases, mes chères et pauvres phrases dont vous parlez, ne sont *qu'apparence*... Comme tout ce qu'il y a dans le crépuscule de la vie sensible, que vous prenez pour le grand jour.
> C'est ce qu'il y a derrière l'horizon qui est beau !
>
> Léon Bloy : *Le Mendiant ingrat.*

Regardées dans la perspective du symbolisme qui fut le fond et la substance même de la pensée de Léon Bloy, les *Histoires désobligeantes* acquièrent une profondeur de signification qu'une lecture superficielle n'arriverait pas à pénétrer. Sans quelque connaissance de la manière de voir du Pèlerin de l'Absolu, les histoires restent dans le domaine du récit choquant, même scandaleux, teinté de cet humour noir si recherché à l'époque et essentiellement conforme à l'esprit du *Gil Blas* destiné à amuser ses lecteurs. Mais, en fait, les *Histoires désobligeantes* sont construites sur plusieurs plans : sur le plan réaliste des faits où naît la genèse des histoires; ensuite sur le plan des symboles, où l'auteur se meut pour faire percer sa vision de la réalité spirituelle, voire éternelle; enfin, l'histoire même, où viennent se juxtaposer les mots, encore d'autres symboles, les outils du poète pour créer des images. Le terrain du symbole est bien l'élément de Léon Bloy hors duquel il ne vit pas. « Tu sais que je vois le symbole en tout et partout, écrit-il à sa fiancée, même dans les fictions les plus vaines de l'esprit humain » (51).

Nous pourrions rappeler ici que Léon Bloy, par son ascendance espagnole et par sa formation intellectuelle après sa con-

---

(51) Léon Bloy : *Lettres à sa fiancée*, le 15 février 1890, p. 130.

version fut porté assez naturellement vers le mysticisme et la contemplation des mondes invisibles. N'avait-il pas dit que le monde visible n'est que « la trace des pas de l'invisible » ? — quelque peu à la manière de son ami, Ernest Hello, pour qui aussi tout fut symbole et le monde seulement la *figure* du monde, où se manifestaient les perfections de Dieu. On sait l'influence profonde, d'ailleurs, qu'avait exercée Ernest Hello sur la pensée du jeune Désespéré qui avait tant appris de lui. Pour celui-ci aussi, comme pour Ernest Hello, l'homme, la nature, le monde moral, l'art, tout était figure dont il s'acharnait à découvrir la réalité et la place dans le plan de Dieu.

Qu'est-ce donc, avait demandé Ernest Hello, quand le symbolisme éclatant sur (la nature) comme un éclair dans la nuit, jette une lueur nouvelle et plus mystérieuse sur l'ordre universel qu'il agrandit, sans le troubler ? Unissant le monde visible au monde invisible, le symbolisme entr'ouvre un secret étrange, qui est la relation des relations et l'harmonie de l'harmonie; et à travers cette complication nouvelle, la simplicité de l'ordre apparaît plus gigantesque (52).

Ce sera le talisman du symbole qui nous introduira fugitivement dans la « simplicité de l'ordre » de cette unité perdue depuis la Chute, et dont nous avons tous une soif insatiable, comme l'ont reconnu avec Léon Bloy la plupart des poètes. « S'il y a quelque chose d'inhérent à la nature humaine, écrira le « Vieux de la Montagne », c'est le besoin, l'espérance, le désir de la *délivrance,* de quelque manière qu'on veuille entendre ce mot, — c'est-à-dire un appétit dévorant de l'intégrité perdue au commencement des siècles du Paradis terrestre d'où la race fut exilée... » (53). Et ce sera à travers son art, pour lequel il ne vit pas et qui ne fut pas son objet, que Léon Bloy se contraindra, toute sa vie, à transcrire sa vision des prolongements mystérieux de ce monde dans l'invisible. Faire connaître la réalité du monde invisible, nous persuader de sa présence très réelle derrière les mille incohérences et les soucis de la vie quotidienne qui finissent par la recouvrir, tel est un des buts premiers de l'art de Léon Bloy.

En cela les *Histoires désobligeantes* ne diffèrent pas des autres œuvres du Pèlerin de l'Absolu. Seulement, au lieu de nous montrer les splendeurs qui attendent au-delà des douleurs de ce monde déchu, elles nous montrent des tableaux vivants,

---

(52) Ernest Hello : *L'Homme. Le Mystère et le XVIIIe siècle*, p. 95.
(53) Léon Bloy) : *Le Vieux de la Montagne*, lettre à Léon Letellier, le 15 avril 1910, p. 360.

abominables, du Mal qui travaille ici-bas pour entraver le plan de Dieu. Les prolongements de ces excès horrifiques dans l'invisible sont encore plus effroyables, — c'est là la leçon, — que ces laideurs écœurantes qui offensent tellement nos yeux et nos sensibilités humaines. Rappeler aux dormants de cette vie le mystère de leur pèlerinage temporel, la valeur inestimable de leurs âmes dont ils ignorent, pour la plupart, l'existence même, leur donner une inquiétude, une sainte peur de leur damnation éternelle possible, — voilà la portée symbolique des *Histoires désobligeantes*.

De l'horreur de tout ce mal, Léon Bloy voulait, sans doute, qu'il ressortît par une espèce de retournement, un dégoût pour le pharisaïsme bourgeois et une soif de la pureté, d'une plus grande noblesse d'âme. A force d'exagérer le mal, de le monter dans une sertissure éclatante, il fit un appel désespéré à une révolte spirituelle contre Satan et ses suppôts. L'humour noir de ces allégories, tout en soulignant la grave maladie de la société contemporaine, indique, par contraste, par insinuation, l'unique remède. C'est le retour à l'obéissance que prescrit le Pèlerin de l'Absolu, à la collaboration à la volonté de Dieu qui seule peut sauver un monde déjà aux trois quarts perdu.

Déchiffrer le symbolisme caché des actes humains, qui tous concourent à la « syntaxe infinie » d'un livre plein de mystères, avait toujours été l'ambition de Marchenoir, — ce qu'il avait appelé une fois, apprendre à « *voir* Dieu », enseigner le « latin de l'Invisible » (54). Par ses *Histoires désobligeantes* il reste lui-même, c'est-à-dire pareil à ce Marchenoir que nous trouvons au début de sa vie littéraire, désespéré de la médiocrité apathique du monde, acharné à la recherche des révélations de Dieu dans les hiéroglyphes de la vie, et qui, vers la fin de ses jours, encore plein de ce feu dévorant pour les âmes, écrivit : « Pénétré, hanté, possédé de la certitude que tout est mystérieux, hommes et choses, parce que symbolisme et figuratif, j'ai voulu montrer partout le mystère, toujours évident pour moi et le faire sentir, avec une violence extrême, jusqu'à produire la constriction ou la dilatation des cœurs... » (55).

Jamais auteur n'a mieux atteint son but, — la constriction du cœur ici est entière.

---

(54) Léon Bloy : *Mon Journal,* sans date. Entre le 24 septembre 1898 et le 6 juin 1899, p. 288.
(55) Léon Bloy : *Lettres à René Martineau :* lettre du 15 novembre 1912, p. 326.

———

CHAPITRE V

LA MORALE
DES « HISTOIRES DÉSOBLIGEANTES »

I. - Le Monde sans Dieu.

> Ils veulent être sans Dieu et ne
> pas souffrir.
>
> Léon Bloy : *Propos d'un
> entrepreneur de démo-
> litions.*

Depuis le siècle dernier bien des penseurs dénoncent l'avilissement de la société moderne. Produit de forces multiples qui travaillaient la France depuis les bouleversements de 1870, passant par la grande vague d'industrialisation de la fin du siècle, la frénésie du progrès, la mécanisation de l'existence, la société était devenue foncièrement matérialiste, idolâtre du veau d'or et de sa toute-puissance. Le monde moderne étant le monde de l'argent, le monde des fausses valeurs, il ne tarda pas à étouffer, à anéantir les aspirations spirituelles, déjà affaiblies, qui auraient gêné ses élans vers la domination de l'ère nouvelle. En outre, l'esprit scientifique du temps, la crise de la foi religieuse, l'agitation de la vie fébrile des grandes villes contribuèrent largement à un affaiblissement général de l'énergie morale. L'homme moderne, de plus en plus chétif, se permit des excès et des transgressions qu'il excusa en invoquant les fatalités de l'impulsion ou le tempérament de l'hérédité, explications appuyées sur la doctrine du déterminisme. Les notions de devoir et de moralité s'atrophièrent donc dans une atmosphère d'indul-

gence et d'affirmations d'instincts égoïstes. Sans parler de l'aug-
mentation constante des maladies nerveuses, des âmes déséqui-
librées, des esprits toujours tendus, excessifs, c'était une époque
de transformations maladives dont les causes doivent être cher-
chées, en grande partie, dans le reniement des origines spirituelles de l'homme.

Les *Histoires désobligeantes* de Léon Bloy qui nous font
connaître ce monde désagrégé, ne sont, en fin de compte, qu'un
témoignage de la maladie profonde dont souffrirent ses contemporains désaxés. Assurément, Léon Bloy ne fut pas seul à signa-
ler les symptômes de la maladie qui ravageait le corps et l'âme
du siècle. Mais où les autres se contentèrent de parler, de se
perdre en descriptions, en examens fouillés du malade, il mit
le doigt sur la cause du mal et osa prescrire le seul remède,
rigoureux mais efficace. Comme on le sait, le malade refusa de
se reconnaître malade et ne voulut pas se guérir, opposant un
mépris obstiné à toute intervention dans son état d'assoupisse-
ment, où il prenait plaisir. Si le docteur Marchenoir persiste à
vociférer sa condamnation de cette conduite et à prédire les
pires désastres pour le patient, ce fut par l'effet d'une consigne
de sa conscience, qui lui interdit la retraite dans un silence
discret.

Bien avant Marchenoir, des censeurs se sont dressés pour
condamner l'infamie du siècle, les abdications de la volonté, les
bassesses des temps. Tous les auteurs de contes cruels qui furent
les juges ou les simples contempteurs de l'abjecte humanité,
puisèrent leur inspiration dans leur dégoût de la vie sociale, de
cette vie de mascarade où les hommes sans conscience trahis-
saient et dupaient les petits et les faibles.

On se rappelle, au début du siècle, la vindicte exercée par
Petrus Borel contre son temps comme un devoir de sa « religieuse sincérité ». Elle se limita, cependant, à dénoncer, à ana-
thématiser la société lâche et cupide. Sans doute, pourrait-on
voir dans son antagonisme farouche à l'égard de cette société
de bourgeois abominables un prélude à l'ironie d'autres conteurs
cruels, tels Flaubert, Maupassant, Villiers de l'Isle-Adam. Il
convient, toutefois, de noter que cette haine dévastatrice visa le
mal, l'exposa, le railla sans prononcer le nom de Dieu. Car la
haine de Champavert, sans foi lui-même, était inspirée par le
plus noir pessimisme qui conduisit toujours à la mort, au suicide, au néant. Ses satires, en conséquence, comme beaucoup
d'autres, restent d'autant plus cruelles qu'elles se déchaînent et
tempêtent tout en laissant un vide dans le cœur. Champavert

n'eut rien à offrir pour combler la lacune créée en balayant le monde du plaisir qu'il prenait au mal. N'y fut-il pas pris lui-même, jusqu'à son suicide ?

Le diagnostic de Charles Lassailly dans les commentaires de son Trialph, dès les premières années du siècle, égale en pessimisme les plus noires conclusions de Petrus Borel. Ses observations sur son temps matérialiste furent d'une lucidité pénible mais elles restèrent dans la limite de la plainte, de la critique, sans appeler autre chose que la mort. Lui, pourtant, comprit d'où provenait la catastrophe. « Car la tête de l'humanité, c'est l'idée : Dieu », avait-il déclaré, comme nous l'avons vu, Dieu qui fut banni de l'époque par la Révolution française. Et Trialph s'écrie amèrement qu'alors il assista à l' « enfantement de ce Siècle, et c'étaient deux monstres, l'Athéisme et la Prostitution, qui lui donnèrent naissance....

« L'Egoïsme assistait le voyageur sur son chemin » (1). C'est bien ici la même image que celle qui assaille notre esprit à travers toute cette littérature noire et cruelle. Mais, en dépit de ses tirades romantiques, moqueuses, cyniques, Trialph pénètre le mal de cette humanité qui dépérit, faute de nourriture intime, religieuse.

Si les contes outranciers d'Amédée Pommier, de J. Arago et Kermel mirent l'accent sur les horreurs de la vie du monde, sur les calamités qui constituent le sort de beaucoup, ce fut moins dans l'intention d'exposer la cause des malheurs de l'humanité égarée que de faire une œuvre littéraire dans un genre à la mode. Indirectement, sans doute, ils peignirent un tableau d'un monde sans Dieu, mais il ne s'agissait, néanmoins, que d'un exercice littéraire.

On en dirait autant de bien des auteurs de contes cruels. Artistes, séduits avant tout par la création de leur art, inspirés par leurs observations d'une société aux multiples facettes, ils s'ingénièrent à nous laisser une image fidèle de cette humanité dont ils se sentaient isolés par leurs dons et que, très souvent, ils méprisèrent pour sa bêtise. Il est vrai que le problème métaphysique du bien et du mal excitait leur pensée, mais le sentiment du surnaturel n'y paraît guère. Ce qui les passionna, ce fut la conquête des moyens de rendre toujours mieux la réalité de leurs peintures et aussi la reprise de la question que Balzac s'était déjà posée en 1832, au moment de collaborer au recueil

---

(1) Charles Lassailly : *Les Roueries de Trialph*, p. 247.

des *Contes bruns :* la nature humaine, textuellement copiée, est-elle belle en elle-même ? Les histoires de Balzac, de Flaubert, certains contes de Mérimée, les contes de Maupassant, de Jean Lorrain, etc., sont surtout des joyaux littéraires, des études sociales de grand intérêt mais qui reflètent, en même temps, inconsciemment, cette absence de Dieu dans la vie de l'époque.

Les *Petits poèmes en prose* de Baudelaire, miniatures cruelles qui reflètent encore la désolation, le dégoût du poète pour une humanité où triomphe le mal, nous laissent l'image d'un monde sans foi, mais avec ceci de différent, qu'ils effleurent, et lucidement, la présence de Satan, qui est appelé par son nom. Ayant eu même des conversations avec l'Esprit du Mal, (*le Joueur Généreux*), l'auteur n'hésita pas à invoquer le nom de Dieu, (*Mademoiselle Bistouri*), et parfois fit allusion à la réalité invisible quand il entendit la voix d'un bon Ange ou d'un « bon Démon » (*Assommons les pauvres*). En face du XXᵉ siècle positif, scientiste, Baudelaire osa constater la réalité du monde invisible, des forces du bien et du mal qui agissent sur la volonté de l'homme.

Et que fut ce blasphème proféré par le Comte de Lautréamont sinon une flagellation exaspérée d'une époque sans Dieu, une image terrifiante du règne du mal dans les âmes ?

Les Diaboliques de Barbey d'Aurevilly, par leur révélation des dessous immondes d'une société policée, respectable, enviable en apparence, ne firent que prolonger cette vision de l'infamie d'un monde qui ignorait l'existence de son Dieu. Juge subtil, Barbey d'Aurevilly resta dans le domaine des peintres qui laissent parler leurs tableaux. Pas de cris, pas de dénonciations directes, pas d'explication, — c'est au lecteur de constater la morale suggérée par la logique de l'œuvre.

Plus déchirants, plus pathétiques furent les gémissements d'Ernest Hello qui, dans ses *Contes extraordinaires* laissa encore des tableaux d'une humanité privée de la foi, de la présence de son Dieu.

Enfin, on se rappelle l'ironie mordante des *Contes cruels* par laquelle Villiers de l'Isle-Adam burina ses eaux-fortes d'une société qu'il trouva méprisable dans son oubli du monde surnaturel.

Sans passer en revue tous les auteurs de contes cruels dont nous avons parlé, il est évident que tous, à leur manière, furent émus par les tares de la nature humaine. Tous se rendirent compte de la gravité du mal, mais tous n'espérèrent pas la régénération de leurs contemporains. Au contraire, la plupart d'entre eux désespérèrent plutôt d'une amélioration morale de la race humaine et se contentèrent d'y puiser leurs peintures féroces et vengeresses. Leur témoignage sur l'avilissement de l'esprit humain, en proie à ses appétits les plus bas, nous fournit une documentation assez déprimante. C'est là, le plus souvent, une littérature de désespoir, sans issue.

Si nous nous tournons maintenant vers le désespoir de Marchenoir, devant ce monde sans Dieu, nous verrons qu'il se distingue nettement des autres. Lui le Désespéré par excellence, dont la devise fut « Spem contra spem », observe dans son journal que « Marchenoir est un " désespéré " *philosophique* et nullement un désespéré *théologique*. En d'autres mots, il n'attend rien des hommes, mais il attend *Tout* de Dieu » (2).

Le désespoir du Désespéré qui se disait l' « optimiste fameux sans égal ni compagnon » (3), était fondé sur une connaissance personnelle de la plus grande douleur, un véritable drame de désespoir qui se prolongea interminablement et dont sa détresse matérielle et ses humiliations ne furent que des accessoires. Ce fut dans les abîmes de la douleur qu'il apprit à espérer, à se dégager du mal pour remonter vers la lumière. Mais surtout il apprit à *aimer* la souffrance, qui rapproche de Dieu et qui, par une assimilation mystique, nous permet de participer réellement aux souffrances éternelles de Jésus crucifié; le mystère de la Communion des Saints n'implique-t-il pas que toute peine est une peine du corps mystique du Seigneur ? Membres de Jésus-Christ, élevés nous-mêmes jusqu'à la Divinité, nous sommes investis du pouvoir de payer, par nos souffrances, les joies, ou si l'on veut, les peines des autres. Quelle joie immense, quelle puissance inimaginable nous sont ainsi conférées par la douleur ! La douleur non simplement acceptée, supportée avec résignation, mais aimée, recherchée, choisie, — c'est là le secret de la pensée, de la force du Désespéré, car la douleur ainsi comprise transforme les peines de ce monde en joies et offre une ouverture sur l'invisible, sur le royaume des félicités éternelles. Configuré au Christ, non seulement par l'obéissance mais par ce qui est plus parfait, par l'acceptation librement consentie, aimante des souffrances, on atteindra à

_____

(2) Léon Bloy : *Quatre ans de captivité à Cochons-sur-Marne*, lettre à Raoul Narsy, le 8 août 1903, p. 208.
(3) *Ibid.*

la joie de Sa paix dans ce monde et à la gloire de Ses saints au paradis.

Hélas ! la vie surnaturelle s'éloignait de plus en plus du monde chrétien que connut Léon Bloy ! Les personnages qui peuplent les *Histoires désobligeantes* sont, à quelques exceptions près, des exemples de cette opacité de l'intelligence, de cette fermeture à l'amour que favorise une ambiance matérialiste sans spiritualité. L'âme bourgeoise du XIXᵉ siècle, telle que Léon Bloy l'a montrée dans ces histoires, et telle que nous l'avons vue représentée par d'autres auteurs, fut un abîme de corruption, dont le spectacle attrista profondément le Pèlerin de l'Absolu. On fera bien, toutefois, de se rappeler que les paroxysmes d'indignation provoqués en lui par le scandale d'une société qui refusait la Béatitude, furent les signes de sa grande charité, qui détesta le mal et qui voulut, à tout prix, secouer la torpeur de quelques-unes d'entre ces âmes.

Désespéré, oui, en face de ce monde qui ne voulait plus de Dieu, Marchenoir le fut. Mais à l'encontre des autres contempteurs du siècle, il ne put s'accommoder de ce qu'il voyait. Il ne prétendit pas réformer un monde irréformable, mais il ne put davantage renoncer à prédire des catastrophes. Car il espéra toujours, contre tout espoir, sauver les autres, et la soif de justice qui le dévora stimula la colère qu'il déversa sur son siècle. Colère contenue ici dans des ironies mordantes, dans des satires brûlantes qui n'en sont pas moins des cris d'indignation.

Mais combien furent ceux qui, dans les *Histoires désobligeantes,* auraient voulu entendre parler des pauvres, du scandale de l'argent, de la prière, de la souffrance ? A part les récits où le protagoniste représente l'auteur ou un ami poète, tel *Un Homme bien nourri*, les *Propos digestifs*, il n'y a que M. Pleur qui ait quelque connaissance des valeurs spirituelles de la vie, et encore, sa vie à lui est-elle enveloppée d'une apparence en trompe-l'œil.

La longue suite de tableaux qui constitue ce recueil et où défilent tant de perfidies, de crimes, de gestes sordides est, en vérité, le reflet accusateur d'une société imprégnée d'un Mal dont avait beaucoup souffert le Pèlerin de l'Absolu. Le scandale de ces vies abandonnées à leur nature instinctive et charnelle, à des perversions tolérées, même cultivées par une société amorale se trouve à l'arrière-plan de toutes les *Histoires désobligeantes,* depuis l'égoïsme homicide de la mère de Jacques (*la Tisane*), jusqu'aux avilissements criminels de *Jocaste sur le trottoir*.

Il ne faut pas s'étonner que Léon Bloy, qui n'écrivait « que pour Dieu », s'efforce de rendre aussi répugnantes que possible les monstruosités qui, dans leur hardiesse, se pavanaient, comme nous l'avons vu, devant la face même de son Dieu. Résonnant à travers les contes, le cri du jeune « entrepreneur de démolitions » se fait encore entendre :

> Le monde chrétien m'a tellement écœuré que j'en suis arrivé à trembler devant l'effroyable mystère d'une Rédemption qui a coûté ce que nous savons et qui, après dix-huit siècles, est totalement ignorée par dix-neuf vingtièmes de la race humaine et traînée par ce qui reste dans l'ineffable ordure des hypocrisies, des reniements, des lâchetés et des sacrilèges (4) !

Le Désespéré ne peut se réconcilier avec cette nature humaine anesthésiée, pour ainsi dire, hypnotisée, qui refuse d'admettre la déchirure de son intégrité par le péché originel et sa faiblesse consécutive, une nature qui aime mieux abdiquer stupidement devant l'Ennemi que d'engager la lutte contre lui.

Il est admirable que Léon Bloy, à une époque où l'existence même de l'âme avait été mise en doute, ait toujours proclamé envers et contre tous, la valeur sans égale de la réalité invisible, surnaturelle. Lui, qui savait trop la misère de tout ce qui n'est pas divin, comprenait que seules les âmes ont et auront toujours une importance et que le choix pour ou contre Dieu est constant.

Remarquons que les personnages des *Histoires désobligeantes* ne luttent pas contre le Péché. Et comment se débattraient-ils contre ce qu'ils ne reconnaissent pas ? C'est le désordre qui règne dans leurs vies, non seulement en dehors mais aussi bien au-dedans. Les folies, les frénésies, les vols, les homicides, les sacrilèges, toutes les horreurs de la vie contemporaine, que Léon Bloy nous met ici sous les yeux, témoignent d'une civilisation ancrée dans la médiocrité du matérialisme, — une civilisation inconsciente, agitée, sans vie intérieure. Pourquoi ces personnages vivent-ils ? Pourquoi meurent-ils ? Le Bourgeois du siècle, incapable de s'expliquer, n'aurait su répondre. Le niveau de l'intelligence spirituelle avait atteint un effroyable néant. « La colonne vertébrale spirituelle (était) rompue. La foi (était) brisée » (5), comme a dit plus tard, un autre poète bouleversé par le spectacle contemporain.

---

(4) Léon Bloy : *Propos d'un entrepreneur de démolitions*, p. XI.
(5) Gustave Janouch : *Kafka m'a dit*. Paris, Calmann-Lévy, 1952, p. 153.

Et qu'est-ce sinon l'horreur qui est à la base de l'inspiration des *Histoires désobligeantes* ? L'horreur continuellement présente au cœur de Léon Bloy, horreur du monde, horreur de la vie, horreur de tout ? Et mêlée étroitement à cette horreur, une douleur immense pour ces âmes, égarées dans les labyrinthes d'un monde sans Dieu ? Mais il s'agit là d'une douleur agissante qui, animée par la passion de l'absolu, passait rapidement à la colère pour réclamer une justice divine, une justice de catastrophe, annonciatrice de la fin des temps, que le visionnaire mystique souhaitait, et qu'il réclama jusqu'à la fin de sa vie. Si les cris du témoin ne retentissent pas ici aussi haut qu'ailleurs, c'est qu'ils sont recouverts par les exigences de la forme du conte. Mais quels cris n'entendons-nous pas dans les descriptions ironiques de ces figures qui peuplent les galeries souterraines par où nous ont fait passer les *Histoires désobligeantes* ! Et quelles fins « apocalyptiques » ne voyons-nous pas dans les conclusions de ces récits ! Car c'est, en fin de compte, la même vindicte du Désespéré que celle de *l'Exégèse des lieux communs*, par exemple, ou du *Sang du Pauvre*, sous cette réserve, qu'ici les cris sont tempérés, la plupart du temps, par un humour sarcastique qui n'en est pas moins écrasant pour être moins direct. La cible, pourtant, reste toujours la même, — la mise en accusation des temps modernes, les plus iniques, les plus bêtes qui furent jamais, proclama le Désespéré, temps tièdes, sans enthousiasme, sans amour, sans Dieu.

C'est précisément ce monde indicible que les *Histoires désobligeantes* mirent sous les yeux des contemporains de l'auteur, gens soi-disant chrétiens, qui ne se souvenaient plus de Dieu, ni de rien sinon de la terre tangible qu'ils aimaient éperdument. Et en attendant les holocaustes que ces temps méprisables appelaient sur eux, le cri du Désespéré se répétait en échos qu'on n'entendait pas :

...à cette minute quasi-dernière où quelque chose dure encore de ce qui fut la Passion du Fils de Dieu dans tous ses membres, et où quelques âmes restées en arrière de l'horrible multitude peuvent souffrir comme on souffrait autrefois, à la pensée que le Dieu du ciel et de la terre est introuvable; (...) en un tel moment, qui est à peu près celui de la mort, il est bien permis de se demander si, vraiment, l'image n'est pas aussi *absente* que le Prototype et s'il peut y avoir des hommes dans une société sans Dieu (6).

---

(6) Léon Bloy : *Le Fils de Louis XVI*, pp. 48-49.

II. - La Solidarité humaine.

> Il reste ceci... qu'on est tous en-
> semble, des figures de l'Invisible et
> qu'on ne peut remuer un doigt ni
> massacrer deux millions d'hommes
> sans signifier quelque chose qui ne
> sera manifesté que dans la Vision
> béatifique....
>
> Léon Bloy : *L'Ame de
> Napoléon.*

L'aspect extérieur des *Histoires désobligeantes* nous a présenté une image effroyable, repoussante, d'une société en proie
aux tentations avilissantes d'une époque matérialiste. Mais cet
aspect extérieur n'est que l'apparence d'une réalité qui, vue
de dedans et saisie dans ses profondeurs, nous apparaît
d'autant plus terrifiante qu'elle est la vraie, la substantielle,
l'éternelle réalité. Le conteur en Léon Bloy aussi bien que
l'historien, l'artiste, le poète, le prophète, s'intéresse avant tout
à la réalité des profondeurs, enveloppée ici dans les péripéties du tragique quotidien observé dans les vies qui se déroulent autour de lui. Montrer la vérité à son temps était sa première intention en écrivant les *Histoires désobligeantes,* d'où
est sorti le témoignage d'un monde sans Dieu. Mais il est une
autre vérité aussi à la base de la pensée de Léon Bloy, et qui
ressort des *Histoires :* c'est celle de la solidarité des êtres dans
le bien et dans le mal. Nous avons vu jusqu'à quel point la
doctrine de la Communion des Saints, qui est, en somme, un
autre aspect de la solidarité universelle, fut au centre de la vie
de Léon Bloy.

Ce fut à l'école des Ecritures saintes, ensuite des mystiques, surtout d'Anne-Catherine Emmerich et de Sainte Cathe-
rine de Sienne, puis de Blanc de Saint-Bonnet, de Joseph de
Maistre, d'Ernest Hello, etc., que le jeune Désespéré reçut sa
formation spirituelle et intellectuelle. Dans leurs écrits il avait

puisé le vin fort de cette belle doctrine qui nous confère les pouvoirs divins, pour le bien et pour le mal. Par la prière, par le sacrifice, par l'offrande spiritualisée des actes les plus insignifiants, on est à même d'exercer l'action toute-puissante de Dieu, pour ainsi dire, puisqu'on y coopère. Dans le domaine du mal, la volonté de l'homme peut contrarier Dieu mais, quand elle agit avec Lui, les bornes de sa puissance n'existent pas. L'étendue des répercussions de la prière, de la bonne volonté, aussi bien que des mauvaises actions, de la mauvaise volonté, est infinie. Mais ce qu'il faut retenir, c'est que chacun tient son rôle dans la solidarité universelle du plan divin et accomplit librement ses actes, bons ou mauvais.

Hélas ! quels abus de ces pouvoirs ne voyons-nous pas dans les vies des personnages des *Histoires désobligeantes !* Tout comme le bien engendre et multiplie le bien, le mal entraîne le mal, qui se développe pour le malheur de l'univers, physique aussi bien que moral.

Jusqu'à quel point les actes hypocrites de la mère de Jacques (*la Tisane*), retentissent dans le monde, spirituel, on ne saurait le dire, mais les résultats funestes de son égoïsme criminel se manifestent visiblement dans la mort foudroyante de son fils.

Léontine Bouton (*Le Vieux de la maison*), fille d'un père sans principes et, par conséquent, sans principes elle-même, exerce un métier infâme et finit par faire tuer son père. Le mal se montre consolidé ici par toute l'histoire, jusqu'à la tolérance de la part des honnêtes gens et même des sénateurs pour la mauvaise conduite de Léontine. Le mal se propage, encouragé par la licence d'une société sans énergie morale. L'histoire est, précisément, une bonne illustration de la solidarité des êtres dans le mal, dans cette chaîne d'interdépendances où chacun agit pour le bien ou pour le mal de son prochain, à des distances impénétrables.

En revanche, *la Religion de M. Pleur* offre le tableau d'un homme de mystère qui, malgré les apparences d'une avarice sordide, fait un bien ignoré par sa grande charité envers les pauvres, à qui il distribue en secret sa fortune gigantesque.

Toutes les histoires, il est vrai, ne soulignent pas avec la même insistance l'unité universelle des hommes, mais la plupart donnent, néanmoins, une image assez frappante du retentissement de nos actes dans les vies des autres.

Le Terrible châtiment d'un dentiste fera poursuivre un assassin par un malheur atroce, la naissance d'un fils difforme, genre de punition pour son crime et qui engendre encore un autre crime.

De même voyons-nous l'accumulation du mal dans *le Passé du monsieur*, où une jeune femme mourante, après avoir ruiné plusieurs personnes par amour pour un homme qui ne voulait pas se décider à l'épouser, confesse son crime juste avant d'être précipitée dans le monde des êtres invisibles où elle voit, s'écrie-t-elle, des horreurs sans nom. Le désespoir né de son crime l'a tuée. Prolongeant sa pensée dans les profondeurs invisibles, l'auteur nous laisse entendre que le refus opposé par l'oncle richissime à la restitution des sommes volées lui laisse l'obligation de payer dans l'éternité le crime de sa nièce qu'il aurait pu délier de son forfait. Les pouvoirs divins dont il dispose, l'oncle a préféré les diriger vers le mal, se refermant contre tout appel à l'amour charitable.

Tout ce que tu voudras !... met en œuvre ces pouvoirs ineffables que chaque homme possède, mais cette fois pour démontrer leur force bénéfique. Un acte bouleversant de la part de l'héroïne repentie convertit son frère en l'arrachant à une vie immorale et le pousse vers le cloître de la Grande-Chartreuse. Manifestement, c'est un exemple du mystère du rôle que chacun tient dans cette symphonie des âmes, de cette loi de la Réversibilité par où le bien peut annuler le mal et faire germer à sa place un plus grand bien.

Sans examiner toutes les histoires pour en dégager la manière dont elles illustrent la solidarité universelle, jetons encore un regard sur deux ou trois d'entre elles. *Une Recrue* témoigne de cette prolifération du mal par le mal dans une chaîne interminable. Un famélique, repoussé par une société égoïste, indifférente, tombe entre les mains d'un plus grand Mal dans la personne d'un anarchiste à la recherche d'ouvriers. Ainsi le mal engendré par une société, formée aux besoins de ses frères malheureux, s'accroît-il pour se tourner, en fin de compte, contre celle qui l'a fait naître.

L'accumulation du mal voulu dans le *Sacrilège raté* finit par miner la santé de la vicomtesse et ruiner la carrière politique de son mari. Encore ne parle-t-on que des effets visibles du mal, manifestations, pourtant, d'une pourriture invisible.

Comme dernier exemple, prenons les deux prototypes de l'histoire intitulée *Soyons raisonnables !...* La solidarité des êtres humains dans une unité totale est bien exposée ici par une faute commise dans la jeunesse qui, après s'être enracinée chez l'un des personnages, menace plus tard de ruiner la réputation de l'autre. Ce dernier, incapable d'arracher son amour-propre, d'accepter un châtiment si pénible, préfère ajouter au mal en y sacrifiant le bonheur de sa fille, victime innocente des péchés des deux médiocres.

Ainsi, privée de la conscience de son être spirituel, cette société, que connut Léon Bloy autour de lui, agit-elle clairement sans égards pour la profondeur mystérieuse du monde matériel. Le poète, cependant, plus sensible aux répercussions spirituelles des actions humaines, installé comme il était dans l'absolu, voyait toujours la solidarité universelle de toutes les âmes créées par Dieu. Que personne ne puisse se faire du bien ou se nuire sans en même temps faire du bien ou nuire au prochain, c'est là une morale qui se dégage de ces histoires effroyables. Tous ensemble, ces personnages qui représentent le monde, forment un seul amalgame, pour ainsi dire, dans lequel les actes et les pensées de tous réagissent les uns sur les autres, comme nous l'avons vu, pour le bien ou pour le mal. Le retentissement des actes humains sur le plan spirituel est incalculable, mais même sur le plan visible, matériel, on peut constater, sans peine, dans ces histoires, la résonnance salutaire ou pernicieuse des actes des hommes. Par malheur, les fruits de la grâce sont rares ici. Mais, se demande-t-on, si un

acte charitable, un mouvement de vraie pitié, chante pour (l'homme) les louanges divines, depuis Adam jusqu'à la fin des siècles..., guérit les malades, console les désespérés, apaise les tempêtes, rachète les captifs, convertit les infidèles, protège le genre humain (7),

quelles horreurs, quelles désagrégations ne devraient pas produire dans l'infini les trahisons, les tromperies, les méchancetés des hommes !

Le principe de la solidarité universelle, corollaire de la Communion des Saints, éclaire et rend encore plus tragique le monde sans Dieu. Quoiqu'en possession de dons infinis, l'homme, par manque d'amour refuse de faire le bien, et refuse ainsi sa collaboration à la cité céleste. Il tue, de cette manière, la grâce, c'est-à-dire Dieu, dans son âme aussi bien que dans celles d'innombrables autres, pour se faire un mal inconcevable. N'est-ce pas là le tragique humain et spirituel que Léon Bloy avait à cœur de dévoiler à ses contemporains en écrivant les *Histoires désobligeantes* ?

---

(7) Léon Bloy : *Le Désespéré*, p. 82.

_____

CHAPITRE VI

L'ART DU CONTEUR
DES « HISTOIRES DÉSOBLIGEANTES »

I. - La Genèse d'un style.

> L'essentiel c'est de marcher sur les eaux et de ressusciter les morts. Le reste, *qui est trop difficile*, est pour amuser les enfants et les endormir dans le crépuscule.
>
> Léon Bloy : *La Femme pauvre.*

Tant qu'on n'a pas parlé du style de Léon Bloy, de sa langue de poète, laquelle est aussi surprenante que son œuvre même, on a dit peu de choses. Cependant, en toute justice, constatons aussitôt que les *Histoires désobligeantes* ne donnent pas la mesure de l'harmonie, du mouvement, de la richesse, de la puissance verbale grandiose qui se retrouvent dans ses livres plus importants. Ici ce n'est que par éclairs intermittents que nous sommes éblouis, étonnés par des saillies impétueuses de cette puissance verbale à laquelle on s'est habitué en lisant Léon Bloy. Car la forme du conte, nécessairement restreint dans son étendue, les exigences d'un journalisme peu brillant (les *Histoires désobligeantes* furent écrites pour le *Gil Blas*), entravent les essors d'éloquence soutenus qui trouvent place dans une œuvre indépendante et de plus grande envergure. Malgré ces obstacles, pourtant, on trouve dans les pages de ce recueil, la même élégance sobre, la même expression pittoresque, pathétique, bouffonne, cinglante qui abonde dans toute l'œuvre de Léon Bloy, alternant le plus souvent ici avec les férocités d'un style mordant et les flèches d'une ironie qui n'épargne rien.

On pourrait dire que Léon Bloy, appartenant à la génération immédiatement postérieure au romantisme, fut lui-même un romantique attardé. Il est vrai que le jeune désespéré a subi, dans ses premières années à Paris, l'influence de Barbey d'Aurevilly, qui fut le mentor littéraire, aussi bien que le grand ami de son esprit, affamé de culture et d'une direction compréhensive. Il serait juste, pourtant, de préciser ce que Léon Bloy a hérité des romantiques dont il se distingue par plusieurs côtés. Réflexion faite, ne serait-ce pas d'abord de leur livrée qu'il hérita ? — livrée riche, colorée, flamboyante mais qui revêt toujours une préoccupation du concret et des réalités qui n'entrèrent pas dans les considérations de la plupart de ses contemporains, ni de ceux qui les ont précédés. Il n'est pas sans intérêt de noter que la mélancolie rêveuse des premiers romantiques ne touche pas l'âme de Léon Bloy et que sa douleur, — une douleur qui dura toute sa vie, — fut bien éloignée de la douleur des romantiques qui languissaient après des amours perdues, ou nourrissaient leurs regrets devant une destinée cruelle ou devant le spectacle grandiose de la nature.

Remarquons aussi, avec Jacques Debout, que la morale sans foi, la moralité toute seule, la religiosité attirèrent le plus profond mépris du Pèlerin de l'Absolu, les cris les plus âpres de son indignation. Léon Bloy, dont la vie était fondée sur le dogme, sur le Christ et sa Mère, sur le Saint-Esprit et l'Eglise, sur la Providence, la Comunion des Saints, la présence et l'intervention des morts, ne peut jamais tolérer la sentimentalité qu'il discerna, par exemple, dans la poésie de Lamartine ou d'Alfred de Musset.

Héritier plutôt d'un romantisme exaspéré qui cherchait constamment à se dépasser, formé par un Barbey d'Aurevilly, fanfaron, outré, Léon Bloy, qui s'apparente aussi à Edgar Allan Poe, à Baudelaire, à Lautréamont, etc., trahit, sans doute, certains traits de son ascendance littéraire mais, comme nous venons de le remarquer, ces traits ne sont chez lui que les accessoires du romantisme qui cache un souci constant des réalités plus profondes. Le lyrisme du romantisme, sa recherche de l'image, de la couleur, du grotesque même, du choc mélodramatique, sa déclamation verbeuse caractérisent bien

l'œuvre de Léon Bloy. Mais pour distinguer encore : cette spiritualité vague, aspiration plutôt vers l'infini, ces impressions
d'être à la fois dans le monde et hors du monde, ces pressenti-
ments obscurs d'une communication avec une autre réalité
plus vaste et supérieure à la vie individuelle, — ces caractères
qui appartiennent aussi au romantisme, sont bien dépassés
chez Léon Bloy par une spiritualité solide, puissamment nour-
rie de mystique et tournée vers les réalités du symbole. C'est
par là surtout qu'il se sépare des romantiques, — disons mieux,
des premiers romantiques.

D'autre part, on reconnaît chez Léon Bloy un héritage du
romantisme dans l'esprit de révolte contre son siècle, dans ses
efforts pour se libérer des pensées, des sentiments bourgeois,
dans sa recherche de l'absolu hors du matérialisme et des phi-
losophies du jour, et surtout dans ses élans vers la Beauté, vers
l'Héroïsme, vers la Sainteté. Mais Léon Bloy, qui exécrait tout
classement, toute école littéraire, se serait indigné d'être appelé
romantique, réaliste, symboliste ou quoi que ce soit. Ce qui
importe, à la longue, aurait-il déclaré avec insistance, c'est
qu'il est un écrivain moral, un écrivain catholique, séduit par
la beauté des choses de Dieu, des choses spirituelles qu'il voudrait offrir en nourriture à d'autres âmes affamées, comme
lui, de la Vérité. Ne s'est-il pas dit hors de tous les points de
vue humains ?

C'est là toute ma force, écrivit-il, mon unique force. La vérité bien
nette, et qui éclate dans tous mes livres, c'est que je n'écris que pour
Dieu...(1).

Les *Histoires désobligeantes* qui datent de 1893-1894 ne
suivent que de dix ans la publication du premier livre de Léon
Bloy, *le Révélateur du globe*. Aussi, appartiennent-elles encore
à la jeunesse littéraire de leur auteur. Qu'elles ne soient pas du
meilleur Léon Bloy, nous le reconnaissons. On pourrait dire
néanmoins, qu'elles ne s'écartent pas de la mission spirituelle
que Léon Bloy s'est donnée dès le début de sa carrière, à savoir,
de garder intact son témoignage de la médiocrité du siècle, de
balayer de toute son énergie les pestilences morales dont l'air
du temps était infesté. Les histoires, puisqu'elles sont un livre
de début, montrent encore, comme *le Désespéré*, d'ailleurs,
des inventions à effet plutôt romantiques telles, par exemple,

_____

(1) Léon Bloy : *Mon Journal*, le 16 juillet 1897, p. 256.

la fin mélodramatique du *Parloir des tarentules* ou certains détails grotesques du *Passé du monsieur*. Remarquons, cependant, que Léon Bloy saura se défaire, peu à peu, de son style surchargé, — signe de l'influence de Barbey d'Aurevilly, — des marques trop visibles de sa formation et que sa dernière prose, plus simple, dénuée des artifices recherchés, est d'une beauté sans pareille, « toute lumière, un lac limpide de cristal ».

Qu'il existât une sorte d'harmonie préétablie entre Léon Bloy et Barbey d'Aurevilly, la chose ne semble guère discutable. Tous deux tempéraments impulsifs, tous deux polémistes, journalistes, toujours contre quelque chose ou quelqu'un, tous deux exaspérés par leur impuissance à prévaloir sur la médiocrité contemporaine, ils se ressemblaient sur bien des points, malgré des divergences radicales. L'admiration du jeune Désespéré et son amitié affectueuse pour son maître durèrent quelque vingt-deux ans au cours desquels l'influence du brillant causeur sur son disciple ne put que s'affermir. Ce sera surtout dans sa manière flamboyante de s'attaquer à tout, de lancer des imprécations, des critiques, de fulminer du haut de sa tour d'ivoire, — le tout dans un style débordant, excessivement riche, — que nous verrons prolongé l'esprit du maître dans les écrits du Désespéré.

On connaît la critique compréhensive et élogieuse que Léon Bloy fit des *Diaboliques* de Barbey d'Aurevilly dans son *Brelan d'excommuniés* (1888). Personne mieux que lui ne pénétra l'esprit de l'œuvre, la psychologie de l'auteur. Et au fond, le sujet général des *Diaboliques* n'est pas éloigné de celui des *Histoires désobligeantes* qui auraient pu puiser une certaine inspiration de satanisme dans ces tableaux que Barbey d'Aurevilly brosse de la société bourgeoise. *Les Diaboliques,* en forme de nouvelles, permettent des développements plus épanouis que les histoires, plus courtes par leur forme et réglées sur les exigences du journal pour lequel elles furent écrites. Mais c'est surtout dans l'intention qui anime les œuvres des deux auteurs que nous voyons une ressemblance frappante, — cette intention de démasquer l'hypocrisie des mœurs bourgeoises retranchées sans vergogne derrière les façades des convenances mondaines. La poursuite acharnée du mal chez Barbey d'Aurevilly, son zèle, diabolique en lui-même, à traquer, à faire sortir de leur repaire et à dévoiler les secrets honteux d'une société dont il faisait partie, laissent pourtant une impression de plaisir savouré par le poète dans sa peinture des turpitudes qu'il détaille. C'est là cet élément de sadisme dont Léon Bloy parla dans son article sur le « Connétable des lettres » et qu'il définit comme une

famine enragée d'absolu, transférée dans l'ordre passionnel et demandant aux pratiques de la cruauté le condiment des pratiques de la débauche. Pourquoi pas donc cette réalité, continue-t-il, puisqu'il fallut que le Diable soufflât sur ce livre esthétiquement conçu comme le véridique miroir d'un état d'âme tout à fait humain et que, par conséquent, l'extrémité du Péché Mortel y devait être indispensablement déroulée (2) ?

Dans une certaine mesure, ne sent-on pas chez le Léon Bloy des *Histoires désobligeantes* une trace du même élixir distillé par Satan ? Lui aussi avait des penchants pour le cruel dans l'horrible, pour le passionnel, — on n'a qu'à penser à *la Fin de Don Juan*, à *la Fève*, à *Soyons raisonnables !...*, à *Jocaste sur le trottoir*, — mais par bonheur, Léon Bloy, grâce à sa forte spiritualité, sut s'en dégager et en tirer un enseignement profitable. Le déroulement du Péché Mortel atteint aussi son paroxysme dans les *Histoires désobligeantes* dont la grâce salutaire réside dans l'explication que l'auteur nous en a donnée lui-même : il s'agit d'allégories.

Une lettre de Léon Bloy à Gustave Guiches à l'occasion de la publication de son deuxième livre, *l'Ennemi*, en 1887, exprime la pensée de notre auteur sur le contenu de l'art littéraire, pensée qui éclaire en partie, le fond de plusieurs de ses livres.

Je suis certain, écrit-il, qu'au point de vue littéraire, la vérité absolue, et la beauté absolue sont dans l'hypothèse exclusive du Mal et que nous n'avons aucune autre chose à faire, si nous sommes vraiment artistes, qu'une poétique de péché et de désespoir (3).

On croit entendre Baudelaire. Il existe, certainement, des rapports entre l'art du Désespéré et l'art du poète des *Fleurs du Mal*. Tous deux sont partis de l'expérience du désespoir, de l'expérience tragique de la liberté humaine, qui précipita Baudelaire dans le mal pour y épuiser son exaspération avant de crier vers Dieu des profondeurs, tandis que Léon Bloy en sortit plus rapidement, ayant vite retrouvé une Foi inébranlable dans

---

(2) Léon Bloy : *Belluaires et Porchers. Un Brelan d'excommuniés : L'Enfant terrible*, pp. 130-131.
(3) Gustave Guiches : *Le Banquet : lettre de Léon Bloy, sans date, p. 125.

un Dieu d'Amour et de Miséricorde. Les traces de son expérience restent, cependant, très visibles, surtout dans *le Désespéré* et dans l'horreur qu'il ressent de retomber dans les ténèbres d'une nuit spirituelle si souvent dépeinte dans les *Histoires désobligeantes.*

« Une poétique de péché et de désespoir », — c'est, en effet, la formule de maintes œuvres de Léon Bloy, depuis *le Révélateur du globe* et *le Désespéré* en passant par *Sueur de Sang* et les *Histoires désobligeantes* à *la Femme pauvre*. Mais au fond des ténèbres de sa vision surgit toujours l'admirable espoir qui sauve, — tout ce qui reste après que la coupe du Mal est vidée, — et qui mène, en même temps, à la Vérité suprême, à la Bonté, à la Beauté. Ne pourrait-on pas faire ici un parallèle saisissant entre la formule littéraire de Léon Bloy et le défi porté un jour par Barbey d'Aurevilly à Baudelaire qu'il invita à recommencer les *Fleurs du Mal* en faisant un pas de plus dans le sens épuisé du blasphème ? Car, logiquement, dit-il, il ne reste plus à Baudelaire que la bouche d'un pistolet ou le pied de la Croix. Comme on sait, Baudelaire, resté catholique au plus profond de sa pensée, choisit le pied de la Croix. Il comprit que les ultimes conséquences à tirer du Mal poussé à bout se renfermaient dans ce choix et nul autre, — la vérité absolue ou la mort.

La satire morale qui ressort des *Petits poèmes en prose,* inspirés du même mépris pour la stupidité bourgeoise que les contes d'un Edgar Allan Poe, d'un Villiers de l'Isle-Adam ou encore d'un Léon Bloy, participe de la même angoisse spirituelle que celle des *Histoires désobligeantes.* Quoi de plus profond, de plus désolant que le mot final de *la Fausse Monnaie ?*

On n'est jamais excusable d'être méchant, conclut Baudelaire, mais il y a quelque mérite à savoir qu'on l'est; et le plus irréparable des vices est de faire le mal par bêtise (4).

C'est bien le même aveuglement que partagent la plupart des personnages dans le recueil de Léon Bloy, la même leçon du grand sommeil de la société bourgeoise.

Pour Baudelaire aussi l'empire de Satan sur le monde fut incontestable jusque dans ce qu'il appelait les « hérésies » du progrès illimité et de l'homme naturellement bon, toutes deux

---

(4) Charles Baudelaire : *Petits poèmes en prose*, XXVIII, *la Fausse Monnaie*, p. 86.

suites de la grande hérésie moderne, la suppression de l'idée du péché originel. Sans doute, peut-on voir ici l'influence de Joseph de Maistre dont les doctrines, connues aussi bien de Baudelaire que de Léon Bloy, se retrouvent dans la pensée des deux poètes. C'est bien le thème fondamental des *Histoires désobligeantes* qu'il n'y a que violence dans l'univers; mais, poursuit Joseph de Maistre,

nous sommes gâtés par la philosophie moderne qui nous dit que *tout est bien,* tandis que le mal a tout souillé, et que, dans un sens très vrai, *tout est mal,* puisque rien n'est à sa place.... Tous les êtres gémissent et tendent avec effort et douleur vers un autre ordre de choses (5).

C'est aussi le refrain qui résonne en sourdine à travers les *Petits poèmes en prose,* — le mal de vivre dans un monde où tout est mal, le désir ardent de s'emparer dès cette vie même, d'un paradis révélé.

L'art, cependant, pour Léon Bloy fut tout autre chose que pour Baudelaire, pour qui le problème d'un art chrétien ne se posa pas et qui voyait dans l'art ce qu'il y a de plus réel, ce qui seul donne un aperçu des correspondances entre les spectacles de la terre et les splendeurs du Ciel. En revanche, Léon Bloy comprit très jeune les dangers de l'art pour l'homme faible qui cherche à se libérer des limitations de sa nature, et qui risque de devenir, précisément, idolâtre des « signes qui ne peuvent pas donner la vie » (6). Un art chrétien est impensable, une impossibilité, constate-t-il. L'orgueil et la puissance suggestive que suscite en l'homme son art trahissent les origines infernales de celui-ci. S'il existe quelques rares individus qui sont en même temps des artistes et des chrétiens, le vocable de l'art chrétien reste, néanmoins, une contradiction pour Marchenoir. Et on rappelle son cri :

...Si l'art est dans mon bagage, tant pis pour moi ! Il ne me reste plus que l'expédient de mettre au service de la Vérité *ce qui m'a été donné par le* MENSONGE. Ressource précaire et dangereuse, car le propre de l'Art, c'est de façonner des Dieux (7).

Il est vrai que, plus tard, Baudelaire, comme d'autres poètes, comprendra la nécessité de se mettre à genoux en toute humi-

---

(5) Joseph de Maistre : *Soirées de Saint-Pétersbourg,* vol. II, 9e Entretien, p. 116.
(6) Léon Bloy : *La Femme pauvre,* chap. XXXIII, p. 189.
(7) Léon Bloy : *Ibid.*

lité devant Celui qui leur a conféré des pouvoirs souvent surhumains. Mais n'est-ce pas à la gloire de Léon Bloy, de sa Foi plutôt, d'avoir reconnu de si bonne heure que la grâce de l'art devrait nécessairement se trouver dans l'humilité de son adoration de Celui qui a Tout créé ?

On pourrait peut-être remarquer que dans cette époque de philosophes positivistes c'était du côté des poètes, d'un Edgar Allan Poe, d'un Baudelaire, d'un Villiers de l'Isle-Adam qu'apparurent les premières lueurs d'un monde invisible et que parvint, pour ainsi dire, un regard de Dieu. Car ce sont les poètes qui devinaient le spirituel au milieu des ombres et qui suggéraient une autre réalité dont la vie de ce monde n'est qu'une image fugitive.

Si la spiritualité d'Edgar Allan Poe est assez éloignée de celle de Léon Bloy, il est à son honneur, toutefois, d'avoir souligné la transparence du voile qui nous sépare des mondes invisibles et d'avoir éveillé chez les jeunes auteurs l'ambition de découvrir la réalité suprême. Que Léon Bloy ait lu les œuvres d'Edgar Allan Poe, nous le savons par son journal où, plusieurs fois, nous le trouvons en train de relire les contes de l'auteur américain, tout en enregistrant des commentaires des plus variables. Si une fois il est forcé d' « avouer que Poe tirait son inspiration des Lieux souterrains (8) », une autre fois il a lu « le " Scarabée d'Or " de Poe et de Baudelaire, avec une indicible volupté » (9). Mais la puissante spiritualité du Pèlerin de l'Absolu ne tarda pas à pénétrer la beauté sinistre des histoires d'Edgar Allan Poe qu'il définit comme d'une « splendeur d'ébène, ainsi qu'il s'exprime. Quel noir génie ! Quelle imagination des ténèbres. Dieu en est absent, comme de l'enfer» (10). « Trop de science humaine, dit-il quelques jours plus tard, en relisant l'*Eve future* de Villiers de l'Isle-Adam, « et trop peu de science divine. C'est la même impression que pour Edgar Poe. Ces poètes ne priaient pas, et leur mépris, éloquent parfois, n'est que l'amertume de leur impatience terrestre. Ils sont pleins de terre, comme les idoles » (11).

L'absence d'une vraie spiritualité, de l'esprit de la prière, du vrai surnaturel ne put qu'affliger le cœur fervent de Léon

---

(8) Léon Bloy : *Quatre ans de captivité à Cochons-sur-Marne*, le 3 février 1901, p. 53.
(9) Léon Bloy : *Mon Journal*, le 8 avril 1899, p. 316.
(10) Léon Bloy : *Le Mendiant ingrat*, le 5 juin 1894, p. 115.
(11) *Ibid.*, le 8 juin 1894, p. 116.

Bloy, épris de l'unique Beauté, de l'unique Réalité suprême. On ne peut pas laisser passer inaperçus, pourtant, certains traits des *Histoires désobligeantes* qui semblent relever d'une inspiration « poèsque ». Tantôt c'est le rythme ou le timbre d'une phrase qui semble apporté sur les vents d'Ulalume, ainsi :

> C'était la fin. Je fus forcé de me délier du cadavre dont les ongles m'entraient dans la chair et dont les yeux, incroyablement dilatés, regardaient toujours... (*Le Passé du monsieur*).

Ou encore, l'angoisse haletante :

> Je cours au dénouement de cette histoire, qui me tue, qui me dévore, qui me souille au-delà de ce qui peut être pensé. (*Jocaste sur le trottoir*).

Tantôt des aspects morbides, la recherche du grotesque et de l'horrible, l'effort pour montrer le côté comique et hideux de ces vies bourgeoises, trahissent un souvenir des contes d'Edgar Allan Poe. On pense, par exemple, aux détails sordides dans la vie de l'avare, M. Pleur, à toute la scène du dîner triste et solennel dans *la Fève*, (ce qui rappelle le décor du *Masque de la mort rouge*), à la préparation de l'intrigue de *Jocaste sur le trottoir* ou de *la Dernière Cuite*, aux laideurs monstrueuses de *la Fin de Don Juan* ou du *Terrible châtiment d'un dentiste*. C'est une bouffée à la manière d'Edgar Allan Poe qui s'échappe de temps en temps, des pages de ce recueil.

Ainsi, malgré le caractère allégorique des *Histoires désobligeantes*, on est quelquefois tenté d'attribuer à Léon Bloy un penchant inné pour le lugubre, pour l'effroyable, pour le repoussant. Sa pensée, naturellement sombre, semble attirée par le macabre et par tout ce qui rappelle la hideur de la vie, l'avilissement de la nature humaine. Souvenons-nous des tableaux dont il s'est entouré chez lui. Et, détail intéressant rapporté par son ami, René Martineau, Léon Bloy avait lu presque tout Léon Gozlan, et même l'avait relu en manière de récréation. Que les titres seuls de ce romancier aient suffi à le mettre en joie renforce la conviction qu'il goûtait le sinistre, — à ne mentionner que *Les Nuits du Père Lachaise* ou *la Vampire du Val-de-Grâce* ! C'est bien le goût romantique du mélodrame, du mystère noir. Mais remarquons, qu'à la différence d'Edgar Allan Poe, qui se complaît dans le mal, qui en savoure l'épouvante, Léon Bloy, s'il s'y complaît, en est aussi attristé, exaspéré. La vision spirituelle de la tragédie des âmes lui est toujours présente à l'esprit. Il serait plus exact de dire, peut-être, qu'il fut de ceux qui, comme Barbey d'Aurevilly, « vinrent au monde pour être les iconographes et les historiens du Mal et ꞏqu'il (porta) cette vocation dans ses facultés d'observateur » (12). Le mal qu'il dépeint avec tant d'ironie accède tout de même à un plan spirituel ou moral. Ce n'est plus seulement l'analyse calculée, développée à froid, d'un Edgar Allan Poe, mais plutôt une peinture indignée, douloureuse du tragique chrétien. C'est, au fond, le tourment religieux, la soif de justice et de vérité, qui inspire toute l'œuvre du Pèlerin de l'Absolu et ce tourment n'est pas étranger aux *Histoires désobligeantes.*

On songe tout naturellement ici à un autre assoiffé de justice et de vérité, dont la déréliction devant l'impénétrabilité d'une humanité cuirassée ne cessa jamais de toucher le cœur du Désespéré, — à Ernest Hello, qui attisa les tourments de son âme chez son ami. Si les *Contes extraordinaires* ne brûlent pas du même mépris que les *Histoires désobligeantes,* ils renferment, toutefois, l'angoisse de l'auteur, dont la vision du monde le désole. Penseur, plus philosophe que Léon Bloy, il discute volontiers de la science, de l'art, de la vie dont il voudrait démontrer la nature symbolique pour les diriger vers Dieu. Mais la terreur savamment dosée, l'ironie appliquée à déchirer, la peinture sans voiles du mal, n'entrent guère dans son œuvre. Ce sera plutôt par l'amertume de ses déceptions, par l'indignation de ses haines qu'il s'apparente à Léon Bloy à qui il léguera son impatience du cataclysme final et de l'avènement dans la gloire de son Seigneur Dieu.

Autre compagnon littéraire éclatant des mêmes colères, torturé par les mêmes insuffisances de la vie contemporaine, Villiers de l'Isle-Adam se rapproche aussi de Léon Bloy malgré une formation plus intellectuelle, une attitude plus détachée de dernier aristocrate. A l'encontre d'Ernest Hello, Villiers de l'Isle-Adam fulmine d'une ironie cinglante, cruelle, souvent alliée à l'horrible. Remarquons, cependant, qu'il utilise en moraliste, comme Léon Bloy, d'ailleurs, ces effets d'horreur à la Poe, et dans une même perspective, c'est-à-dire pour faire entendre une plus grande vérité cachée et pour en dégager une leçon.

Les *Contes cruels* et les *Histoires insolites* de Villiers de l'Isle-Adam renferment non seulement les mêmes haines, les

---

(12) Léon Bloy : *Belluaires et Porchers. Un Brelan d'excommuniés, L'Enfant terrible,* p. 132.

mêmes indignations qu'entretient l'œuvre de Léon Bloy, mais aussi un sens profond du spirituel, de la vie invisible qui entoure le monde d'ici-bas. Nous savons que jusqu'à la fin de sa vie Léon Bloy lut avec un plaisir toujours égal les livres de Villiers de l'Isle-Adam, dont ses préférés furent l'*Eve future*, *Tribulat Bonhomet* et les contes. Leur satire l'enchantait. Si le Pèlerin de l'Absolu trouva le mysticisme de son ami « plein de terre », c'est que sa perception du spirituel était plus élevée et se tenait sur les sommets, tandis que celle de Villiers de l'Isle-Adam s'arrêta en route, contente de rêver une vie idéale où l'amour terrestre occuperait encore une place importante. Il est vrai que les deux auteurs ont recours à une ironie indignée pour discréditer les attitudes bourgeoises. Il est à remarquer, pourtant, que l'ironie de Villiers de l'Isle-Adam, vengeresse, impitoyable, manque de la bonhomie, du sens joyeux du comique qui éclate souvent à travers l'ironie de Léon Bloy dans ses *Histoires désobligeantes*. Car Léon Bloy possède, en même temps qu'une langue mordante, une certaine cocasserie verbale qui déclenche le rire et qui fait équilibre, en quelque sorte, à son humour noir.

A la lignée de ces quelques poètes, tous des affamés d'idéal, des mécontents de cette vie d'exil, vient s'ajouter le nom de Léon Bloy. Le plus proche héritier de Barbey d'Aurevilly, il s'apparente aussi, par son esprit et par son talent, à toute cette famille de tourmentés qui nous ont légué les gémissements de leurs douleurs. Ces quelques filiations littéraires de Léon Bloy nous feront, peut-être, mieux comprendre l'esprit des *Histoires désobligeantes* aussi bien que certaines qualités de leur style.

II. - L'Armature d'une vision intérieure.

> On a souvent parlé de mes livres,
> mais personne n'a dit que je suis un
> poète, rien qu'un poète, que je vois
> les hommes et les choses en poète
> comique ou tragique, et que, par là,
> tous mes livres sont expliqués. Je
> vous livre ce secret.
>
> Léon Bloy : *Au Seuil de
> l'Apocalypse.*

On pourrait dire des *Histoires désobligeantes* ce qu'avait dit leur auteur de son *Désespéré*, — que ce fut le « plus effroyable livre qui puisse être inspiré par le sentiment despotique d'une irrémédiable décadence (13) ». L'œuvre était, en effet, une critique interprétative de la vie contemporaine, observée et connue par un homme dont la foi dans le christianisme surnaturel fut tellement absolue, tellement substantielle qu'il ne put comprendre la vie que par rapport aux destins spirituels, — d'où sa tristesse devant l'inconscience contemporaine, tristesse qui se traduit en ironie cruelle, en mépris indigné. N'oublions pas, cependant, que l'intention de Léon Bloy n'était pas d'approfondir sa douleur devant l'abjection de l'époque, d'observer ses semblables dans leurs vies hideuses uniquement pour transformer en littérature — autant dire en art, — les images dont il était obsédé. La vision du monde des âmes, ignorant leur valeur et que Léon Bloy voudrait, à tout prix, secouer est toujours sous-jacente aux récits.

L'unité de la vie de Léon Bloy et de son œuvre, ne vient-elle pas, précisément, de là ? La formule de l' « art pour l'art » ne fut, en effet, jamais valable pour lui, et son art, qui fut en un sens sa vie aussi, était plutôt une arme au service de la

---

(13) Léon Bloy : *Lettres aux Montchal*, le 5 septembre 1884, vol. I, p. 4.

Vérité qu'un moyen de créer une beauté dont la raison d'être se trouvait en elle-même. Ce qu'il croyait, ce qu'il rappelait aux âmes oublieuses de son époque, il le vivait dans sa vie de tous les jours. L'Absolu, la sainteté auxquels il invitait, voire, exhortait ses lecteurs ne furent jamais pour lui une fiction littéraire mais la substance même d'une vie qui puisait sa force dans une foi héroïque, vécue en face des épreuves d'une misère épouvantable.

Nous avons déjà noté le caractère adéquat et original des titres que Léon Bloy trouvait toujours pour ses livres. La même finesse prévaut pour les titres de chaque histoire du recueil des *Histoires désobligeantes*. En général, un élément de mystification enfermé dans le titre stimule nos facultés de pénétration, car le titre est, si l'on veut, la clef de l'intrigue, qui nous permettra d'entrer au cœur de l'histoire. C'est avec un art consommé que les titres de Léon Bloy ramassent l'essentiel du récit sans, pourtant, en livrer le secret, telle *la Tisane*, autour de laquelle tournent les péripéties d'une tragédie; tel *le Vieux de la maison*, figure qui met en relief l'hypocrisie des personnages; ou encore, *la Taie d'argent*, expression figurative qui expliquera la cécité symbolique du héros. Dans certains cas, ce seront quelques paroles succinctes prononcées par le héros ou par l'héroïne et d'où émane toute la signification d'une situation, comme *Tout ce que tu voudras !...* ou encore, *Soyons raisonnables !....* Ce qui frappe le plus dans les titres, peut-être, c'est un certain piquant à l'emporte-pièce, — on songe à *la Dernière Cuite*, au *Torchon brûle*, au *Parloir des tarentules,* — une certaine verve caustique, parfois ironique, telle *la Plus belle trouvaille de Caïn*, ou parfois amusée, tel *l: Téléphone de Calypso*. Il faut reconnaître que les titres des *Histoires désobligeantes* sont toujours exempts de banalité.

On pourrait peut-être faire remarquer aussi que plusieurs histoires portent le nom de leur personnage ou un nom mythologique ou biblique. Dans les deux cas, ce nom, inventé ou trouvé, doit suggérer le caractère du personnage, sinon l'existence d'une analogie avec le destin de l'original. M. Pleur, par exemple, (*la Religion de M. Pleur*), ferait pleurer d'effroi et de dégoût tous ceux qui contempleraient son aspect immonde, et lui-même pleurait souvent sur son Argent symbolique, dans sa misère endurée pour lui. Le nom de Don Juan suscite, évidemment, l'image d'un libertin dont nous avons ici un parallèle outré. Calypso, (*le Téléphone de Calypso*), qui se nomme ici, au xixe siècle, Mme Presque, retiendra auprès d'elle, au moyen de la mécanique moderne, son Ulysse naufragé, M. Vertige. *Jocaste sur le trottoir* suggère la variation sur le thème ancien de la mythologie que renferme l'histoire. Caïn, (*la Plus belle trouvaille de Caïn*), est plutôt le nom que Marchenoir avait reçu par défi d'un père maçonnique et dont il se servait en signe de mécontentement. On sait que le nom de Caïn qui réunit les idées de crime, de remords et de révolte contre Dieu, résume parfaitement le caractère du jeune Marchenoir, et on comprend sa joie délirante à trouver la tête coupée de sa propriétaire.

Paraissant le plus souvent en première page dans le *Gil Blas*, les *Histoires désobligeantes* ont dû attirer maint lecteur par l'originalité de leurs titres.

N'est pas conteur qui veut. Le conte, en tant que forme littéraire, exige des qualités plus subtiles, plus concises que le roman où la notion de temps est différente. Présenter, en quelques mots, l'instant privilégié où se dénoue une action et d'où sortira une révélation morale sur le caractère des protagonistes, voilà qui exige un art d'une habileté suprême. En effet, le conteur aura besoin de certaines aptitudes, parmi lesquelles un don d'émotivité, un don de la parole, une observation aiguë et une connaissance approfondie, voire sympatique, du genre. Car, au demeurant, l'essence du conte, sa raison d'être, réside dans ce que M. André Vial appelle un « effet brutal de choc à produire sur l'esprit du lecteur » (14). Réussir à produire ce choc en un nombre limité de pages requiert, certes, une capacité de condensation que tout auteur ne possède pas. (On pense, par exemple, aux *Contes extraordinaires* d'Ernest Hello auxquels manque la concision nécessaire pour provoquer aucun saisissement).

Soit dit en passant, les *Histoires désobligeantes* ont toujours « un effet brutal de choc », réservé généralement pour la fin. Il y en a même qui amassent une série de chocs, chacun plus violent que l'autre, et qui finissent par mettre le lecteur dans un état d'exténuation complète, telle *la Fin de Don Juan* ou *Soyons raisonnables !*....

Le début des histoires est ordinairement brusque. On plonge, sans tarder, « in medias res » par une ou deux phrases très courtes dont la première est destinée à piquer au vif notre

---

(14) André Vial : *Guy de Maupassant et l'art du roman*, p. 144.

curiosité et la deuxième, à suggérer le cadre de l'intrigue ou parfois le caractère du personnage. Quelques exemples nous montreront le procédé. « Jacques se trouva simplement ignoble » (la Tisane). Après ces cinq mots, nous sommes introduits sur-le-champ dans l'obscurité de l'église, près du confessionnal. Ou encore : « Ah ! elle pouvait se vanter d'en avoir de la vertu, Mme Alexandre ! » (le Vieux de la maison), et le caractère de l'héroïne va se découvrant sur un mode ironique en même temps que la situation du « vieux ». Ailleurs, en ouvrant à l'aventure le recueil : « Ils étaient quatre et je les ai trop connus » (Une Idée médiocre), phrase suivie des présentations et de l'éclaircissement de la situation singulière du groupe.

Un autre procédé dont Léon Bloy se sert pour lancer son intrigue d'un coup, consiste à citer une bribe de dialogue, le plus souvent unilatéral, — par exemple, le début du Terrible châtiment d'un dentiste : « Enfin, monsieur, me ferez-vous l'honneur de me dire ce que vous désirez ? » — suivie par une révélation sur l'identité des personnages et leur situation vis-à-vis l'un de l'autre. Le Passé du monsieur, Une Martyre, la Taie d'argent, et d'autres optent pour ce genre de début qui établit tout de suite un contact direct avec le lecteur. Même procédé pour le Réveil d'Alain Chartier, Un homme bien nourri, Jocaste sur le trottoir, avec cette différence que ces histoires se servent du stratagème d'une lettre pour fixer la première attention du lecteur. Sans explication alors, Léon Bloy nous plonge immédiatement dans les faits de l'histoire, faits qui nous apparaissent comme véridiques, le plus souvent connus personnellement de lui-même et dont, parfois, le point de départ est un fait divers. Mais c'est lui qui prend à son compte le récit et qui le raconte à la première personne. Ainsi, le lecteur, ressent-il toujours la chaleur personnelle qui émane de la présence de l'auteur et qui perce à travers la narration.

Le rythme de l'histoire s'établit ainsi rapidement pour nous porter à toute vitesse à travers une intrigue houleuse d'émotions vers une fin aussi brusque que le début. On pourrait peut-être dire que les conclusions des Histoires désobligeantes, presque toujours violentes, exagérées, au point d'être souvent des cataclysmes apocalyptiques, (sur un plan réduit à l'individu), sont bien dans le caractère de Léon Bloy. Assurément, il voulait étonner, — bien plus, épouvanter le lecteur de cette vision dont l'horreur symbolique ne put jamais atteindre pour lui l'horreur spirituelle qu'il apercevait. Mais encore, ne pourrait-on voir, dans certaines de ces fins terribles, une espèce de jugement prononcé, une justice mesurée aux coupables ? Dans cette veine, on se rappelle la lamentation exprimée au sujet de Don Juan, à savoir, qu'on aurait voulu, « tout de même, pour l'honneur de la Justice, que l'agonie de ce malfaiteur eût été moins douce ». Profitant alors, de son rôle de créateur, le Pèlerin de l'Absolu sut, à plusieurs reprises, proportionner le châtiment au crime, par exemple dans *le Terrible châtiment d'un dentiste, la Dernière Cuite, le Passé du monsieur*. Il faut remarquer, cependant, que si quelques dénouements ressemblent à des traductions en justice, la plupart sont simplement des révélations subites, livrées d'une manière très forte et parfois même insolente. L'auteur n'a pas l'intention de ménager le lecteur. Il faut le frapper par l'horreur de ces vies, par l'intensité, la violence des conclusions, — par des assassinats, des suicides, des morts subites, des dégradations inouïes. Et pourtant, rappelons-nous que chez Léon Bloy les atrocités aboutissent toujours à une vision du plan surnaturel, à une signification toute spirituelle, que ce soit la noirceur du péché ou les splendeurs de la souffrance librement consentie. Si la conclusion amène une punition méritée, la vraie morale se trouve ailleurs, dans la perte infiniment plus grave de la vie spirituelle. C'est la mort de l'âme qui se cache sous la conclusion atroce, laquelle n'est que le symbole, figure qui passe, ombre fugitive de la vraie réalité.

Mais c'est la conclusion de la plupart des *Histoires désobligeantes* qui donne la signification, le sens véritable de tout ce qui a précédé. Tout le récit se précipite vers cet instant suprême, toutes les péripéties de l'intrigue y convergent.

Nous devons à M. André Vial (15) une analyse magistrale de la technique du conte d'après l'œuvre de Guy de Maupassant. Son étude approfondie des contes de cet auteur distingue diverses façons de donner le « coup de fouet final » au court récit. A regarder de plus près, les mêmes procédés s'appliquent aussi bien aux *Histoires désobligeantes* qui se terminent souvent par une image, un mot final du conteur, un mot d'intense signification, un mot d'esprit, une sèche précision anecdotique, — et parfois une combinaison de ces manières.

Si c'est une image qui termine le conte, nous trouvons l'attitude du personnage ou des personnages principaux repro-

---

(15) André Vial : *op. cit.*

duite dans toute son éloquence; tel est le cas du *Vieux de la maison*, des *Deux fantômes*, du *Frôleur compatissant*, de *la Fin de Don Juan*, d'*Une Martyre*. En général, c'est une peinture concise, sommaire, ironique, de l'hypocrisie ou de l'horreur des personnages.

Plusieurs *Histoires désobligeantes*, — *la Religion de M. Pleur*, *Projet d'oraison funèbre*, *Une Idée médiocre*, *Un Homme bien nourri*, — s'achèvent sur un bref commentaire satirique qui résume l'élément moral de l'épisode.

Deux contes seulement se terminent sur un mot d'intense signification, les *Propos digestifs*, et *Une Recrue*. En un sens, ce dernier s'achève deux fois : la première fois par un mot qui porte tout le mystère de la loi de réversibilité, et la deuxième fois, par une sorte d'épilogue anecdotique qui résume l'élément moral de l'histoire. On pourrait y voir même une espèce de jeu de l'esprit qui paraît à la fin et qui souligne encore le sens symbolique de l'épisode.

Un mot d'esprit sur un ton de raillerie mordante donne le coup final au *Cabinet de lecture*, à *Soyons raisonnables !..*, à *On n'est pas parfait !* (lieu commun énoncé avec une intention malicieuse !) et au *Parloir des tarentules*. Le mot d'esprit sarcastique du dernier, pourtant, est ajouté par l'auteur après la conclusion véritable de l'épisode.

Certains autres dénouements frappent les sensibilités du lecteur par l'énonciation brutale d'un crime atroce, comme dans *le Parloir des tarentules*, *Terrible châtiment d'un dentiste*, *le Soupçon*, *Jocaste sur le trottoir*, *la Dernière Cuite*, *La plus belle trouvaille de Caïn*, Et ces conclusions brusques sont d'autant plus horribles qu'elles débouchent parfois sur l'absurde, et le grossier.

Mais le plus souvent l'éclaircissement arrive sous forme d'une dernière précision lapidaire, elle-même anecdote explicative ajoutée par l'auteur. Ainsi s'achèvent *la Tisane*, *le Réveil d'Alain Chartier*, *le Téléphone de Calypso*, *Tout ce que tu voudras !..*, *Sacrilège raté*, *la Taie d'argent*, etc.

D'une manière générale, c'est le contraste explicite ou implicite, qui fera ressortir le thème fondamental de toutes les *Histoires désobligeantes*, l'hypocrisie des mœurs. Or, du point de vue structural, la surprise, voire, le choc, l'horreur des dénouements dépendent souvent, aussi, d'une préparation fondée sur le contraste à l'intérieur de l'épisode. Ici encore, il faut remarquer que la variété des contrastes établie par M. André

Vial dans son analyse des contes de Guy de Maupassant, citée plus haut, prévaut d'une manière analogue dans les *Histoires désobligeantes*. A reprendre quelques-unes de ses constatations, on découvrira les ressorts du choc final d'un grand nombre d'histoires.

Le contraste, par exemple, entre l'opinion qu'on s'est formée de M. Pleur (*la Religion de M. Pleur*), d'après sa mine ou son attitude, et la réalité cachée est à la base de la surprenante révélation de l'épisode.

Le contraste entre les circonstances qui font l'objet du récit et l'ignorance du personnage le plus intéressé à le connaître nous donne le choc douloureux de *la Tisane*, de *Jocaste sur le trottoir*, de *Tout ce que tu voudras !...*, du *Réveil d'Alain Chartier*.

Ou encore le contraste entre la cause et l'effet qui peut aboutir à une cocasserie, toutefois accompagnée d'une vibration tragique, règne dans le *Cabinet de lecture*.

Les sentiments ou l'attitude passés du personnage et son attitude ou son acte présents préparent le contraste d'où sort la tragédie de *Soyons raisonnables !...*, de *la Taie d'argent*.

C'est bien encore le contraste entre l'acte ou les actes que commet un personnage et son attitude d'inconscience absolue qui prépare le dénouement d'*Une Martyre*, d'*On n'est pas parfait*.

Et en dernier lieu, jetons un coup d'œil sur le contraste obtenu par les sentiments et la qualité morale ou humaine de deux personnages. C'est, en effet, le contraste offert par les *Deux fantômes* qui en fournit la conclusion trépidante.

Il faut noter, pourtant, que toutes les *Histoires désobligeantes* ne comportent pas une préparation de contraste pour atteindre le coup final. Il y en a qui ne sont qu'une accumulation d'éléments présents dès le début et qui préparent nécessairement un dénouement d'horreur, comme dans le *Terrible châtiment d'un dentiste*, *Une Recrue*, *Sacrilège raté*, *la Fin de Don Juan*, etc.

Si la conclusion des *Histoires désobligeantes* est l'instrument de choc qui ébranle les émotions du lecteur, les préparations de l'anecdote, astucieusement agencées, visent à disposer le terrain à cet effet, souvent, comme nous venons de le voir, au moyen d'une diversité de contrastes ou d'un entassement calculé des faits.

Dans les *Histoires désobligeantes,* comme ailleurs dans l'œuvre de Léon Bloy, on rencontre sa prédilection pour l'ambivalence des figures dont il se sert. C'est une dialectique poursuivie pour suggérer le mystère, le plan transcendant ou surnaturel qui côtoie le plan naturel de la vie. Si l'usage de cet artifice ne frappe pas toujours dans les *Histoires désobligeantes,* il n'en est pas moins présent à l'esprit de l'auteur, qui ne perd jamais de vue l'autre face du miroir dans lequel se reflète l'énigme de la vie terrestre. *La Religion de M. Pleur,* toutefois, fait voir en plein épanouissement cette recherche de deux significations dans la même image. L'ingéniosité incomparable de Léon Bloy à découvrir la face renversée du symbole ressort ici dans une déconcertante magnificence. Nous avons non seulement le dédoublement du personnage de M. Pleur, qui rassemble en lui deux caractères opposés du bien et du mal, le saint et l'avare, mais nous avons aussi le développement intuitif du symbolisme de l'argent dont nous avons parlé plus haut. Et encore, l'histoire intitulée *Propos digestifs,* où le thème de l'incertitude sur l'identité des personnes se déroule avec éclat, nous présente, d'une manière adroite, le phénomène du mystère de la vie. Il en va de même de toutes les *Histoires désobligeantes.* Plus ou moins évidente, l'ambivalence des situations s'y retrouve toujours. Car, au fond, la manière de voir de Léon Bloy se fonde sur cette pénétration intuitive, mystique, poétique, du symbole.

C'est ainsi, d'ailleurs, que le Pèlerin de l'Absolu a disséqué les idées reçues, — ces poisons tant décriés par tous les contempteurs du Bourgeois, — pour nous donner son *Exégèse des lieux communs.* Sa méthode consiste à démontrer la fausseté du dicton ou du proverbe puisqu'il attaque une vérité évangélique; cependant, de l'autre côté, du point de vue de l'absolu, il sera vrai, à la lumière de Dieu.

« On ne peut pas vivre sans argent » (X, 1re série de l'*Exégèse des lieux communs*), observe, avec sagacité, le Bourgeois et Léon Bloy de s'accorder avec lui, mais pour démontrer la vérité méconnue de ses paroles. Ayant identifié dans son symbolisme l'Argent et Dieu, l'auteur fait comprendre que le Bourgeois, à son insu, dit vrai. « Manger de l'argent », cette horreur du Bourgeois, qu'il condamne à tout moment, s'éclaire à la lumière de la même assimilation, — car ce même Dieu, le Pain vivant, désire qu'on le dévore, mais le Bourgeois, qui affirme des vérités sans le savoir, ne pénètre pas plus ce mys-

tère que le sens du mot « vivre ». Et encore, le sens caché de
« tuer le Temps » (LXXXII, 1ʳᵉ série), se révélera tout autre
que ce que le Bourgeois veut signifier par cet équivalent de
s'amuser. « Quand le Bourgeois s'embête le temps *vit* ou
ressuscite », dit Léon Bloy. Il faut dire, par conséquent, que
lorsque le « Bourgeois s'amuse, on entre dans l'éternité »,
autrement dit, ses amusements ressemblent à la mort. Ainsi,
avec une ingéniosité des plus remarquables, Léon Bloy découvre constamment l'ambivalence des images qu'il nous met sous
les yeux. C'est, si on veut, son optique particulière que de voir
toujours l'image cachée, l'autre face des symboles que nous
autres saisissons si imparfaitement. La vie, les vocations, les
identités, les événements de l'histoire ne l'intéressent que par
leur signification dans l'absolu. De là cette recherche du sens
ambivalent, de l'image de la vérité cachée dont nous ne voyons
que des reflets difformes et pâles.

Tout comme les *Histoires désobligeantes*, l'*Exégèse des
lieux communs* est un livre de satire sociale, de cette même
satire, pourtant, qui dirige vers une conscience des réalités
spirituelles. Le monde moderne qui ignore et nie les profondeurs, le même monde des *Histoires désobligeantes*, se retrouve
ici, en butte à l'ironie caustique de Léon Bloy, qui cherche à
persuader de la misère, du ridicule, de la suffisance bourgeoise
qui s'oppose à Dieu. A l'exemple de Flaubert, dans son *Dictionnaire des idées reçues*, mais plus amplement, plus profondément, Léon Bloy note la misère des pensées, des clichés dont
le langage populaire est rempli. Tellement proche par son
esprit d'ironie indignée, de paradoxe satirique, l'*Exégèse des
lieux communs* pourrait bien passer pour un prolongement
des *Histoires désobligeantes*. N'y avons-nous pas trouvé, d'ailleurs, parmi les aphorismes de la sagesse bourgeoise, l'histoire
de notre recueil, *On n'est pas parfait ?* (VI, 1ʳᵉ série). Et un
peu plus loin, reparaît l'histoire non-recueillie, *la Chambre
noire* sous le titre informateur de *l'Excès en tout est un défaut*
(XXXVI, 1ʳᵉ série). On est même tenté de vouloir trouver parmi
les *Histoires désobligeantes* la pieuse Mme Plutarque de *Chacun pour soi et le bon Dieu pour tous* (LXXVIII, 1ʳᵉ série), car
elle étale, au plus profond de son âme, avec une inconscience
déconcertante, la bêtise pitoyable de la femme bourgeoise.

Comme il convient à l'ambiance que l'auteur veut créer,
les *Histoires désobligeantes* regorgent de lieux communs dont
beaucoup seront repris pour être développés dans l'*Exégèse*

des lieux communs par la méthode impitoyable de l' « Entrepreneur de démolitions ». Le but de Léon Bloy dans les deux livres se révèle, en fin de compte, le même : attirer l'attention sur le scandale de la cécité contemporaine. C'est là aussi le principe d'unité de toute les *Histoires désobligeantes*, œuvre d'esprit critique, qui, à travers ses traits d'ironie et de dérision laisse voir la volonté de son auteur.

Quoique les efforts en vue pour caractériser ses personnages soient des plus simples, la finesse de Léon Bloy réussit à en suggérer, par chaque détail, une idée assez complète. Il était fier, d'ailleurs, de son aptitude à condenser une anecdote pour laquelle, prit-il plaisir à dire, il aurait fallu cinq cents pages à Zola ! Nous avons déjà remarqué dans un autre chapitre que les personnages des *Histoires désobligeantes* sont saisis de l'extérieur mais que l'image donnée se prolonge vers l'intérieur pour atteindre la volonté, l'esprit de l'individu. S'il y a parfois des descriptions assez détaillées, elles tendent, néanmoins, vers une révélation de la sensibilité morale. Toute la description physique de Damascène Chabrol, par exemple (*le Parloir des tarentules*), ses mouvements, ses habitudes, ses manies, nous préparent à attendre la manifestation de son indiscutable folie. Il en est de même pour les *Deux fantômes* où les descriptions immondes, les étalages d'activités de Miss Magpie, les sujets de conversation ne sont que des repoussoirs pour la révélation de leurs âmes. Ou encore, tout en narrant les faits du *Passé du monsieur,* sans prétendre interpréter leur psychologie, l'auteur, par ses métaphores ironiques, par ses similitudes amusantes, cruelles, désigne autant l'état d'âme des protagonistes que la tragédie des faits extérieurs.

Il n'est pas rare que Léon Bloy se serve de dialogues ou de monologues pour préciser plus directement le caractère du personnage, car la parole fournit une entrée immédiate dans l'émotion, dans la situation de crise et fait valoir, en même temps, la nature du protagoniste. La première partie d'*Une Martyre,* par exemple, nous éclaire par ce moyen, sur l'égoïsme foncier de Mme Durable, qui se présente ainsi vivement, sous sa forme originelle, au jugement du lecteur. Il en est de même pour *le Vieux de la maison,* pour *Soyons raisonnables !...* et pour d'autres histoires. Remarquons, cependant, que ce n'est qu'en fragments assez courts que les contes se nourrissent du dialogue, volontiers paré, d'ailleurs, de lieux communs ou de clichés bourgeois, pour renforcer la qualité du personnage.

Malgré un certain relief accordé ainsi aux rôles par le style direct, il reste, toutefois, sous la plume de Léon Bloy, un instrument de plus de raillerie et permet de saisir en flagrant délit la sottise bourgeoise.

Mais le plus souvent, Léon Bloy, pour le développement de son histoire, a recours à l'exposition simple, au récit. Il ne dédaigne pas, du reste, des explications lumineuses, ironiques, des actions des personnages. On relève, ici et là, des expressions telles que : « Voici pourquoi » (*Terrible châtiment d'un dentiste*); « Et voilà comment une seule défaillance brisa deux carrières » (*On n'est pas parfait*); « Or voici ce qui s'était passé » (*Soyons raisonnables !...*). Notons que ce sont des explications narratives et non pas analytiques ou dogmatiques. Elles s'incorporent à la narration même, qu'elles n'interrompent pas. Autre procédé assez fréquent : l'auteur n'hésite pas, de temps à autre, à intercaler une remarque personnelle, brève, nette qui nous fait savoir son attitude, — d'amusement, de surprise, d'indignation. Tel est le cas dans la dernière phrase de *la Religion de M. Pleur*, question ironique adressée directement au lecteur, dans la troisième partie d'*Une Idée médiocre*, où il s'adresse expressément au lecteur pour souligner son mépris : « Vous avez bien compris ? *Par serment* », au milieu du *Téléphone de Calypso* où, entre parenthèses, il exprime son opinion sur les inventions modernes, etc. Il est vrai que la présence de l'auteur ne s'efface presque jamais, puisque la plupart des *Histoires désobligeantes* sont données pour des incidents étant arrivés dans sa vie et qu'il raconte de première main, à la première personne. Et pour affirmer sa présence d'une autre manière, il s'exprime tout à coup à la deuxième personne, établissant ainsi une intimité qui lui assure la complicité du lecteur.

Avec quelle compréhension, avec quelle pénétration Léon Bloy ne fouille-t-il pas les labyrinthes du cœur bourgeois, tordu et déformé par mille incitations de Satan ! Depuis la roucoulante Mme Alexandre (*le Vieux de la maison*), en passant par le doux Némorin Thierry (*le Frôleur compatissant*), le dur Dieudonné Labalbarie (*la Dernière Cuite*), l'impossible Aristobule (*le Soupçon*), le clairvoyant aveuglé (*la Taie d'argent*), jusqu'à la sentimentale et frustrée Orthodoxie (*le Cabinet de lecture*), ce sont des croquis pittoresques, écœurants, épouvantables du monde contemporain de Léon Bloy.

Le plus souvent sans commentaire ou conclusion, les *Histoires désobligeantes* ne s'encombrent pas d'un postulat moral. Il faut chercher ailleurs l'intérêt de l'auteur lequel, comme nous savons, se porte plutôt sur les profondeurs mystiques qui seules comptent pour lui, et ne pas perdre de vue que les faits extérieurs ne sont que des symboles d'une réalité spirituelle. Au lecteur de dégager la morale qui inspire l'aventure spirituelle des personnages et qui se tire de la conclusion.

C'est ici le lieu de noter une dernière considération relative à la charpente technique du recueil des *Histoires désobligeantes*. Un examen de l'ordre chronologique des contes parus dans le *Gil Blas* révèle une légère transformation au moment de les recueillir en volume. A quel mobile Léon Bloy a-t-il obéi en changeant la disposition des histoires ? On l'ignore. L'hypothèse la plus plausible serait peut-être qu'il a tout simplement voulu grouper ensemble certaines histoires suivant une unité de pensée reliant les sujets.

La première histoire que l'on trouve déplacée est *la Plus belle trouvaille de Caïn* qui, dans le *Gil Blas* porta le numéro XIII et qui se trouve à la fin du recueil, au numéro XXX. Il n'est pas impossible que Léon Bloy l'ait considérée comme une sorte de coup de théâtre sur lequel il convient de terminer le recueil.

Ensuite, l'ordre est maintenu, à part les histoires nonrecueillies, jusqu'à *Un Homme bien nourri*, qui porta, dans le *Gil Blas*, le numéro XVIII, devenu numéro XXIII dans le recueil où il voisine avec *la Fève* et les *Propos digestifs*. On pourrait peut-être y voir un groupe de trois contes qu'un léger rapport de sujet, — celui de la « bonne chère » — relie ensemble.

Ensuite, la place d'*Une Recrue* (XXII dans le *Gil Blas*), s'intervertit avec celle du *Téléphone de Calypso* (XXIII dans le *Gil Blas*), pour donner dans le recueil un groupe de trois histoires : *Une Recrue* (XIX), *Sacrilège raté* (XX), et *le Torchon brûle* (XXI). Le lien ici serait peut-être l'examen des péchés de la société qui retombent finalement sur elle. De plus, en mettant *le Téléphone de Calypso* avant *Une Recrue* et à côté du *Soupçon*, qui le précède, l'auteur n'a-t-il pas voulu rapprocher deux histoires de mœurs individuelles ?

Enfin, *le Cabinet de lecture*, qui porta le numéro XXXIII dans le *Gil Blas* et qui suivait *Soyons raisonnables !...* (XXXII), se déplace dans le recueil pour précéder *On n'est pas parfait*, numéro XXXI dans le *Gil Blas*. La disposition de ces histoires dans le recueil devient ainsi : *le Cabinet de lecture* (XXVI), *On n'est pas parfait* (XXVII), *Soyons raisonnables !...* (XXVIII), suivies par les deux dernières histoires, *Jocaste sur le trottoir* (XXIX), et *la Plus belle trouvaille de Caïn* (XXX). N'y aurait-il pas ici avec la transposition du *Cabinet de lecture,* une intention d'atténuer par une histoire à prédominance comique les émotions infligées au lecteur avant le plongeon final dans les quatre histoires, d'une horreur grandissante, qui terminent le recueil ? Toujours est-il qu'aucun document ne nous permet de préciser la pensée de Léon Bloy lorsqu'il procéda au groupement de ses contes pour en remettre le manuscrit à l'éditeur Dentu.

En conclusion, on pourrait remarquer que la publication des *Histoires désobligeantes* en 1894 passa à peu près inaperçue dans la presse. Les seuls articles que nous avons pu découvrir sont celui de l'*Art moderne* (Bruxelles) du 16 juin 1894, sans signature; celui de Julien Leclercq dans *le Mercure de France,* avril 1895; et encore celui, également sans signature, paru dans *le Stamboul-Constantinople,* le 28 septembre 1895. Ce n'est guère une réclame, mais rappelons-nous que les *Histoires désobligeantes* parurent peu après le renvoi de Léon Bloy du *Gil Blas* et l'affaire du duel avec Edmond Lepelletier. Personne n'osait parler d'un écrivain aussi disqualifié par cette histoire. La « conspiration du silence » rentra en jeu et ne fut jamais plus effective qu'à ce moment.

Quand les *Histoires désobligeantes* furent rééditées par Crès, en 1914, les nouvelles de la guerre remplissaient les pages des journaux : la presse avait autre chose à faire que de s'occuper d'un livre qu'on réimprimait. Ainsi, on ne peut que constater l' « infortune » des *Histoires désobligeantes* dans la presse, car le livre est demeuré, en effet, presque inconnu.

III. - L'Humour du conteur.

> Je le confesse, il n'est pas dans
> mon pouvoir de me tenir tranquille.
> Quand je ne massacre pas, il faut que
> je *désoblige*. C'est mon destin. J'ai
> le fanatisme de l'ingratitude.
>
> Léon Bloy : *Les Histoires*
> *désobligeantes. Pro-*
> *logue.*

Selon Rémy de Gourmont les livres de Léon Bloy ont l'air d'être rédigés par Saint Thomas d'Aquin en collaboration avec Gargantua. Et, à la vérité, on ne peut nier les qualités théologiques et rabelaisiennes de son œuvre qui est, à la fois, mystique et gigantesque, aimable et grossière, tendrement naïve et blasphématoire. Admettons, sans illusion, que c'est par le côté littéraire, — l'humour, la langue, le style, — que l'œuvre de Léon Bloy est le plus accessible au lecteur moyen, peu inquiet de la crise surnaturelle, peu enclin à creuser le substratum spirituel d'un auteur.

Il n'est pas sans intérêt de noter que le Désespéré, qui se voulait une parenté littéraire avec l'irrépressible Rabelais, fut lui-même doué d'un esprit quelque peu hâbleur, mystificateur, qui goûtait les plaisanteries burlesques. Nous avons déjà remarqué la note de bonhomie et de verve endiablée qui perce souvent à travers l'ironie de Léon Bloy. L'élément comique n'est pas absent de ses diatribes les plus effrénées et enveloppe nombre des plus amers passages des *Histoires désobligeantes*. Ses amis nous assurent que dans l'intimité, avec un ami éprouvé, la gaieté de Léon Bloy, sa bonne humeur étaient d'une spontanéité délicieuse et que son rire témoignait de son appréciation de l'esprit des autres. Quant à ses plaisanteries, elles naissaient souvent du contraste le plus outrancier avec les faits les plus ordinaires.

La trace de cette humeur ne peut se cacher entièrement. N'est-ce pas Baudelaire qui aurait dit quelque part que la « bonne humeur est nécessaire, même pour écrire des choses tristes » ? Et en effet, sous les thèmes les plus noirs des *Histoires désobligeantes* se devine une inlassable bonne humeur.

L'humour de Léon Bloy est également visible dans les histoires, un humour pertinent, qui mord, qui pique, qui rage. Mais à travers la raillerie, on saisit par moments, le murmure d'un rire perlé chez Marchenoir qui prend plaisir à se moquer des ridicules, des sottises, en dépit d'un sérieux qui colore le fond de sa pensée. Il suffit de relever certains passages des *Propos digestifs,* par exemple, où il s'agit d'accentuer la stupidité des gens bien-pensants, qui désirent en finir avec les pauvres. Le massacre est terrible, mais mené avec une verve qui contient difficilement sa joie. Il en est de même du *Cabinet de lecture* où, manifestement, Léon Bloy distribue à cœur joie ses piqûres d'épingle et ses coups de griffe. Il n'y a guère d'*Histoire désobligeante,* d'ailleurs, sans quelques saillies, quelques traits d'esprit qui laissent voir une compréhension très large de la nature bourgeoise et un fond d'humour vigoureux.

En dépit du pétillement d'une gaieté de surface, pourtant, il faut noter que le ton général des histoires, teinté d'ironie amère, se rattache au domaine de l'humour noir. Ce qu'il y a de particulier dans ce genre d'humour, c'est un mélange de ridicule et de tragique qui n'est, en fin de compte, que l'expression de la douleur du poète, de son désespoir exagéré. C'est une pénétration du drame grotesque et horrible de la vie et qui éclate en protestations, en larmes, en indignation, souvent au moyen de la caricature, de l'ironie, du sarcasme. Si, dans les *Histoires désobligeantes,* Léon Bloy n'hésite pas à se servir de la caricature qu'il n'approuvait pas (la trouvant indigne des hommes créés à l'image de leur Dieu), c'est, sans doute, qu'il ne sut faire autrement pour exprimer son exécration de l'Ennemi. Et peut-être aurait-il dit que les types d'abjection qui peuplent les histoires sont, après tout, la réalité toute simple qu'il fallait peindre. Quoiqu'il en soit, la caricature chez Léon Bloy inspire un immense dégoût de cette société de bourgeois corrompus.

Quant à son ironie, d'un détachement glacial, d'un mépris olympien, il est à remarquer qu'elle revêt parfois un ton de plaisanterie, de critique amusée. Elle est écrasante, certes, mais

Léon Bloy se rendit compte de la nature malveillante et féroce de cette moquerie injurieuse. On se souvient de la parole exprimée par Marchenoir sur ce point quand il se récria :

> L'ironie est, à coup sûr, l'arme la plus dangereuse qui soit dans les mains de l'homme. Un écrivain, redoutable lui-même, par l'ironie, nommait cet instrument de supplice " la gaieté de l'indignation ", fort supérieure à l'autre gaieté qu'elle fait ressembler à une gardeuse de dindons (16).

Car une intelligence supérieure, une malice profonde inspirent ce genre d'humour, plaisanterie qui ne plaisante pas, ironie qui tranche, qui tue, impitoyable. L'humoriste, en tant que victime, inspiré de l'esprit de révolte, s'en prend aux autres, à la faveur d'une ironie qui tend à le protéger. De cette manière, il réussit à dominer sa souffrance, à pouvoir se présenter indemne devant le monde hostile.

C'est toutefois d'une manière différente que les *Histoires désobligeantes* participent de l'humour noir, car l'humour de Léon Bloy procède toujours d'une arrière-pensée. Lui, dont l'esprit est si profondément religieux, ne peut se prêter légèrement au dénigrement d'un monde stupide simplement pour défendre sa sensibilité blessée. Le caractère religieux de son humour, discerné par Pierre Emmanuel, met à part le genre sombre de Marchenoir. De l'absurdité de l'homme et de sa réalité que l'humour découvre, il se dégage un comique qui ne provient pas d'un simple manque de conformité aux apparences. Ayant pénétré la contradiction spirituelle de ses contemporains, Léon Bloy a provoqué, en conséquence, leur haine, leur condamnation. Mais son rire a son origine dans la « grimace de l'éternité » devant la bêtise de l'homme, soucieux seulement de ses intérêts temporels, intérêts qui passent et qui ne le préparent, d'aucune manière, à son destin surnaturel. Comme nous n'avons pas cessé de le faire remarquer, la figure effroyable du Bourgeois contemporain, brossée dans toute sa noirceur par Léon Bloy sur la toile des *Histoires désobligeantes,* est bien plus qu'une caricature ou une étude psychologique. C'est la vision d'une réalité accablante des âmes immortelles en train de se damner. Et c'est ici que ressort la grande charité, la charité dévorante de Léon Bloy, qui demande aux hommes la sainteté, parce qu'ils sont faits pour

---

(16) Léon Bloy : *Le Désespéré,* p. 152.

la sainteté. Qu'ils ne désirent rien savoir de leurs origines spirituelles, qu'ils refusent la présence de Dieu dans leurs vies par
un aveuglement systématique, ce n'est que trop évident. Et
ainsi, comme le fait observer Pierre Emmanuel, il arrive
que

l'objet de l'humour est aussi bien Dieu que l'homme : celui-là dans son
impuissance et celui-ci dans son aveuglement. Dieu s'acharne à s'attester
au regard de l'homme, et par quelle foudre dont nous éblouit l'œuvre
de Bloy : l'homme semble tout autant s'acharner à ignorer les manifestations divines (17).

Si la révolte est, au fond, le principe de l'humour noir,
la révolte surtout contre une société qui a renoncé à démêler
le sens de la vie, qui veut l'ignorer, la révolte de Léon Bloy
comporte, en outre, comme nous venons de voir, une charité
immense. Plus qu'une révolte intellectuelle, c'est une lutte,
— osera-t-on dire une croisade solitaire ? — qui, à tout
moment, s'efforce de rappeler aux indifférents le prix de leur
Rédemption et la valeur inestimable de leurs âmes. D'où la
différence entre le timbre qui résonne dans les cris, les injures,
l'ironie de Léon Bloy et celui des autres écrivains de contes
cruels.

Les sources d'humour dans les *Histoires désobligeantes*
sont également à rechercher dans les noms des personnages,
toujours pertinents, parfois caustiques, — (rappelons les
Fourmi, Narcisse Lépinoche, Elfrida Magpie, etc.); dans
l'emploi de la phrase populaire, bourrée d'argot, d'expressions
familières, même de grossièretés; dans l'usage malin des lieux
communs, des sentences populaires que Léon Bloy détestait;
dans les images pittoresques, colorées, souvent sous forme de
similitudes, de métaphores imprévues (peut-on oublier dans
le Passé du monsieur le cœur de Justine, qui revêt les charmes
d'un jardin potager ?). Il faut noter aussi une certaine bouffon-
nerie effervescente qui gonfle parfois les voiles de l'ironie de
Marchenoir, à la manière de l'exégète des *Lieux communs*.
(On songe à certaines pages du *Parloir des tarentules*, par
exemple, d'*Une Martyre*, du *Cabinet de lecture*).

Ainsi, trouvons-nous dans les *Histoires désobligeantes* de
Léon Bloy une ambiance d'humour sombre compensée par des

_____

(17) Georges Cattauï : *Léon Bloy*, préface de Pierre Emmanuel, p. 12.

éclairs d'humour gai. La première intention de l'auteur n'est
pas, cependant, de faire rire et ces plaisanteries cruelles qui
provoquent, de temps à autre, notre allégresse se rapportent
à un autre humour dont le bouquet est bien amer. Il ne serait
peut-être pas excessif de dire que cet humour gai, qui gazouille
continuellement à la surface des données noires des récits, est
ce qui sauve les *Histoires désobligeantes* d'un désespoir sans
retour. Le détail burlesque, la trivialité, cet humour étouffé
allègent tant soit peu le canevas sombre de toutes ces histoires.

IV. - La Langue du conteur.

> Une pensée parfaitement vraie
> exprimée en fort bons termes, peut
> satisfaire la raison sans donner l'im-
> pression du Beau; ...alors, certaine-
> ment, il y a quelque chose de faux
> dans l'exposé. *Il est indispensable
> que la Vérité soit dans la Gloire.* La
> splendeur du style n'est pas un luxe,
> c'est une nécessité.
>
> Léon Bloy : *Le Mendiant
> ingrat.*

Tour à tour grave, bouffonne, vociférante, tendre, cinglante, naïve, au bon plaisir de Léon Bloy la gamme de son
humour s'étend, semble-t-il, indéfiniment. Quelle richesse de
langue, quelle variété, quelle souplesse pour réaliser les effets
d'une diversité pareille ! « Le plus somptueux écrivain de notre
temps dont les livres atteignent parfois à la beauté de la
Bible » (18), proclama Octave Mirbeau en parlant de Léon
Bloy. Et en vérité, la puissance verbale, la beauté somptueuse
des images, le mouvement de la phrase, à la fois violent et
noble, sa verve emportée, son imagination impétueuse font de
l'œuvre de Léon Bloy une des belles proses de la littérature
française.

Son vocabulaire inépuisable, d'une « recherche byzantine », requiert du lecteur moyen l'usage constant du dictionnaire le plus complet. C'est une langue excessivement riche,
souple, harmonieuse, d'une clarté, d'une élégance extraordinaire. Si, dans les *Histoires désobligeantes*, les gallicismes, les
mots familiers, voire populaires ou grossiers abondent, il faut
les rapporter au fond des histoires qui peignent souvent les

---

(18) Octave Mirbeau : *Les Ecrivains* (2ᵉ série), p. 124.

milieux de la petite bourgeoisie et des bas-fonds. Pour créer l'ambiance, pour fixer la mise en scène, Léon Bloy ne répugne pas à employer des expressions vulgaires, des mots d'argot ou des jeux de mots. On relève des exemples corsés : « elle lui aurait collé son billet de retour pour le poussier des invalos de la Publique » (*le Vieux de la maison*); « si tu fais du pétard, je bouffe tout » (*Soyons raisonnables !...*); ou encore, « Je ne suis qu'un ancien chameau, une paillasse à voyous... » (*Tout ce que tu voudras*). Mais on ne peut guère condamner de tels emprunts à la langue populaire quand l'art exige la vraisemblance et quand le style reste soigné en dépit de la spontanéité du langage. N'est-ce pas, justement, l'argot populacier, métaphorique qui rend si vivantes, si réelles, si plausibles les *Histoires désobligeantes ?*

C'est ici le lieu de dire quelques mots des qualificatifs injurieux dont on a si souvent fait grief à Léon Bloy. Que son œuvre se nourrisse d'épithètes telles que : charogne, goujat, salope, gueule, prostitué, avorton, crétin, mufle, excrément, etc., cela est indiscutable. Mais Léon Bloy étant Léon Bloy, il ne connut pas la fausse modestie ni les réticences du jeune homme bien élevé. Il ne serait peut-être pas impossible de voir dans un vocabulaire d'une telle saveur une façon de chercher le scandale ou la truculence vulgaire pour faire rire. C'est une langue outrée, assurément, mais cultivée de propos délibéré, dans le dessein probable de produire un effet risible, de faire impression, fut-ce en choquant ou en écœurant.

Quant à la scatologie qu'on a condamnée chez Léon Bloy, et qui ne manque pas dans les *Histoires désobligeantes,* n'en avait-il pas fait l'apologie dans le *Désespéré ?*

Marchenoir avait la réprobation scatologique... Mais avec lui, c'était une chose dont il fallait qu'on prît son parti. Il voyait le monde moderne, avec toutes ses institutions et toutes ses idées, dans un océan de boue. C'était, à ses yeux, une Atlantide submergée dans un dépotoir. Impossible d'arriver à une autre conception. D'un autre côté, sa poétique d'écrivain exigeait que l'expression d'une réalité quelconque fût toujours adéquate à la vision de l'esprit. En conséquence, il se trouvait, habituellement, dans la nécessité la plus inévitable de se détourner de la vie contemporaine, ou de l'exprimer en de répulsives images, que l'incandescence du sentiment pouvait, seule, faire applaudir... (19).

Certes, comprendre les raisons d'exprimer ainsi son horreur d'un monde inique, n'est pas approuver la méthode,

(19) Léon Bloy : *Le Désespéré,* p. 216.

ni l'admirer. Mais encore, souvenons-nous que la nature de
Léon Bloy était portée à l'outrance, à l'exagération, à l'absolu.
Si la fange entre comme élément poétique dans son œuvre,
n'oublions pas pour autant que la plus limpide pureté y a sa
place aussi. C'est la logique du caractère de Léon Bloy, au
fond, qui ressort dans son œuvre, — cette ambivalence dont
nous avons parlé plus haut, — et que nous voyons ici dans les
deux extrêmes.

La tension intérieure du poète, à la recherche de son
expression adéquate, ne semble pouvoir se libérer qu'à travers
des outrances forcenées, portées au paroxysme, — d'où l'usage
fréquent de l'hyperbole dans l'œuvre de Léon Bloy. Lui, pour
qui les « mots sont dépossédés de leur sens et de leur vertu
dans un temps où le déchet universel des consciences est accompagné d'une correspondante abolition de l'intelligence du langage » (20), désespérant de traduire la perfection de sa vision,
— que ce soit la Beauté, l'Amour, la Laideur, l'Ignominie —,
il ne peut qu'avoir recours à la violence d'expression, à l'exagération. Si les *Histoires désobligeantes* nous paraissent
dépasser la mesure dans leur peinture des iniquités sociales,
des perversions humaines, il faut y voir le désir inassouvi de
Léon Bloy de rendre palpable l'horreur de sa vision intérieure.

On ne voit bien le mal de ce monde qu'à la condition de l'exagérer,
dit-il. J'ai écrit cela, je ne sais où. Dans l'Absolu, il ne peut y avoir
d'exagération et, dans l'Art, qui est la recherche de l'Absolu, il n'y
en a pas davantage. L'artiste qui ne considère que l'objet même *ne le
voit pas.* Il en est ainsi pour le moraliste, le philosophe et même pour
l'historien... Pour dire quelque chose de valable, aussi bien que pour
donner l'impression du Beau, il est indispensable de paraître exagérer,
c'est-à-dire de porter son regard au-delà de l'objet et, alors, c'est
l'exactitude même sans aucune exagération, ce qu'on peut vérifier dans
les Prophètes qui furent toujours accusés d'exagérer.
. . . .
L'hyperbole est un microscope pour le discernement des insectes
et un télescope pour se rapprocher des astres (21).

L'exagération alors, entre dans l'art et dans la pensée de
Léon Bloy comme elle fait partie de sa nature. Et peut-être
n'est-il pas impossible d'y voir un prolongement de cette
faculté d'enthousiasme qu'avait discernée Barbey d'Aurevilly
dans les premiers écrits du jeune Léon Bloy, — un enthou-

_____

(20) Léon Bloy : *Belluaires et Porchers. Un Voleur de gloire*, p. 49.
(21) Léon Bloy : *Le Pèlerin de l'Absolu*, le 11 septembre 1912, p. 308.

siasme embrasé, concentré, qui colore ses réactions aux moindres impressions.

Il est vrai que le style de l'époque ne se complaisait pas à l'enthousiasme. Il recherchait plutôt une manière « précieuse » où la surcharge, l'emphase, l'éloquence, le mot rare, le détail étonnant s'imposaient. Les *Histoires désobligeantes* n'échappent pas aux modalités de ce style exagérément ornementé et contourné. On peut relever des phrases telles que : « l'humble compartiment dévolu aux aveux réconciliatoires » (*Sacrilège raté*); « les flammes postiches de la canicule des admirations après décès » (*Projet d'oraison funèbre*); « la crainte perpétuelle des carottes ou des traquenards l'avait, à la lettre, angoissé, flagellé, tenaillé, tanné, trépané, boucané, tordu, écartelé et décarcassé tous les soirs et tous les matins » (*le Soupçon*); « une trentaine de plantigrades sublimes » (*Propos digestifs*). C'est un style qui devient facilement ennuyeux s'il n'est pas racheté par l'étincelle du génie et par le sens de l'humour.

Etant poète au plus profond de son âme, Léon Bloy affectionnait la métaphore qui lui permettait de traduire en images les pensées les plus fugaces pour en suggérer le mystère.

Certes, les images qu'on relève dans les *Histoires désobligeantes* ne donnent pas l'idée de la splendeur des autres, très nombreuses, de l'œuvre de Léon Bloy, puisqu'il s'agit, en cet instant, d'images qui portent sur l'humour plutôt que sur les magnificences spirituelles. Mais avec quelle justesse, avec quel esprit l'auteur trouve ces ouvertures sur des significations amplifiées, sur des vivifications d'une idée banale. Qui ne sourit pas, ému, en lisant : « une Babylone de cœur » (*Terrible châtiment d'un dentiste*); « le fleuve opaque de ce bavardage » (*la Tisane*); « des philosophes pachydermateux » (*le Passé du monsieur*); « ce basilic des demoiselles du comptoir » (*ibid.*); « les lessives pascales » (*Sacrilège raté*); « une espèce de phénicoptère sacerdotal... façonné à la recherche des brebis perdues » (*ibid.*) ! Les images de Léon Bloy, suscitées par l'émotion poétique, renforcent toujours l'idée primitive et tendent vers un sens plus coloré, plus fort, plus violent.

Si ce n'est pas là le langage magnifique des œuvres plus importantes de Léon Bloy, c'est, tout de même, une espèce de poésie qui cherche à exprimer le réel par une assimilation de l'idée à l'image, que le poète seul aurait trouvé.

On ne comprend rien à Léon Bloy tant qu'on ne voit pas en lui un poète. Il pensa toujours en poète pour qui le monde visible n'était qu'un mirage. Ainsi orientée vers l'éternité, sa vision intérieure, qui se mouvait constamment parmi des symboles, passait sans transition logique du plan spirituel au plan matériel. De telles transitions de poète mystique se retrouvent, par exemple, dans *la Religion de M. Pleur*, ou dans le fond symbolique de la jeunesse du jeune homme dans *Jocaste sur le trottoir*, ou encore dans les profondeurs couvertes des *Propos digestifs* ou de *la Dernière Cuite*. Poète, Léon Bloy magnifie tout par son langage, encore incapable de rendre la réalité essentielle, accablante, de sa vision. « ... Je n'ai jamais écrit une ligne qui ne fût d'un poète » (22), dit-il, un jour, à son ami, Léopold Levaux. Et on peut constater la vérité de ses paroles même pour les *Histoires désobligeantes* qui ne manquent pas de passages d'une poésie de toute beauté. Les derniers paragraphes du *Projet d'oraison funèbre*, certains passages de *la Religion de M. Pleur*, d'*Un Homme bien nourri* rivalisent de vision poétique, de lyrisme, d'éloquence avec des pages mieux connues de Léon Bloy.

On sait le peu d'estime qu'avait le Pèlerin de l'Absolu pour les philosophes et les intellectuels. Plus intransigeant que son ami, Ernest Hello, pour qui aussi le raisonnement était l'ennemi de l'intelligence, il préféra se confier à l'intuition, entrant par cette voie dans une prise de possession immédiate du mystère de l'objet, symbole d'une réalité cachée. Le regard intuitif du poète, presque infaillible et d'une sensibilité suraiguë, lui permit ainsi de saisir, d'un seul coup, les rapports, les plans, les significations, cachés à d'autres yeux. Bien plus, la prudence, la sagesse humaines furent pour Léon Bloy des dérisions qui ne réussissent qu'à tromper l'homme, tout comme les opérations de l'esprit qui pense pénétrer tout seul les desseins mystérieux de la Providence. « Au fond, je ne suis sûr que de ce que je devine » (23), écrivit-il à Jean de La Laurencie. Ou encore, « Je vois », disait-il, d'habitude, de préférence au plus fréquent « je comprends ». Ainsi, s'accomplissaient tout naturellement pour lui les passages de « ce qu'on voit à ce qu'on ne voit pas », le monde des apparences ne

---

(22) Léon Bloy : *Lettres intimes*, préface de Léopold Levaux, 2ᵉ page.
(23) Léon Bloy : *Lettres de Léon Bloy à Frédéric Brou et à Jean de la Laurencie*, le 6 juillet 1908, p. 55.

servant que de livre d'hiéroglyphes divins dont c'était la vocation du poète de déchiffrer la signification.

C'est la beauté éternelle que nous propose toujours Léon
Bloy au-delà des drames effroyables qui se déroulent à travers les *Histoires désobligeantes*. Il était certainement dans son
intention que le lecteur fût frappé par la noirceur, par l'atrocité des images afin que, de cette horreur il se détournât vers
la lumière, vers le désir de la Rédemption. Heureusement, la
vivacité, le bel humour de Léon Bloy compensent, en quelque
mesure, les aspects profondément sombres des histoires. On
ne pourrait peut-être mieux caractériser son style et sa langue
qu'en y trouvant, avec Barbey d'Aurevilly, l'éclat du rubis avec
des reflets d'escarboucles, mais le « noir de l'escarboucle (...)
domine le rouge du rubis ! quelque chose comme un morceau
de velours noir à feu » (24).

---

(24) Barbey d'Aurevilly : *Lettres de J. Barbey d'Aurevilly à Léon Bloy*.
Lettre du 18 décembre 1877, p. 228.

Conclusion.

> Quels que soient nos chemins, vous
> le savez, nous sommes tous conviés à
> la Lumière, à la Gloire, à la Paix ini-
> maginable.
>
> Léon Bloy : *Au Seuil de
> l'Apocalypse.*

Par-delà la nuit des misères et des turpitudes humaines que nous avons traversée dans les *Histoires désobligeantes*, s'est ouverte à nos yeux la vision d'une réalité spirituelle insoupçonnée des dormants, des aveugles, des indifférents. Au moyen de ses images réalistes et intuitives, Léon Bloy nous a fait pénétrer dans la vie bourgeoise du XIXᵉ siècle, nous en donnant une vue plus noire, plus épouvantable, plus monstrueuse qu'aucun désespoir de poète n'aurait jamais pu inventer. Nulle flamme ne brûle au cœur douloureux des personnages pour les faire sortir un jour des abîmes de leur abjection. Nulle foi n'allume les ténèbres de leurs âmes. Nul incendie d'amour ne couve ici pour embraser, pour purifier, pour élever ces créatures à la vision de leur Dieu. C'est plutôt le cœur du poète qu'il faut regarder pour y voir sourdre l'espoir de réveiller, par ses cris, un certain nombre de ces âmes. D'une portée plus spirituelle que sociale, les *Histoires désobligeantes* traduisent à travers les hypocrisies, les injustices, les atrocités, les désordres, des drames invisibles, des tragédies morales. Ce qui ressort, en fin de compte, pourtant, ce qui nous reste, n'est-ce pas, jointe à l'horreur d'un monde sans Dieu, l'immense charité de Léon Bloy, dont la pitié pour ces âmes égarées ne connut pas de bornes ? C'est une charité qui détestait le mal et qui dominait tout en Léon Bloy, à une époque où tout lui paraissait excessivement mauvais, une charité qui fit naître ses cris d'indignation et de rage, qui lui fit prédire les pires malheurs pour une société corrompue.

Il est vrai que certains ont reproché à Léon Bloy ce qu'ils appelaient son manque de charité en se constituant le critique acharné de son époque. On a voulu y voir surtout un sentiment d'aigreur, même d'envie, une sorte de système de défense à l'égard d'un succès qui le fuyait toujours et en face des honneurs accordés à d'autres confrères littéraires. Si, pourtant, on se donne la peine de connaître l'esprit et le cœur de ce soldat du Saint Tombeau, on comprendra que son âme exigeante, éprise d'absolu, ne désirait que la gloire de son Dieu et le bonheur des âmes créées pour y participer, — mais les désirant éperdument, à l'exclusion de toute autre considération.

L'humour cynique, le désenchantement, l'ironie parfois presque inhumaine qui pénètrent les *Histoires désobligeantes* les apparentent à toute cette famille de contes cruels qui connurent une si grande vogue au xixe siècle. Genre appuyé sur la narration d'épisodes pénibles qui découvrent les hypocrisies, les injustices, les mensonges de la vie contemporaine, il se prolonge au xxe siècle par des recueils tels que *les Pincengrains* de Marcel Jouhandeau et la *Petite ville* de Claude Anet.

Si la plupart des écrivains de contes cruels ne proclament pas la misère d'un monde qui a perdu la Foi, tous tiennent, cependant, à démasquer le faux-semblant d'une société qui, éblouie des progrès qu'elle a faits, s'acharne à chercher un bonheur égoïste, matériel.

Mais enseigner Dieu et sa parole à ses contemporains restait, dès le début de sa carrière, la mission dont Léon Bloy se sentait investi et dont il ne s'est pas départi en écrivant les *Histoires désobligeantes*. Son catholicisme, toujours intransigeant, enraciné dans l'Absolu, ressort des histoires dans cette attitude inflexible contre les mœurs dissolues de l'époque et contre tout esprit d'accommodement. Attitude sévère, irréconciliable, elle est surtout intemporelle, visant la réalité suprême vers laquelle avancent, de manière ou d'autre, toutes les âmes. *Nolite conformari huic saeculo* clamait toujours à ses contemporains le Pèlerin de l'Absolu. Quel autre cri entendre sortir de la peinture des âmes monstrueuses qui peuplent les *Histoires désobligeantes* et qui, elles, se sont conformées à l'esprit égoïste de leur époque ? Etabli dans l'Absolu, Léon Bloy ne pouvait que se désoler, s'épouvanter de ce qu'il voyait d'indifférence, de méchanceté, d'injustice, de crimes sans nombre dans un monde satisfait de médiocrité.

Tableaux effrayants, les *Histoires désobligeantes* puisent leur sens pathétique dans la douleur, dans le dégoût du poète devant la bêtise, la duperie d'un monde sans Dieu. C'est plus que la littérature que nous donnent les histoires, et c'est ici leur signification : qu'elles sont, au fond, une critique religieuse de l'esprit des temps. Elles nous mettent sous les yeux un panorama de la vie bourgeoise dont l'argent, la pauvreté, la charité, l'instabilité, les attitudes sociales, les mœurs conjugales, les mœurs filiales fournissent des sujets poignants, soulevant le voile des apparences agréables, le poète nous révèle la laideur et le vice cachés des âmes qu'elles-mêmes ne soupçonnent pas, l'horreur d'un monde infernal recélé sous les façades de la vie bourgeoise et les vertus familiales. En somme, c'est le thème d'Asmodée qui enlève ici les toits, pour ainsi dire, et qui découvre les secrets honteux d'une société habitée par des démons.

Il reste que les *Histoires désobligeantes* nous lèguent un témoignage illuminant sur la psychologie et les mœurs du Bourgeois du XIXe siècle. Document d'observation, le recueil représente aussi un jugement sévère de la mentalité matérialiste du Bourgeois telle qu'elle s'est développée sous les pressions d'une nouvelle ère, — pressions, il faut bien le dire, qui ne furent pour Léon Bloy que des instruments nouveaux aux mains des forces du Mal. En dépit d'une verve caustique qui rehausse la cruauté de ses observations, le poète mystique laisse pénétrer, de temps en temps, en brefs éclairs, la vivacité d'un bel humour tantôt malicieux, tantôt simplement moqueur, entremêlé à une veine soutenue d'une ironie accusatrice plus sombre. C'est sa soif de justice, c'est sa charité dévorante qui ont souvent poussé Léon Bloy à manier une plume redoutable, mais par là même, il rejoint cette élite, la vraie, qui travaille au royaume de Dieu et au salut des âmes.

APPENDICE

(*Le Journal*, le 20 décembre 1909.)

GAZETTE RIMÉE

LE VERRE D'EAU-DE-VIE.

(Conte)

Certain vieillard fou de lésine,
Bien qu'ayant des écus de poids,
N'allumait son feu qu'une fois
Par semaine et pour sa cuisine,
Afin d'épargner du charbon.
Sa cuisine ! Le vieux barbon
Nommait ainsi, sans nulle honte,
Je ne sais quels laissés pour compte
Des restaurants à vingt-neuf sous,
A vingt-trois sous et au-dessous,
A faire reculer le Diable,
Desquels il vous constituait
Une mixture abominable,
Un invraisemblable brouet.
Le premier jour, encor ç'allait.
Voire même il se régalait.
Le second passait, le troisième,
Dame ! il n'en était plus de même;
Quant aux autres, n'en parlons pas.

*
* *

Un jour donc, devant son repas —
Soit le dernier de la semaine —
Son estomac se révolta.
Il crut bien mourir à la peine,
Son atroce et puant rata
Etant encore — je présume —
Plus infâme que de coutume.
Qu'allait faire notre grigou ?
Jeûner ? Jeter tout à l'égout ?
Allons donc ! c'est de l'ironie.
Il eut un éclair de génie.

Les avares dans ce cas-là
Ont une ressource infinie.
Voici ce qu'il fit. Il alla
Délibérément dans sa cave,
Y prit un cognac digne et brave,
Il s'en versa, haut comme ça,
Dans un dé, puis il s'adressa
Ce petit discours à lui-même :
« Regarde ce joli cognac;
Tu sais qu'il n'est pas dans un sac,
Qu'il vaut à lui seul un poème.
Eh donc, mon cher, écoute bien :
Finis gentiment ta soupe,
Ta bonne petite *sousoupe,*
Et que si tu n'en laisses rien,
Tu boiras cet énorme verre
D'eau-de-vie ! Ah ! Ah ! mon gaillard,
C'est la grande noce, j'espère !
Là-dessus, ce hideux vieillard
Se mit en devoir, de plus belle,
De parachever sa... poubelle.
On peut dire — non toutefois
Sans haut-le-cœur et sans nausée.
Sans d'insurmontables renvois
De ses entrailles abusées.
Mais aussi, que diable ! la faim,
L'espoir d'un petit verre, enfin,
Le poussant aussi quelque diable.
— Comme dit l'âne de la fable, —
Tant et si bien il s'entêta,
Qu'il vint à bout de son rata.
Il alla donc, brûlant de fièvre,
Porter le cognac à ses lèvres,
Quand aussitôt se ravisant :
« A quoi bon, — dit-il, — à présent ?
Qu'est-ce que tu voulais, en somme,
Finir ton repas mon bonhomme ?
Eh bien, tu l'as fini, têtu.
Je te demande un peu, qu'as-tu
A faire de cette eau-de-vie,
Dont tu n'as pas la moindre envie ?
Ce sera pour une autre fois »,
Et, de ses rétractiles doigts,
Il remit la liqueur vermeille,
Ni plus, ni moins, dans sa bouteille.

Raoul **Ponchon.**

14

BIBLIOGRAPHIE

I. - ŒUVRES DE LÉON BLOY.

La Méduse-Astruc. — 1875. Tirage à très petit nombre. Réimprimée dans le Mercure de France d'octobre 1902 et dans les *Diaboliques* de Jules Barbey d'Aurevilly par le Club des Libraires de France, Paris, 1954.

Le Révélateur du Globe. — *Christophe Colomb et sa béatification future.* — H. Sauton, 1884.

Propos d'un entrepreneur de démolitions. — Paris, Tresse, 1884. Nouvelle édition, Stock, 1925.

Le Pal. — Pamphlet hebdomadaire. — Paris, Penin et Soirat, 1885. Quatre numéros (4, 11, 25 mars, 2 avril 1885). Réimprimés en 1925 dans le livre *Le Pal,* suivi de *Nouveaux propos d'un entrepreneur de démolitions.* (Stock). Le 10 avril 1935, Joseph Bollery a fait imprimer le cinquième numéro du *Pal,* resté inédit, dans la présentation même de l'époque.

Le Désespéré. — Roman. — Paris, A. Soirat, 1886; Mercure de France, 1953.

Un Brelan d'excommuniés : L'Enfant terrible, le Fou, le Lépreux. — Paris, Albert Savine, 1889; recueilli en 1905 dans *Belluaires et Porchers,* Stock.

Christophe Colomb devant les taureaux. — Paris, Albert Savine, 1890.

Lettre encyclique à tous les évêques de France. — 1890. Quatre pages en latin, adressées à tous les évêques de France pour les intéresser à la béatification de Christophe Colomb.

La Chevalière de la mort. — Gand, typographie A. Siffer, 1891. Tirage à part à 100 exemplaires du *Magasin littéraire de Gand.* Edition augmentée, le Mercure de France, 1896, puis 1930.

Les Funérailles du naturalisme. — Copenhague, G.E.C. Gad, libraire de l'université, 1891. (Texte de l'unique conférence de Léon Bloy, le 20 mars 1891).

Le Salut par les Juifs. — Paris, A. Demay, 1892. Mercure de France, 1949.

Sueur de Sang (1870-1871). — Paris, Dentu, 1893. Crès, 1914.

Les Vendanges ! — Lithographies de Henry de Groux, Paris, « L'Estampe Originale », 17, rue de Rome, 1894. Reproduit dans le *Mendiant ingrat.*

Les Histoires désobligeantes. — Paris, Dentu, 1894. Editions du Rocher, Monaco, 1947.

Léon Bloy devant les Cochons, suivi de la *Lamentation de l'épée.* — Paris, Chamuel, 1894. Mercure de France, 1935.

Ici on assassine les grands hommes. — Paris, Mercure de France, 1895; recueilli dans *Belluaires et Porchers* en 1905.

La Femme pauvre, Episode contemporain. — Paris, Mercure de France, 1887. Mercure de France, 1956.

Le Fils de Louis XVI. — Paris, Mercure de France, 1900. Mercure de France, 1926.

Je m'accuse. — Paris, Editions de la Maison d'Art, 1900. Bibliothèque des lettres françaises, 1914.

Exégèse des lieux communs (première série). — Paris, Mercure de France, 1902.

Les Dernières colonnes de l'Eglise. — Paris, Mercure de France, 1903. Mercure de France, 1942.

Les Douze filles d'Eugène Grasset. (Poèmes en prose). Dans le *Mercure de France,* novembre 1903; la Grille, 1928. (Le texte se retrouve aussi dans *Quatre ans de captivité à Cochons-sur-Marne,* le 14 août 1900).

Belluaires et Porchers. — Paris, Stock, 1905. Ibid., 1946.

Pages choisies (1884-1905). — Paris, Mercure de France, 1906.

L'Epopée byzantine et Gustave Schlumberger. — Paris, la Nouvelle Revue, 1906.

La Résurrection de Villiers de l'Isle-Adam. — Paris, A. Blaizot, 1906.

Celle qui pleure. (Notre-Dame de la Salette). — Paris, Mercure de France, 1908. Ibid., 1949.

Le Sang du pauvre. — Paris, Juven, 1909. Stock, 1948.

Vie de Mélanie, Bergère de la Salette, écrite par elle-même en 1900. Son enfance (1831-1846). Introduction de Léon Bloy. — Paris, Mercure de France, 1912. Ibid., 1954.

L'Ame de Napoléon. — Paris, Mercure de France, 1912. Ibid., 1920.

Exégèse des lieux communs (Nouvelle série). — Paris, Mercure de France, 1913. Première série et seconde série, Mercure de France, 1953.

Sur la tombe de Huysmans. — Paris, Collection des Curiosités littéraires. (A.-L. Laquerrière), 1913.

Jeanne d'Arc et l'Allemagne. — Paris, Crès, 1915. Mercure de France, 1933.

Nous ne sommes pas en état de guerre. (1914-1915). — Paris, Maison du Livre, 1915. Texte reproduit dans *Au Seuil de l'Apocalypse* (1916).

Méditations d'un solitaire en 1916. — Paris, Mercure de France, 1917.

Constantinople et Byzance. — Paris, Crès, 1917. Réimpression sous un nouveau titre de *l'Epopée byzantine et Gustave Schlumberger* de 1906.

Dans les ténèbres. — Paris, Mercure de France, 1918. (Posthume).

Le Symbolisme de l'apparition (1879-1880). — Paris, Lemercier, 1925. Mercure de France, 1935.

Fragments inédits sur Barbey d'Aurevilly. — La Rochelle, Editions des Cahiers Léon Bloy, 1927.

Inédits de Léon Bloy. — Introduction de René Martineau, présentation de Joseph Bollery, Carton de Wiart, G. Rouzet. — Montréal, Editions Serge, 1945.

Journal de Léon Bloy.

Journal d'enfance (1861-1866). — Le texte du mois de janvier 1867 reproduit intégralement dans les *Cahiers Léon Bloy* de janvier 1925 à avril 1926.

Le Mendiant ingrat (1892-1895). — Bruxelles, Edmond Deman, 1898. Edité avec *Mon journal* (1896-1900), deux volumes en un seul, Mercure de France, 1956.

Mon Journal (1896-1900). — *Dix-sept mois au Danemark.* — Paris, Mercure de France, 1904. Edité, Mercure de France, comme ci-dessus.

Quatre ans de captivité à Cochons-sur-Marne (1900-1904). — Paris, Mercure de France, 1905. Edité avec *l'Invendable* (1904-1907), deux volumes en un seul, Mercure de France, 1958.

L'Invendable (1904-1907). — Paris, Mercure de France, 1909. Edité, Mercure de France, comme ci-dessus.

Le Vieux de la Montagne (1907-1910). — Paris, Mercure de France, 1911.

Le Pèlerin de l'Absolu (1910-1912). — Paris, Mercure de France, 1914.

Au Seuil de l'Apocalypse (1913-1915). — Paris, Mercure de France, 1916.

La Porte des Humbles (1915-1917). — Paris, Mercure de France, 1920. (Posthume).

Correspondance de Léon Bloy.

Lettres de Jeunesse (1870-1893). — Paris, Edouard Joseph, 1920.

Lettre à Paul Bourget. Imprimée sous le manteau et ne se vend nulle part. Ecrite dans les meilleurs caractères de la main de Léon Bloy. Paris, le 7 août 1877.

Lettres à Véronique. — Paris, Desclée de Brouwer, 1933.

Lettres à Georges Khnopff. — Liège, Editions du Balancier, 1929.

Lettres à sa fiancée. — Paris, Stock, 1922. Ibid., 1947.

Correspondance Léon Bloy-Henry de Groux. — Paris, Grasset, 1947.

Lettres à René Martineau. — Paris, Editions de la Madeleine, 1933.

Lettres à ses filleuls, Jacques Maritain et Pierre van der Meer de Walcheren. — Paris, Stock, 1928.

Lettres à l'Abbé Cornuau et au Frère Dacien. — Paris, Le Divan, 1926.

Lettres à Pierre Termier, suivies de lettres à Jeanne Termier (Mme Jean Boussac) et à son mari. — Paris, Stock, 1927.

Lettres de Léon Bloy à Frédéric Brou et à Jean de La Laurencie. — Paris, Bloud et Gay, 1927.

Lettres à Philippe Raoux. — Paris, Desclée de Brouwer, 1937.

A son ami André Dupont. Lettres de 1904-1916. — Paris, Marcel Astruc, 1952.

Deux lettres de Léon Bloy à un Monsieur G. — *Mercure de France,* 15 mai 1925.

Lettres à Léon Bellé. — *Mercure de France,* 1er juillet, 1er octobre 1951.

Correspondance inédite de Léon Bloy et de Villiers de l'Isle-Adam dans *Bloy, Mystique de la douleur,* Albert Béguin, Paris, Labergerie, 1948.

Articles de Journaux et de Revues.

La plupart des articles de journaux et de revue de Léon Bloy ont été recueillis et publiés par l'auteur dans les livres cités ci-dessus. Les autres, à très peu d'exceptions près, ont été publiés dans les volumes suivants :

Le Pal suivi de Nouveaux propos d'un entrepreneur de démolitions, Stock, 1925.

La Chevalière de la mort, suivie de nombreux inédits, François Bernouard, 1948.

La Porte des Humbles, suivie de : Ecrits inédits. — Paris, François Bernouard, 1949.

Article non-réuni de Léon Bloy sur les *Contes à l'eau de rose* de Charles Buet, *Journal des Villes et des Campagnes,* le 8 octobre 1879.

La Plume, 1er janvier et 1er février 1892 : *Le Secret de M. Pérégrin Germinal.* Cette nouvelle ne fut jamais terminée. De ce fragment Léon Bloy tira les deux *Histoires désobligeantes : La Religion de M. Pleur* et *La plus belle trouvaille de Caïn.*

Préfaces.

Jeanne Termier. — *Derniers Refuges.* Poèmes, préface de Léon Bloy. Paris, Grasset, 1910. (Préface recueillie dans *le Vieux de la Montagne*).

Pierre van der Meer de Walcheren. — *Journal d'un converti,* introduction par Léon Bloy. — Paris, Crès, 1917. (Introduction recueillie dans *Au Seuil de l'Apocalypse*).

Otto Friedrichs. — *Marie-Antoinette calomniée,* préface de Léon Bloy (empruntée à *la Chevalière de la mort*). — Paris, Maurice Hartog, 1948.

II. - LES « HISTOIRES DÉSOBLIGEANTES »

Sources inédites.

1. *Les Brouillons des « Histoires désobligeantes »*.

Les brouillons des *Histoires désobligeantes*, en la possession de M. Jehan Kappès-Grangé à Jonzac (Charente-Maritime), renferment des fragments des histoires d'une importance inégale. Nous indiquons ici les feuillets des brouillons d'après l'ordre dans lequel les a groupés M. Kappès-Grangé.

1er feuillet : *Les Captifs de Longjumeau. La Tisane. Le Vieux de la Maison.* 2e feuillet : *La Religion de M. Pleur.* 3e feuillet : *Le parloir des Tarentules.* 4e feuillet : *Les Captifs de Longjumeau* (repris). 5e feuillet : *Une Idée médiocre. Le Réveil d'Alain Chartier.* 6e feuillet : *Terrible Châtiment d'un dentiste.* 7e feuillet : *Le Frôleur compatissant.* 8e feuillet (recto et verso) : *Le Passé du Monsieur.* 9e feuillet : *La Dernière Cuite.* 10e feuillet : *Deux fantômes. Une Martyre.* 11e feuillet (recto et verso) : *Le Soupçon.* 12e feuillet (recto et verso) : *Sacrilège raté.* 13e feuillet : *Le Torchon brûle.* 14e feuillet : *La Taie d'argent.* 15e feuillet : *La Fève. Celui qui a vendu la tête de Napoléon Ier.* 16e feuillet : *Propos digestifs.* 17e feuillet (recto et verso) : *Le Cabinet de lecture.* 18e feuillet (recto et verso) : *On n'est pas parfait.* 19e feuillet : *Soyons raisonnables !...* 20e feuillet : *Entre deux soucoupes.* 21e feuillet : *Le Mariage de Sylvestre.*

Ce dernier feuillet s'achève par le brouillon des premières lignes de l'article intitulé *l'Hallali du poète.*

2. *Le Journal inédit de Léon Bloy.*

Le Journal inédit de Léon Bloy, dont une copie est en la possession de M. Joseph Bollery à La Rochelle, nous a fourni des renseignements précieux sur quelques-unes des *Histoires désobligeantes*. A mentionner :

Le Vieux de la maison.

Le Parloir des Tarentules.

Deux fantômes.

Le Passé du Monsieur. (Surtout la lettre de Léon Bloy à l'oncle de Justine Delobelle, à la date du 31 janvier 1880. Aussi la lettre écrite par Léon Bloy et censée provenir d'une illettrée, adressée à Victor Lalotte).

Le Cabinet de lecture.

La Notice du 28 novembre 1894 écrite par Léon Bloy sur les *Histoires désobligeantes*, à paraître le mois suivant.

3. *Les « Histoires désobligeantes » au « Gil Blas ».*

I.	22 juillet 1893	*La Tisane.*
II.	29 juillet 1893	*Le Vieux de la maison.*
III.	5 août 1893	*La Religion de M. Pleur.*
IV.	12 août 1893	*Le Parloir des Tarentules.*
V.	19 août 1893	*La Chambre noire.* (Non réunie. Recueillie, légèrement remaniée dans *l'Exégèse des lieux communs* sous le titre : *L'Excès en tout est un défaut*).
VI.	25 août 1893	*Projet d'oraison funèbre.*
VII.	2 sept. 1893	*Les Captifs de Longjumeau.*
VIII.	8 sept. 1893	*Une Idée médiocre.*
IX.	15 sept. 1893	*Deux fantômes.*
X.	22 sept. 1893	*Terrible Châtiment d'un dentiste.*
XI.	29 sept. 1893	*Le Réveil d'Alain Chartier.*
XII.	6 octobre 1893 ...	*Le Frôleur compatissant.*
XIII.	13 octobre 1893 ...	*La plus belle trouvaille de Marche-noir.* (Dans le recueil : *La plus belle trouvaille de Caïn*).
XIV.	20 octobre 1893 ...	*Le Passé du Monsieur.*
XV.	27 octobre 1893 ...	*Tout ce que tu voudras !...*
XVI.	3 nov. 1893	*La Dernière cuite.*
XVII.	10 nov. 1893	*La Fin de Don Juan.*
XVIII.	17 nov. 1893	*Un Homme bien nourri.*
XIX.	25 nov. 1893	*Pour l'ensemble !...* (Non réunie; utilisée dans *la Femme pauvre*).
XX.	1ᵉʳ déc. 1893	*Une Martyre.*
XXI.	8 déc. 1893	*Le Soupçon.*
XXII.	15 déc. 1893	*Une Recrue.*
XXIII.	22 déc. 1893	*Le Téléphone de Calypso.*
XXIV.	29 déc. 1893	*Sacrilège raté.*
XXV.	5 janv. 1894	*Le Torchon brûle.*
XXVI.	12 janv. 1894	*La Taie d'argent.*
XXVII.	19 janv. 1894	*Celui qui a vendu la tête de Napoléon Iᵉʳ.* (Extrait légèrement remanié de *la Femme pauvre*).
XXVIII.	26 janv. 1894	*La Fève.*
XXIX.	2 fév. 1894	*Propos digestifs.*
XXX.	9 fév. 1894	*L'Appel du gouffre.* (Reproduit dans l'édition originale et aussi dans *la Femme pauvre*).
XXXI.	16 fév. 1894	*On n'est pas parfait.*
XXXII.	23 fév. 1894	*Soyons raisonnables !...*
XXXIII.	2 mars 1894	*Le Cabinet de lecture.*
XXXIV.	9 mars 1894	*L'Ami des bêtes.* (Recueillie dans l'édition originale et aussi dans *la Femme pauvre*).

XXXV.   16 mars 1894 ..... *Jocaste sur le trottoir.*
XXXVI. 23 mars 1894 ..... *Pédagogie.* (Non recueillie; utilisée dans *la Femme pauvre*).
XXXVII. 30 mars 1894 ..... *Entre deux soucoupes.* (Non réunie; extraits du *Salut par les Juifs*).
XXXVIII. 6 avril 1894 ..... *All's Well that Ends Well.* (Non réunie; extraits de *la Femme pauvre*).
        12 avril 1894 ..... *L'Hallali du poète.* (Article réimprimé dans *Léon Bloy devant les cochons*).

(*Le Mariage de Sylvestre* ne parut jamais dans le *Gil Blas;* il fut extrait de *la Femme pauvre*).

4. Les « Histoires désobligeantes » et les dédicataires de l'édition originale.

I.   *La Tisane.* .... A Henry de Groux.
II.   *Le Vieux de la maison* .... A Charles Cain.
III.   *La Religion de M. Pleur* .... A Paul Adam.
IV.   *Le Parloir des Tarentules* .... A Paul Napoléon Roinard.
V.   *Projet d'oraison funèbre* .... A Gustave de Malherbe.
VI.   *Les Captifs de Longjumeau* ...... A Mme Henriette L'Huillier.
VII.   *Une Idée médiocre.* . ... A Louis Montchal.
VIII.   *Deux fantômes.* . . .. A Laurent Tailhade.
IX.   *Terrible châtiment d'un dentiste.* A Edouard d'Arbourg.
X.   *Le Réveil d'Alain Chartier* ...... A Rachilde.
XI.   *Le Frôleur compatissant* .... A Rémy de Gourmont.
XII.   *Le Passé du Monsieur* .... A Eugène Demolder.
XIII.   *Tout ce que tu voudras !...* ...... Au Prince Alexandre Ourousoff.
XIV.   *La Dernière cuite.* .... A Alfred Valette.
XV.   *La Fin de Don Juan* .... A Henri Cayssac.
XVI.   *Une Martyre.* . . .. A Julien Leclercq.
XVII.   *Le Soupçon.* . . .. A Edouard d'Arbourg.
XVIII. *Le Téléphone de Calypso* .... A « Marius ».
XIX.   *Une Recrue.* . . .. A Henry de Groux.
XX.   *Sacrilège raté.* . . .. A Paul Jury.
XXI.   *Le Torchon brûle.* . . .. A Edmond Picard.
XXII.   *La Taie d'argent.* . ... A Alcide Guérin.
XXIII. *Un Homme bien nourri.* . ... A Eugène Grasset (peintre).
XXIV.   *La Fève.* . . .. A Alphonse Soirat.
XXV.   *Propos digestifs.* . . .. A André Noëll.
XXVI.   *Le Cabinet de lecture.* . ... A Paul Demade.
XXVII. *On n'est pas parfait* .... A Camille Lemonnier.
XXVIII. *Soyons raisonnables !...* .... A Edouard d'Arbourg.
XXIX.   *Jocaste sur le trottoir.* . ... A Ladislas Lubenski.
XXX.   *La plus belle trouvaille de Caïn.* A Henry Hornbostel.

III. - OUVRAGES CONSULTÉS.

Alis (Harry), *Hara-Kiri.* — Chap. XV. *Le Salon de Flora.* (Nina de Villard). — Paris, Ollendorff, 1882.

Allais (Alphonse), *A se tordre.* — Paris, Ollendorff, 1891.
— *Littoralement. Contes inédits du « Chat Noir ».* — Paris, Arcanes, 1952.

Anet (Claude), *Petite Ville.* — Paris, Grasset, 1931.

Arago (J.) et Kermel, *Insomnies.* — Paris, Guillaumin, 1833.

Arrou (Pierre), *Les Logis de Léon Bloy.* — Paris, le Myrte, 1946.
— *Bloy et Péguy. Esquisse d'un parallèle. La Vie Intellectuelle,* N° 12, 1946.
— *Un Grand écrivain toujours discuté. . . Ecclésia,* août 1950.

Auriant, *Une Soirée chez Nina Villars, décrite par un romancier naturaliste. Mercure de France,* 15 novembre 1936.
— *Léon Bloy, J.-K. Huysmans et Paul Alexis. Mercure de France,* 15 juin 1938 (p. 757).

Autin (Albert), *Le Secret des Dieux.* — Paris, Laval, 1935.

Balzac (Honoré), *Histoire des treize. Œuvres complètes,* vol. 9 : (*Scènes de la vie parisienne*). — Paris, Furne, Durochet et Hetzel, 1843.
— *La Comédie humaine.* (*Scènes de la vie militaire*). — Paris, La Pléiade, 1950.
— *La Comédie humaine.* (*Etudes philosophiques*), I, II. — Paris, La Pléiade, 1955.
— *La Comédie humaine.* (*Scènes de la vie privée*). II. — Paris, La Pléiade, 1956.

Balzac (Honoré), Chasles (Philarète) et Rabou (Charles), *Contes bruns...* — Paris, Urbain, Canel, Guyot, 1832.

Barbeau (Raymond), *Le Secret de Léon Bloy, paraclétiste Luciférienne.* Thèse de doctorat d'université, Université de Paris, 1955.

Barbey d'Aurevilly (Jules), *Quarante médaillons de l'Académie.* — Paris, Dentu, 1864.
— *Les Trente-sept médaillonnets du Parnasse contemporain,* dans *Le Nain Jaune,* oct.-nov. 1866.
— *Une Page d'histoire* (1603). — Paris, Lemerre, 1886.
— *Lettres de Barbey d'Aurevilly à Léon Bloy.* — Paris, Mercure de France, 1902.
— *Les Diaboliques.* — Paris, Mercure de France, 1951.

Barrère (Jean-Bertrand), *L'Art de la nouvelle vu d'outre-manche. Revue de la littérature comparée,* oct.-déc. 1950.

Baudelaire (Charles), *Petits poèmes en prose*. — Paris, Garnier Frères, 1928.

Baumann (Emile), *La Vie terrible d'Henry de Groux*. — Paris, Grasset, 1936.
— *Henry de Groux et Léon Bloy*. La Revue Universelle, 1er mai 1936.

Béguin (Albert), *L'Ame romantique et le rêve*. — Marseille, Cahiers du Sud, 1937.
— *Léon Bloy l'Impatient*. — Fribourg, Egloff, 1944.
— *Léon Bloy. Textes choisis*. — Paris, Egloff, 1946.
— *Le Centenaire de Léon Bloy*. La Nouvelle Revue, juillet 1946.
— *Le Centenaire de Léon Bloy*. Une Semaine dans le monde, 6 juillet 1946.
— *Bloy Mystique de la douleur*. — Paris, Labergerie, 1948.
— *L'Amitié orageuse de Léon Bloy et de Villiers de l'Isle-Adam*. Figaro littéraire, 18 déc. 1948.

Bernoville (Gaëtano), *La Salette*. — Paris, Albin-Michel, 1946.

Bersaucourt (Albert de), *Au Temps des Parnassiens. Nina de Villard et ses amis*. — Paris, La Reconnaissance du Livre, 1922.

Bertaut (Jules), *L'Opinion et les mœurs. La Troisième République 1870 à nos jours*. — Paris, Les Editions de France, 1931.

Billy (André), *De Roland Dorgelès à Léon Bloy*. Figaro littéraire, 19 nov. 1949.
— *Les Ecrivains de combat*. — Paris, Les Œuvres Représentatives, 1932.

Boccace (Jean), *Le Décameron*. Traduit par Jean Bourcier. — Paris, Classiques Garnier, 1952.

Bollery (Joseph), *Un grand écrivain français méconnu : Léon Bloy*. — La Rochelle, Pijollet, 1924.
— « *Le Désespéré* » *de Léon Bloy. Histoire anecdotique, littéraire et bibliographique*. — Paris, Edgar Malfère, 1937.
— *Léon Bloy à bâtons rompus*. Conférence faite à l'Athénée de Genève, 29 mai 1935.
— *Villiers de l'Isle-Adam et* « *La Vie pour rire* », Mercure de France, 15 mars 1939.
— *Léon Bloy, Essai de biographie*. (3 vol.). — Paris, Albin-Michel, 1947, 1949, 1954.
— *Barbey d'Aurevilly et Léon Bloy*. Revue du Club des libraires de France, N° 3, s. d.
— et Laquerrière (A.-L.), *Biblio-iconographie de Léon Bloy*. — Paris, La Connaissance, 1935.

Borel (Petrus), *Champavert : Contes immoraux*. — Paris, Editions la Force Française, 1922.

Borrel (Eugène), *Comment j'ai connu Léon Bloy. Aspects de France*, 5 janvier 1951.

Bourget (Paul), *Essais de psychologie contemporaine.* — Paris, Plon, Nourrit et Cie, 1899.
— *Le Disciple.* — Paris, Plon, 1901.

Breton (André), *Anthologie de l'humour noir.* — Paris, Sagittaire, 1940.

Briant (Théophile), *Le Centenaire de Léon Bloy. Le Goéland*, mai-juin 1946.

Bros (Monseigneur A.), *Léon Bloy à Lagny-sur-Marne (1903-1904). Souvenirs personnels.* — Meaux (S.-et-O.), Chez l'auteur, 1959.

Brunetière (Ferdinand), *Essais de littérature contemporaine.* — Paris, Calmann-Lévy, 1892.

Buenzod (Emmanuel), *Une époque littéraire (1890-1910).* — Neuchâtel, Editions de la Baconnière, 1940.

Buet (Charles), *Contes à l'eau de rose.* — Paris, Victor Palmé, 1879.
— *Le Noir, le diable et le moine. Chat Noir*, 16 août 1884.
— *Contes moqueurs.* — Le Mans, Imprimerie Mennoyer, 1885.
— *Médaillons et camées.* — Paris, Giraud et Cie, 1885.
— *Paul Féval. Souvenirs d'un ami.* — Paris, Letouzey et Ané, 1887.
— *Barbey d'Aurevilly. Impressions et souvenirs.* — Paris, Albert Savine, 1891.

Burnand (Robert), *La Vie quotidienne en France de 1870 à 1900.* — Paris, Hachette, 1947.

Cahiers Léon Bloy, paraissant 6 fois par an. Fondés en 1924 par Joseph Bollery, 24, rue d'Amyrault, La Rochelle, durant sans interruption jusqu'en 1939.

Camilleri (Albert), *Le Cœur de Léon Bloy. Le Taudis*, mars 1927.

Carco (Francis), *Bohême d'artiste.* — Paris, Albin-Michel, 1940.

Carton (Dr Paul), *Un Héraut de Dieu : Léon Bloy.* — Brévannes (S.-et-O.), Chez l'auteur, 1936.

Castex (Pierre-Georges), *Le Conte fantastique en France.* — Paris, José Corti, 1951.

Cattauï (Georges), *Léon Bloy.* — Paris, Editions Universitaires, 1954.

Chazel (Paul), *Figures de proue de Corneille à Valéry.* — Neuchâtel, Delachaux et Niestlé, 1948.
— *Trois critiques : Vinet, Léon Bloy, Gillouin. Foi et Vie*, 1er déc. 1925.

Claudel (Paul), *Introduction au livre de « Ruth » de l'Abbé Tardif de Moidrey.* — Paris, Gallimard, 1952.
— *Le symbolisme de la Salette.* — Paris, Gallimard, 1952.

Clouard (Henri), *Histoire de la littérature française du Symbolisme à nos jours*. (2 vol.). — Paris, Albin-Michel, 1947-1949.

Colleye (Hubert), *L'Ame de Léon Bloy*. — Paris, Desclée de Brouwer, 1930.
— *L'Homme de l'absolu* (*Léon Bloy*). — Bruxelles, Les Editions Universitaires, 1943.

Cornilleau (Robert), *Types et Silhouettes*. — Paris, Enault-Mamers, s. d.

Daireaux (Max), *Villiers de l'Isle-Adam*. — Paris, Desclée de Brouwer, 1936.

Daniel-Rops, *Jacques Maritain. Ecclésia, février* 1959.

Daudet (Léon), *Salons et journaux. Souvenirs des milieux littéraires, politiques, artistiques et médicaux de 1880 à 1908*. — Paris, Nouvelle Librairie Nationale, 1917.
— *Flammes*. — Paris, Grasset, 1930.
— *Léon Bloy. La Revue Universelle*, 15 janv. 1930.

Descaves (Lucien), *Au Temps des Parnassiens. Nina de Villard et ses amis. Le Journal*, 2 oct. 1922.

Dinar (André), *Les Auteurs cruels défenseurs de la morale publique*. — Paris, Mercure de France, 1942.

Doyère (Dom Pierre), Moine bénédictin, *Saint Benoît-Joseph Labre, ermite pèlerin* (1748-1783). — Paris, Editions SELF, 1948.

Doyon (René-Louis), *Barbey d'Aurevilly, amoureux et dupe*. — Paris, Corréa, 1934.
— *Jehan Rictus devant lui-même, Laurent Tailhade, Léon Bloy*. — Paris, La Connaissance, 1943.

Du Bos (Charles), *Du Spirituel dans l'ordre littéraire*, dans *Vigile*, Cahier I, 1930; Cahier IV, 1930. — Paris, Grasset, 1930.

Dumesnil (René), *La Publication des Soirées de Médan*. — Paris, Société française d'éditions littéraires et techniques, 1933.

Dupont (André), *Léon Bloy et l'argent*. — *Mercure de France*, 16 fév. 1910.

Emmanuel (Pierre), *Commémorons Léon Bloy. Poésie 42*, N° 11, nov.-déc. 1942.

Erckmann-Chatrian, *Contes et romans populaires* (contiennent *Contes des bords du Rhin*). — Paris, J. Hetzel, 1867.

Estang (Luc), *Présence de Léon Bloy. La Croix*, 29 avril 1945.
— *Présence de Bernanos*, précédé de *Dans l'amitié de Léon Bloy par G. Bernanos*. — Paris, Plon, 1947.

— *Cinquante ans de littérature. La Croix*, 15 janv. 1950.

— *Les Amitiés de Léon Bloy. La Croix*, 29 janv. 1950.

Feuillerat (Albert), *Paul Bourget, Histoire d'un esprit sous la troisième République.* — Paris, Plon, 1937.

Flaubert (Gustave), *Œuvres de Jeunesse inédites*, t. I (183...-1838). — Paris, Louis Conard, 1910.

— *Trois Contes.* — Paris, Rasmussen, 1946.

— *Dictionnaire des idées reçues.* — Paris, Les Editions Nationales, 1949.

Fonsagrive (Georges), *L'Evolution des idées dans la France contemporaine, de Taine à Péguy.* — Paris, Bloud et Gay, 1920.

Forneret (Xavier), *Pièce de pièces... temps perdu.* — Paris, E. Duverger, 1840.

Fumet (Stanislas), *Mission de Léon Bloy.* — Paris, Desclée de Brouwer, 1935.

— *Ernest Hello ou le drame de la lumière.* — Fribourg, Egloff, 1940.

— *Hello, Textes choisis*, introduction. — Fribourg, Egloff, 1944.

— *La Poésie à travers les arts.* — Paris, Alsatia, 1954.

Gandillac (Maurice de), *Introduction à Léon Bloy. Orientations*, nov. 1936.

Gatumeau (Louis), *Léon Bloy, l'homme.* — *Mercure de France*, 1er mai 1925.

— et Fleuret (Fernand), *Quelques Autres (Les Rageurs).* — Paris, Rey, Libraire, 1905.

Gauthier (L.-M.), *La Haine de Léon Bloy. Les Cahiers catholiques*, 25 oct. 1921.

Gazette des Tribunaux, 1890, 1891, 1892, 1893.

Germain (A.), *Les Croisés modernes (de Bloy à Bernanos).* — Paris, Nouvelles Editions Latines, 1959.

Ghika (Prince Vladimir), *Jacques Maritain. La Documentation catholique*, 27 oct. 1923 (p. 643).

Gilson (P.), *Léon Bloy. Le Taudis*, nov.-déc. 1926.

Ginisty (Paul), *L'Année littéraire.* — Paris, Fasquelle, 1894.

Giraud (Victor), *Les Maîtres de l'heure.* — Paris, Hachette, 1919.

Gobineau (Comte Arthur de), *Nouvelles.* — Paris, Jean-Jacques Pauvert, 1956.

Goudeau (Emile), *Dix ans de Bohême.* — Paris, La Librairie illustrée, 1888.

Gourmont (Rémy de), *Promenades littéraires*. — Paris, Mercure de France, 1919.
— *Le Deuxième livre de masques*. — Paris, Mercure de France, 1920.

Guiches (Gustave), *Au Banquet de la vie*. — Paris, Spès, 1925.
— *Le Banquet*. — Paris, Spès, 1926.

Guillemin (Henri), *Histoire des Catholiques Français au XIXe Siècle* (1815-1905). — Ed. du Milieu du Monde, 1947.

Hanotaux (Gabriel), *Mon Temps :* Vol. I. *De l'Empire à la République.* — Paris, Plon, 1933.
— Vol. IV. *Constantinople.* — Paris, Plon, 1947.

Hello (Ernest), *Les Plateaux de la balance*. — Paris, Victor Palmé, 1880.
— *Philosophie et athéisme*. — Paris, Poussièlgue Frères, 1888.
— *Le Siècle*. — Paris, Perrin, 1896.
— *Physionomie des Saints*. — Paris, Perrin, 1897.
— *L'Homme*. — Paris, Perrin, 1909.
— *Paroles de Dieu*. — Paris, Perrin, 1909.
— *Du Néant à Dieu*. (2 vol.). — Paris, Perrin, 1921.
— *Les Contes extraordinaires*. — Paris, Perrin, 1927.

Heppenstall (Raynor), *The Double Image : Mutations of Christian Mythology*. — London, Secker and Warburg, 1947.
— *Léon Bloy*. — New Haven, Yale University Press, 1954.

Hubert (Raymond), *Léon Bloy et l'école néo-chrétienne*. — Nice, Brun, 1914.
— *Une Satellite consciente de la Revue des Jeunes : La Voix française de Nice. Réclame claironnante aux écrits obscènes de Francis Jammes. Le Prétendu catholicisme de Baudelaire et de Rimbaud. Apothéose de Léon Bloy sous une plume monastique*. — Nice, 1917.
— *Le Procès du prétendu « Renouveau catholique » au tribunal de l'opinion*. — Nice, chez l'auteur, 1919.
— *Une Cythère mystique : le prétendu renouveau catholique : Ma polémique au sujet de Léon Bloy avec son défenseur M. Maisonneuve, Doyen de la Faculté de Théologie de l'Université de Toulouse*. — Nice, Frey et Trincherie, 1920.

Ibrovac (Miodrag), *José-Maria de Heredia, sa vie, son œuvre*. Thèse pour le Doctorat ès-Lettres. — Paris, Les Presses Françaises, 1923.

Janin (Jules), *L'Ane morte et la femme guillotinée*. — Paris, Librairie des Bibliophiles, 1876.

Jarry (Alfred), *Gestes et opinions du docteur Faustroll, Pataphysicien*. — Paris, Fasquelle, 1911.

Jouhandeau (Charles), *Les Pincengrains*. — Paris, Gallimard, 1948.

Journet (Charles), *Destinées d'Israël. A propos du Salut par les Juifs*. — Paris, Egloff, 1945.

Kemp (Robert), *Un Monstre sacré. Nouvelles littéraires,* 18 sept. 1947.
— *Deux Enflammés. Nouvelles littéraires,* 17 nov. 1949.

Lacuria (P.), *Les Harmonies de l'être exprimées par les nombres.* — Paris, Comptoir des Imprimeurs, 1847.

Lardanchet (Charles), *Les Enfants perdus du romantisme.* — Paris, Perrin, 1905.

Lassailly (Charles), *Les Roueries de Trialph.* — Paris, Silvestre, 1833.

Lautréamont (Comte de), *Les Chants de Maldoror.* — Paris, Editions Charlot, 1946.
— *Œuvres complètes.* — Paris, José Corti, 1956.

Leblanc (Maurice), *Des Couples.* — Paris, E. Kolb, 1890.

Leclercq (Julien), *Les Histoires désobligeantes de Léon Bloy,* art. critique. *Mercure de France,* avril 1895.

Le Corbellier (Armand), *Les Diaboliques de Barbey d'Aurevilly.* — Paris, SFELT, 1939.

Lefebvre (Louis), *Léon Bloy.* — Paris, La Bonne Presse, 1946 .

Lemonnier (Camille), *Contes flamands et wallons.* — Paris, Société des Gens de Lettres, s. d.
— *L'Estime littéraire. Gil Blas,* 23 août 1893.

Lemonnier (Léon), *Les Traducteurs d'Edgar Poe en France de 1845 à 1875 : Charles Baudelaire.* — Paris, P.U.F., 1923.
— *Edgar Poe et les conteurs français.* — Paris, Aubier, 1947.

Léon Bloy. Ouvrage collectif. *Les Cahiers du Rhône,* N° 11, janvier 1944. — Neuchâtel, La Baconnière, 1944.
— Ouvrage collectif. *Résurrection.* Collection de Culture chrétienne. — Paris, Didier, 1943.

Les Marches de Provence, octobre 1912. Numéro spécial consacré à Léon Bloy.

Le Taudis, fév.-mars 1926. Numéro spécial consacré à Léon Bloy.

Levaux (Léopold), *Quand Dieu parle.* — Paris, Bloud et Gay, 1926.
— *Léon Bloy.* — Louvain, Rex, 1931.

Lionnet (Jean), *L'Evolution des idées chez quelques-uns de nos contemporains,* 2ᵉ série. — Paris, Perrin, 1905.

Loreilhe (Jacques), *Léon Bloy, son œuvre et sa mission.* En dépôt au Bureau des Cahiers Léon Bloy, La Rochelle, 1929.

Lorrain (Jean), *Histoires de masques.* — Paris, Ollendorff, 1900.

Lory (Marie-Joseph), *Léon Bloy et son époque.* — Paris, Desclée de Brouwer, 1944.

— *La Pensée religieuse de Léon Bloy.* Thèse pour le Doctorat ès-Lettres. — Paris, Desclée de Brouwer, 1951.

— *L'Enfance et l'adolescence de Léon Bloy d'après son journal inédit* (1861-1868). — Thèse complémentaire.

Madaule (Jacques), *Reconnaissances,* vol. III. — Paris, Desclée de Brouwer, 1945.

— *Sous le signe de Léon Bloy. La Vie Intellectuelle,* N° 12, déc. 1948.

— *Apocalypses pour notre temps.* — Paris, La Palatine, 1959.

Magny (Olivier), *Un Mendiant ingrat ni tout à fait sublime ni tout à fait odieux. L'Express,* 16 juillet 1959.

Maistre (Joseph de), *Les Soirées de Saint-Pétersbourg,* 2 vol. — Paris, Garnier Frères, 1921.

Marie (Aristide), *Petrus Borel : le lycanthrope. Sa vie, son œuvre.* — Paris, L'Ed. La Force Française, 1922.

Maritain (Jacques), *Quelques pages sur Léon Bloy. Cahiers de la Quinzaine.* (10ᵉ Cahier de la 18ᵉ série). — Paris, L'Artisan du Livre, 1927.

Maritain (Raïssa), *Léon Bloy's Columbus. Commonweal,* New York, october 16, 1942.

— *Les Grandes amitiés.* — Bruges, Desclée de Brouwer, 1949.

— *Léon Bloy et Israël. Confluences,* t. VIII, Nᵒˢ 15-17 (pp. 305-316).

Martineau (René), *Les Débuts de Léon Bloy. Mercure de France,* 1ᵉʳ mars 1912.

— *Un Vivant et deux morts. Léon Bloy, Ernest Hello, Villiers de l'Isle-Adam.* — Paris, Bibliothèque des lettres françaises, 1914.

— *Léon Bloy, Souvenirs d'un ami.* — Paris, Librairie de France, 1921.

— *Autour de Léon Bloy.* — Paris, le Divan, 1926.

— *Types et prototypes.* — Paris, A. Messein, 1931.

— *Notes inédites de Léon Bloy. Les Amitiés,* fév. 1932.

— *Quelques lettres de Léon Bloy à François Coppée. Mercure de France,* 1ᵉʳ oct. 1932.

— *Un ami de Léon Bloy... le dédicataire de la « Femme pauvre ». Mercure de France,* 15 juillet 1933.

— *Aspects méconnus de Barbey d'Aurevilly.* — Paris, Sorlot, 1939.

— *Autour de J.-K. Huysmans.* — Paris, Desclée de Brouwer, 1946.

Mas (Edouard), *Léon Bloy, son œuvre.* — Paris, Ed. de la Nouvelle Revue critique, 1927.

Masure (E.), *Le Signe.* — Paris, Bloud et Gay, 1954.

Mauges (L. des), *A Léon Bloy. Le Taudis,* sept.-oct. 1926.

Maupassant (Guy de), *Œuvres complètes* (t. IV), *M. Jocaste*. — Paris, Louis Conard, 1908.

— *La Main gauche*. — Paris, Flammarion, 1927.

— *Miss Harriet*. — Paris, Albin-Michel, s. d.

— *Pierre et Jean. Préface. Etude sur le roman. Œuvres complètes illustrées*. — Paris, Librairie de France, 1935.

— *Contes et nouvelles*, 2 vol. — Paris, Albin-Michel, 1957.

Mauriac (François), *Pèlerins de Lourdes. Œuvres complètes*, t. VII. — Paris, Grasset, chez Arthème Fayard, 1951.

Mérimée (Prosper), *Romans et nouvelles*. — Paris, La Pléiade, 1951.

Milner (Max), *Le Diable dans la littérature française de Cazotte à Baudelaire* (1772-1861) (2 vol.). Thèse pour le Doctorat ès-Lettres, Université de Paris. José Corti, 1960.

Mirbeau (Octave), *Les Ecrivains*, 2ᵉ série. — Paris, Flammarion, 1926.

Monselet (Charles), *Les Ressuscités*. — Paris, Calmann-Lévy, 1876.

Moré (Marcel), *Crime et sainteté. Dieu Vivant*, Nᵒ 14, 1949.

Moreau (Pierre), *L'Obsession de la vie dans la littérature moderne. Revue des cours et conférences*. 15 déc., 30 déc. 1938; 15 janv., 30 janv. 1939; 28 fév. 1939; 30 mars 1939; 15 mai 1939; 30 juillet 1939.

— *Symbole, symbolique, symbolisme*. Cahiers de l'Association internationale des études françaises, Nᵒ 6, juillet 1954.

— *Le Romantisme*. — Paris, del Duca, 1957.

Musset (Alfred de), *Contes*. — Paris, Classiques Garnier, 1948.

— *Nouvelles*. — Paris, Garnier, 1948.

Nau (Jean-Antoine), *Force ennemie*. — Paris, Flammarion, 1948.

Nordau (Max), *Dégénérescence*. Traduit par Auguste Dietrich. 2 vol. — Paris, Félix Alcan, 1894.

O'Faolain (Sean), *The Short Story*. — New York. The Devin-Adair Co., 1951.

Ottensmeyer (Hilary), *La Notion du paradis perdu chez Léon Bloy*. Thèse de Doctorat d'Université. Université de Paris, 1956.

« Passionate Pilgrim », *Time*, april 14, 1947, (p. 64).

Péguy (Charles), *De Jean Coste*. — Paris, Gallimard, 1937.

Peské (A.) et Marty (P.), *Les Terribles*. — Paris, Frédéric Chambriand, 1951.

Pfleger (Charles), *Aux prises avec le Christ, Péguy, Bloy, Gide, Chesterton, Dostoïevski, Soloviev, Berdiaev*. — Mulhouse, Salvator, 1949.

Pierre-Quint (Léon), *Le Comte de Lautréamont et Dieu.* — Marseille, Cahiers du Sud, 1929.

Poe (Edgar Allen), *Histoires extraordinaires.* Traduites par Charles Baudelaire. — Paris, Louis Conard, 1932.

— *Nouvelles histoires extraordinaires.* Traduites par Charles Baudelaire. — Paris, Louis Conard, 1932.

— *La Genèse d'un poème.* Traduite par Charles Baudelaire. — Paris, Louis Conard, 1936.

— *Histoires grotesques et sérieuses.* Traduites par Charles Baudelaire. — Paris, Louis Conard, 1937.

Polimeni (Emmanuela), *Léon Bloy, the Pauper Prophet.* — London, Dennis Dobson, Ltd., 1947.

Pommier (Amédée), *La Pile de volta.* — Paris, A. Ledoux, 1831.

Ponchon (Raoul), *Le Verre d'eau-de-vie. Le Journal : la Gazette rimée,* 20 déc. 1909.

Poulot (Denis), *Le Sublime.* — Paris, Marpon et Flammarion, 1887.

Rachilde, *Portraits d'hommes.* — Paris, Mercure de France, 1930.

Retté (Adolphe), *Léon Bloy. Essai de critique équitable.* — Paris, Bloud et Gay, 1923.

— *La Basse-cour d'Apollon : mœurs littéraires.* — Paris, A. Messein, 1924.

Rocal (Georges), *Léon Bloy et le Périgord.* — Paris, Librairie Floury, 1932.

Rosny (J.-H. aîné), *L'Académie Goncourt.* — Paris, Crès, 1927.

Rouault (Georges), *Souvenirs intimes.* — Paris, Frapier, 1927.

Rouge (Gustave Le), *Au Jardin des Plantes avec Léon Bloy. Nouvelles littéraires,* 1er, 8, 15 déc. 1928.

— *Henry de Groux et Léon Bloy. Nouvelles littéraires,* 10, 24 nov. 1928.

Rougemont (Denis de), *La Part du diable.* — Paris, Gallimard, 1946.

Rousseaux (André), *Le Centenaire de Léon Bloy. Figaro littéraire,* 6 juillet 1946.

Rouquette (Robert), *Filleuls de Léon Bloy. Etudes,* fév. 1949.

Rouzet (Georges), *Léon Bloy et ses amis belges.* — Liège, Soledi, s. d.
— *Léon Bloy. La Douleur. La Joie. Les Cahiers catholiques,* avril 1931.

— *Les Exagérations de Léon Bloy. Les Amitiés,* février 1932.

— *Une Source maçonnique de Léon Bloy. Quo Vadis,* oct., nov., déc. 1951.

Ruff (Marcel), *L'Esprit du mal et l'Esthétique baudelairienne*. — Paris, Armand Colin, 1955.

— *Baudelaire, l'homme et l'œuvre*. — Paris, Hatier-Boivin, 1957.

Satan. Ouvrage collectif. *Etudes Carmélitaines*. — Paris, Desclée de Brouwer, 1948.

Sainte Gertrude, *Révélations*, 2 vol. — Mame, 1952.

Schlumberger (Gustave), *Mes Souvenirs* (1844-1928), 2 vol. — Paris, Plon, 1934.

Schmoeger (Père K. E.), *Vie d'Anna-Catherine Emmerich*, 3 vol. Traduite par E. de Cazalès. — Paris, Téqui, 1950.

Seillère (Ernest), *Léon Bloy : Psychologie d'un mystique*. — Paris, Ed. de la Nouvelle Revue Critique, 1936.

Souday (Paul), *Les Livres du temps*. — Paris, Emile-Paul Frères, 1913.

Steinmann (Jean), *Léon Bloy*. — Paris, Ed. du Cerf, 1956.

Stock (P.-V.), *Memorandum d'un éditeur*, 2 vol. — Paris, Stock, 1935.

Stonier (G. W.), « The Woman Who Was Poor », *The New Statesman and Nation*, May 13, 1939 (p. 744).

Termier-Boussac (Jeanne), *Derniers Refuges*, préface de Léon Bloy. — Paris, Grasset, 1910.

— *Léon Bloy, notre vieux maître. Revue des Jeunes*, mars 1944.

Termier (Pierre), *Léon Bloy*. — Paris, E. Bottereau, 1921.

— *Introduction à Léon Bloy*. — Paris, Desclée de Brouwer, 1931.

Thibaudet (Albert), *L'Histoire de la littérature française de 1789 à nos jours*. — Paris, Stock, 1936.

Van der Meer de Walcheren (Pierre), *Journal d'un converti*. — Paris, Crès, 1917.

Vanwelkenhuyzen (Gustave), *Léon Bloy au « Gil Blas ». Mercure de France*, 15 mai 1938.

Varende (Jean de la), *Villiers de l'Isle-Adam. Revue des Deux Mondes*, t. XLVIII, 1938 (pp. 175-189).

Vial (André), *Guy de Maupassant et l'art du roman*. — Paris, Librairie Nizet, 1954.

Villemin (Eugène), *Le Drame de Rachel. Le Parnasse contemporain*. — Paris, Lemerre, 1866.

Villiers de l'Isle-Adam (Jean-Marie, Comte de), *Contes cruels*. Paris, Calmann-Lévy, s. d.

— *Tribulat Bonhomet. Nouveaux contes cruels. Œuvres complètes*, t. III, Mercure de France, 1922.

— *Histoires insolites. Œuvres complètes*, t. VI. — Paris, Mercure de France, 1924.

— *Isis*. — Paris, Crès, 1923.

— *Chez les passants*. — Paris, Crès, s. d.

Visions d'Anne-Catherine Emmerich sur la vie de N. S. J.-C., 3 vol. Traduites par M. Charles d'Ebling. — Paris, Téqui, 1951.

Waseige (Adrien), *Paul Verlaine. Portraits d'Hier*, 15 nov. 1909.

Zola (Emile), *Les Trois Villes : Paris*, t. II. — Paris, Fasquelle, 1929.

TABLE ANALYTIQUE

Léon Bloy, conteur, se classe parmi les écrivains de contes cruels, genre dont les racines remontent loin dans la littérature satirique et qui connut une vogue grandissante au xixᵉ siècle. Plus explicitement, ce genre comporte, exprimée par le poète sous le masque d'une ironie glaciale, une critique acerbe de la nature humaine ou des mœurs du siècle. Les raisons pour considérer les *Histoires désobligeantes* en face des œuvres plus importantes de Léon Bloy. L'année 1845, qui marque l'arrivée du premier conte d'Edgar Allan Poe en France, nous permet de couper en deux le long défilé de contes cruels au xixᵉ siècle, Le message capital des *Histoires désobligeantes*.

Chapitre Premier.

Aperçu du genre conte cruel au XIXᵉ siècle.

La révolution dans les goûts du monde des lecteurs et la floraison du conte vers 1830. La frénésie des premiers contes noirs. Amédée Pommier et sa *Pile de Volta* (1831). La parodie de Jules Janin : *L'Ane mort et la femme guillotinée* (1829). *Les Insomnies* de J. Arago et Kermel (1833). Les petits romantiques : Charles Lassailly et *les Roueries de Trialph* (1833); Petrus Borel et *Champavert : contes immoraux* (1833); Xavier Forneret et sa *Pièce de pièces — temps perdu* (1840). Certaines histoires de Balzac qui participent du genre noir. Prosper Mérimée : *Tamango* (1829), *la Partie de tric-trac* (1830), *la Chambre bleue* (1866). *Œuvres de jeunesse inédites*, (183 -1838) et le *Dictionnaire des idées reçues* (commencé dès 1852) de Flaubert. Alfred de Musset : *L'Histoire d'un merle blanc* (1842).

La presse et le roman feuilleton. *La Gazette des Tribunaux* et le goût pour les causes célèbres, pour le sensationnel. L'introduction des contes d'Edgar Allan Poe en France en 1845. Quelques contes d'Erckmann-Chatrian contenus dans les recueils : *Contes et Romans populaires* (1867) et *Contes des bords du Rhin* (1867). Les *Petits poèmes en prose* de Charles Baudelaire (1869). Ce qui attire Baudelaire dans l'œuvre de Poe : la place donnée à la perversité de la nature humaine. Le Comte de Lautréamont et les *Chants de Maldoror* (1868). Quelques nouvelles du Comte Arthur de Gobineau :

Adelaïde (1914), *Mademoiselle Irnois* (1847), *le Mouchoir rouge*
(1872). Barbey d'Aurevilly : *les Diaboliques* (1874). Villiers de
l'Isle-Adam : *Contes cruels* (1883), les *Histoires insolites* (1888),
Nouveaux contes cruels (1888), *Chez les passants* (1890). Quelques
contes de Guy de Maupassant : *Boule de Suif* (1880), *l'Aveugle*
(1882), *la Reine Hortense* (1883), *Clochette* (1886), *le Rosier de
Mme Husson* (1887). Charles Buet et ses *Contes moqueurs* (1885).
Maurice Leblanc : *Des Couples* (1890). Alphonse Allais : *A se tordre*
(1891); *Littoralement* (contes inédits du *Chat Noir*) (1952). Jean
Lorrain : *Histoires de masques* (1900).

Chapitre Deuxième.

L'Arrière-plan des « Histoires désobligeantes ».

La jeunesse de Léon Bloy à Périgueux. Premier séjour à Paris,
1864. Programme d'études abandonné. Lectures. L'aventure athée
et socialiste. La misère. Rencontre de Barbey d'Aurevilly en 1868.
La Guerre de 1870-1871. Départ définitif de Périgueux pour Paris,
1873. Le journalisme. Rencontre d'Anne-Marie Roulé. L'Abbé
Tardif de Moidrey. Premiers livres de Léon Bloy. *Le Pal* (1885).
La conspiration du silence. Vie de misère. Rencontre, en 1890,
de Jeanne Molbech qui deviendra Mme Bloy. L'œuvre du Mendiant
ingrat. Dernières années.

Le développement de la presse. Le *Gil Blas* fondé par Auguste
Dumont en 1879. Léon Bloy invité à faire partie de la rédaction
du *Gil Blas* en 1888. Articles retentissants. Léon Bloy remercié le
11 février 1889. Fernande Xau fonde *Le Journal* en 1892. Léon
Bloy repris par le *Gil Blas* en septembre 1892. Articles critiques
suivis des contes militaires qui seront réunis sous le titre *Sueur
de Sang*. Situation de Léon Bloy au *Gil Blas*. Série de contes
intitulée *Histoires désobligeantes* (22 juillet 1893-6 avril 1894).
L'affaire Lepelletier. Léon Bloy renvoyé du *Gil Blas*.

La perspective spirituelle nécessaire pour comprendre l'œuvre
de Léon Bloy. Le dessein de l'auteur en écrivant les *Histoires
désobligeantes*. L'élément de scandale considéré. Le scandale du
mal chez Barbey d'Aurevilly, chez Lautréamont, chez Baudelaire.
L'intention du Mendiant ingrat vu son installation dans l'Absolu.
Les *Histoires désobligeantes* des allégories. Le symbolisme des
histoires. Les *Histoires désobligeantes* sans « clef ». Les éditions
des *Histoires désobligeantes*. La dédicace. La notice écrite par
Léon Bloy le 28 novembre 1894 sur les *Histoires désobligeantes*
et relevée du journal inédit.

Chapitre Troisième.

La Genèse des « Histoires désobligeantes ».

Les développements intellectuels, scientifiques, matériels, au XIXᵉ siècle. La philosophie du déterminisme. Un monde privé de signification spirituelle. Les progrès matériels à Paris; l'industrialisation du pays. Le scandale de la misère. L'épisode de l'anarchie (1890-1894). L'insuffisance de la formation spirituelle des jeunes. Lamentations de Léon Bloy, de Jacques Maritain. Le reniement du surnaturel : la tragédie du siècle pour Léon Bloy. Lui-même un phénomène.

Des éclaircissements permis grâce au journal inédit de Léon Bloy et aux brouillons des *Histoires désobligeantes*.

La Tisane. — Développement d'après le brouillon. Transformations. L'effet de l'histoire sur Henry de Groux.

Le Vieux de la maison. — Son dédicataire; transposition des caractères; expressions argotiques provenant du *Sublime* de Denis Poulot et relevées des brouillons; l'alinéa final.

La Religion de M. Pleur. — Origines dans *le Secret de M. Pérégrin Germinal* dans *la Plume*, 1ᵉʳ janvier 1892; phrase du début au 2ᵉ feuillet du brouillon; assimilations de l'auteur au héros d'après une lettre à Adèle Montchal; ménagement du *Gil Blas* par l'auteur; le poème de Raoul Ponchon inspiré de M. Pleur.

La plus belle trouvaille de Caïn. — Origines dans *le Secret de M. Pérégrin Germinal* dans *la Plume*, 1ᵉʳ février 1892, dans la *Femme pauvre* et dans la vie d'adolescent de Léon Bloy.

Le Parloir des Tarentules. — Son dédicataire; l'identité du héros d'après le journal intime de Léon Bloy et d'après certains écrits de Barbey d'Aurevilly; quelques phrases de début au 3ᵉ feuillet du brouillon.

Projet d'oraison funèbre. — L'amitié de Léon Bloy et de Villiers de l'Isle-Adam; l'inimitié entre Léon Bloy et J.-K. Huysmans.

Les Captifs de Longjumeau. — Première phrase relevée du brouillon mais écartée; l'identité des personnages; lettre de Henry de Groux.

Une idée médiocre. — Sources révélées dans le journal de Léon Bloy et par Joseph Bollery.

Deux fantômes. — Identité des deux héroïnes d'après des indications assez transparentes de l'histoire et de l'une d'entre elles d'après le journal inédit de l'auteur; quelques mots au 10ᵉ feuillet du brouillon.

Terrible châtiment d'un dentiste. — Elément d'occultisme; premier paragraphe au 6ᵉ feuillet du brouillon.

Le Réveil d'Alain Chartier. — Quelques mots au 5ᵉ feuillet du brouillon; ressemblance de la fin de l'histoire à celle de *Madame Bovary*.

Le Frôleur compatissant. — Identité du héros d'après les indications de l'histoire; les remarques de René Martineau qui connut l'auteur et le héros; quelques mots au 7e feuillet du brouillon.

Le Passé du monsieur. — Fond de l'histoire décelé par des lettres très intéressantes dans le journal inédit de l'auteur aussi bien que par le journal publié; anecdote racontée dans *les Cahiers Léon Bloy;* lettre d'une « illettrée » relevée du journal inédit. La manière de Léon Bloy de trouver la fin de ses histoires.

Tout ce que tu voudras !... — Thème de l'inceste retrouvé aussi dans A. Pommier, Arago et Kermel, Maupassant, Barbey d'Aurevilly. Les assimilations d'Anne-Marie Roulé aux personnages créés par Léon Bloy.

Jocaste sur le trottoir. — Thème d'inceste involontaire; transposition d'Anne-Marie Roulé dans le personnage de la mère; souvenirs de jeunesse à noter.

La Dernière Cuite. — Commentaires dans le journal de l'auteur au sujet de sa visite au four crématoire du Père Lachaise; quelques fragments de l'histoire au 9e feuillet du brouillon.

La Fin de Don Juan. — Identité du héros d'après sa vie et d'après son portrait dans *le Désespéré.*

Une Martyre. — Identité de l'héroïne d'après *la Femme pauvre;* quelques phrases au 10e feuillet du brouillon.

Le Soupçon. — L'idée aurait été suggérée par Edouard d'Arbourg; des fragments au 11e feuillet du brouillon.

Le Téléphone de Calypso. — Le dédicataire; les inventions modernes anathèmes à Léon Bloy.

Une Recrue. — Mise en action des menaces de l'anarchie exprimées dans *le Désespéré;* thème de l'identité. Rapprochement du *Joueur Généreux* de Baudelaire.

Sacrilège raté. — Manque de précisions pour les sources de cette histoire.

Le Torchon brûle. — Première partie attribuée à Villiers de l'Isle-Adam; souvenirs de jeunesse très arrangés dans la seconde partie; plusieurs paragraphes au 13e feuillet du brouillon.

La Taie d'argent. — Evocation de *Vox populi* de Villiers de l'Isle-Adam.

Un homme bien nourri. — Emprunts de *la Femme pauvre;* souvenirs de l'auteur.

La Fève. — Rapprochement avec *le Cœur mangé* de Boccace et avec *la Vengeance d'une femme* de Barbey d'Aurevilly.

Propos digestifs. — Thème de l'identité d'après le journal de l'auteur; mise en scène probable chez Nina de Villard; identité des personnages; le 16e feuillet du brouillon donne à peu près toute l'histoire.

Le Cabinet de lecture. — Dirigé contre *le Journal* de Fernand Xau. Le brouillon en est complet, 17e feuillet.

On n'est pas parfait. — Reparaît dans *l'Exégèse des lieux communs.* Les difficultés éprouvées par Léon Bloy à écrire ses histoires hebdomadaires.

Soyons raisonnables !... — Suggérée par Edouard d'Arbourg d'après le journal inédit de l'auteur. Début de l'histoire au 19e feuillet du brouillon.

Les huit histoires non-recueillies. Deux d'entre elles recueillies dans l'édition originale : *L'Appel du gouffre* et *l'Ami des bêtes*.

La Chambre noire reproduite dans l'*Exégèse des lieux communs* sous le titre *L'Excès en tout est un défaut*.

Pour l'Ensemble !... — Extrait de *la Femme pauvre*. La fin ajoutée pour le *Gil Blas*.

Celui qui a vendu la tête de Napoléon Ier. — Extrait de *la Femme pauvre*. La conclusion fait un tout de l'histoire pour le *Gil Blas*. Répercussions dans la *Tribune de Chicago*.

L'Appel du gouffre. — Extrait de *la Femme pauvre*, chap. III et VII, première partie.

L'Ami des bêtes. — Extraits de *la Femme pauvre*, chap. XIV et XV, première partie. Début ajouté pour l'histoire dans le *Gil Blas*. L'existence d'un véritable pèlerin de la Salette pareil à celui de l'histoire.

Pédagogie. — Recueillie dans *la Femme pauvre*, chap. XXII, première partie. Composition d'une introduction pour le *Gil Blas*.

All's Well That Ends Well. — Extraits de *la Femme pauvre*, chap. XVII et XIX, première partie. Début écrit pour le *Gil Blas*.

Le Mariage de Sylvestre. — Extraits de *la Femme pauvre*, chap. X et XI, première partie; jamais publié. Début retrouvé au 21e feuillet du brouillon.

Chapitre Quatrième.

Le Ton des « Histoires désobligeantes ».

Les tableaux de *la Peste* chez Léon Bloy. La nuit spirituelle de l'époque peinte par l'auteur dans les *Histoires désobligeantes*. L'importance des âmes. L'amertume, la véhémence dans l'œuvre de Léon Bloy. L'esprit bourgeois dénoncé par les poètes. En quoi la haine de Léon Bloy se distingue de celle des autres contempteurs du siècle. La vie regardée *per speculum in aenigmate*. Thèmes chers à l'auteur.

Exposé du symbolisme de l'argent chez Léon Bloy, d'après Albert Béguin.

La Religion de M. Pleur à la lumière de l'analyse du symbolisme de l'argent. La condamnation du riche chez Léon Bloy.

La Taie d'argent. — La cécité de l'aveugle interprétée à la lumière de la pensée de l'auteur.

Le Passé du monsieur. — La tragédie spirituelle engendrée par l'avarice, par l'absence de la foi au surnaturel.

La Dernière Cuite. — La dégradation de l'âme possédée par l'avarice et par l'égoïsme; la parenté du héros et de Don Juan Belvidéro de *l'Elixir de longue vie* de Balzac. Le règne de Satan dans les âmes.

Projet d'oraison funèbre. — Ecrit à la mémoire de Villiers de l'Isle-Adam mais en même temps dirigé contre J.-K. Huysmans.

Les Captifs de Longjumeau. — Satire dirigée contre M. et Mme Henry de Groux; explication surnaturelle de leur manque de mémoire.

Une Idée médiocre. — Satire qui rapproche l'association de quatre jeunes amis à celle de *l'Histoire des Treize* par Balzac. La présence de Satan explique encore ces perversions grotesques.

Deux fantômes. — Caricatures qui révèlent l'hypocrisie de deux âmes qui se trompent l'une l'autre sous les dehors d'une amitié de longue date.

La transposition en symbole par le poète des apparences du mal — procédé déconcertant.

Le Frôleur compatissant. — La caricature d'une douceur excessive, d'une volonté chétive, symboles de la médiocrité d'une âme qui a renoncé aux vertus viriles.

La Fin de Don Juan. — Toute l'horreur étalée symbolise l'iniquité spirituelle du héros.

Le Cabinet de lecture. — Histoire de vengeance qui reste dans le domaine du comique.

La Plus belle trouvaille de Caïn. — Histoire de vengeance visée aux propriétaires. L'attitude de l'auteur envers le propriétaire.

Le terrain du symbole, l'élément de Léon Bloy. Tout pour lui, comme pour Ernest Hello, fut symbole — l'homme, la nature, le monde moral, l'art. Un des buts de l'art de Léon Bloy : faire connaître la réalité du monde invisible. Son effort de montrer par les *Histoires désobligeantes* l'horreur des prolongements dans l'invisible du mal qui règne dans le monde déchu. L'abomination de ces peintures du Mal, par un retournement, devait engendrer un désir du Bien.

Chapitre Cinquième.

La Morale des « Histoires désobligeantes ».

Les *Histoires désobligeantes,* un témoignage de l'avilissement de la société moderne. Presque tous les écrivains de contes cruels étaient des censeurs de l'infamie sociale de leur époque. Mais leur condamnation ne comportait que rarement un remède, à la différence des dénonciations de Léon Bloy. Le désespoir de Marchenoir qui n'était jamais un désespoir théologique. Il ne put jamais s'accommoder du désordre de la vie contemporaine, de la médiocrité du monde matérialiste, sans Dieu.

La Communion des Saints, autre aspect de la solidarité universelle, fut au centre de la vie de Léon Bloy. Le retentissement de nos actes dans la vie des autres illustré par les *Histoires désobligeantes*. Personne ne se fait de bien sans faire, en même temps, du bien à son prochain; et de même, personne ne se nuit sans nuire à son prochain. Mais les grands pouvoirs spirituels de l'homme sont ou ignorés ou méprisés.

Chapitre Sixième.

L'Art du conteur des « Histoires désobligeantes ».

Les splendeurs du style de Léon Bloy ne retrouvent pas tout leur essor dans les *Histoires désobligeantes,* mais il y a des éclairs qui nous éblouissent de temps en temps.

Léon Bloy en tant que romantique attardé; ce qu'il a hérité des romantiques, par où il leur ressemble, par où il diffère d'eux. L'influence de Barbey d'Aurevilly sur le premier style du Désespéré. Rapprochements entre *les Diaboliques* et les *Histoires désobligeantes*.

La « poétique de péché et de désespoir » chez Léon Bloy. Lettre à Gustave Guiches.

L'angoisse spirituelle dans les *Petits poèmes en prose* de Baudelaire et dans les *Histoires désobligeantes*. Un art chrétien impossible pour Léon Bloy, une contradiction de termes.

Les poètes les premiers pratiquent des ouvertures sur le monde invisible.

Rapprochements d'Edgar Allan Poe et de Léon Bloy. Le goût pour le macabre, pour le mystère noir chez Léon Bloy, mais équilibré par un tourment religieux, par la soif de la justice et de la vérité.

Rapprochements d'Ernest Hello et de Léon Bloy.

Rapprochements de Villiers de l'Isle-Adam et de Léon Bloy.

La douleur de Léon Bloy devant l'abjection de l'époque ne fait pas l'objet de ses réflexions. La vision du monde des âmes reste toujours au premier plan — des âmes qu'il fallait sauver.

L'unité de la vie et de l'œuvre de Marchenoir.

L'originalité, l'à-propos des titres des *Histoires désobligeantes*.

Les qualités nécessaires au conteur pour produire un effet maximum.

Les débuts des histoires brusques, introduits par une phrase très courte ou par une bribe de dialogue. Les conclusions brusques et violentes, des révélations subites. L'aspect spirituel de la conclusion envisagé toujours par le poète. Des procédés à dénouer l'intrigue : l'emploi du contraste ou d'une accumulation d'éléments funestes pour préparer le choc de la conclusion; l'emploi d'une image, d'un mot de signification, d'un mot d'esprit, etc.

L'ambivalence des figures, une technique chez Léon Bloy pour suggérer le mystère. L'*Exégèse des lieux communs*.

Procédés à faire ressortir le caractère des personnages : descriptions, dialogues, monologues.

La présence de l'auteur à son histoire.

La conclusion ne comporte pas un postulat moral.

La transformation de l'ordre chronologique des *Histoires désobligeantes* au moment de les recueillir en volume.

L'élément comique chez Léon Bloy. Mélange de bonne humeur et d'humour noir. Les éléments de l'humour noir : mélange de ridicule et de tragique qui exprime la douleur du poète.

L'ironie de Marchenoir. En quoi se distingue l'humour de Léon Bloy — le côté spirituel, religieux, la charité.

Sources d'humour dans les *Histoires désobligeantes* : les noms des personnages, les expressions familières, l'argot.

Le vocabulaire de Léon Bloy. La scatologie. L'exagération. Les métaphores.

Le poète en Léon Bloy — sa nature essentielle. Son anti-intellectualisme.

Les *Histoires désobligeantes* d'une portée plus spirituelle que sociale. Leur intention pénètre au-delà des vilenies des personnages jusque dans le monde des drames invisibles où se jouent les destins éternels. Pour qui connaît Léon Bloy et son œuvre, il est de toute évidence que son premier intérêt fut toujours la gloire de son Dieu et le bonheur éternel des âmes malgré les déclarations de bien des critiques au contraire.

Les *Histoires désobligeantes* par leur esprit appartiennent au genre cruel, dit souvent noir, qui recouvre, implicitement ou explicitement, une révolte contre la médiocrité et la bêtise de la nature humaine. Tous les écrivains de contes cruels reconnurent l'abjection de leur époque.

Les *Histoires désobligeantes* sont, en fin de compte, une critique religieuse de l'esprit matérialiste des temps et un document sur la mentalité du bourgeois de la fin du siècle.

IMPRIMERIE CENTRALE DE L'OUEST
56-60, rue Président-de-Gaulle, 56-60
La Roche-sur-Yon
(Vendée)

—

Dépôt légal : 3e trimestre 1967.
Nº d'impression : 4406.